SUR MER
ET SUR TERRE,

PAR

FENIMORE COOPER,

TRADUCTION DE LA BÉDOLLIÈRE.

ÉDITION ILLUSTRÉE DE 25 VIGNETTES PAR BERTALL.

PRIX : 90 CENTIMES.

PARIS

GEORGES BARBA, LIBRAIRE-ÉDITEUR

7, RUE CHRISTINE, 7

SUR MER ET SUR TERRE

PAR FENIMORE COOPER

TRADUCTION DE LA BÉDOLLIÈRE.

PRÉFACE.

L'auteur a publié tant de récits véridiques que l'on a regardés comme des fables, et tant de fables qui ont passé pour des vérités, qu'il a pris la résolution de garder le silence dans la présente occasion. Chaque lecteur a donc le droit de croire ou de rejeter les détails de ce récit suivant ses idées, ses préjugés, sa connaissance ou son ignorance du monde. Permis à tous de venir affirmer qu'ils savent où est situé Clawbonny, qu'ils connaissent le vieux M. Hardinge, et qu'ils ont même assisté à ses prédications. Si ces témoignages s'écartent de la vérité, ce ne sont pas les premiers qui soient entachés d'erreur.

Il est possible que des gens difficiles soient disposés à nier l'utilité d'un pareil ouvrage. Notre réponse est toute prête : il n'est jamais hors de propos de transmettre à l'esprit humain des notions claires et précises sur des événements de la vie sociale, des particularités relatives à une profession ou à l'histoire du passé, quelle que soit d'ailleurs la condition des personnages. Il faut seulement que les tableaux soient tracés sur nature, s'ils ne sont pas copiés d'après des

Le départ.

modèles vivants. Les lectures légères nous procurent parfois des avantages dont nous ne nous doutions point au moment où nous les avons entreprises.

La plus grande partie de nos opinions particulières sont peut-être fondées sur des préjugés qui prennent naissance dans l'incapacité de l'homme à tout voir et à tout connaître. Le mortel le mieux doué accepte sur la foi d'autrui plus de la moitié de ce qu'il apprend, et ceux qui ne seraient jamais à même d'apprécier par eux-mêmes certaines phases de la vie humaine peuvent tirer parti de tableaux propres à leur donner des idées qu'ils n'auraient pas occasion d'acquérir par une autre voie. Le principal avantage de la littérature légère, c'est de rendre parfois la pure fiction plus utile que la stricte vérité, quand on évite l'exagération, quand on peint avec fidélité, et, comme l'aurait pu dire notre ami Marbre, quand on *généralise* avec discernement.

Les États-Unis ont éprouvé des changements importants et nombreux depuis le commencement du dix-neuvième siècle. Quelques-uns de ces changements ont été progressifs, et d'autres incontestablement rétrogrades. On doit mettre la génération

1

naissante en état de comparer le présent au passé, et ces pages y contribueront en montrant les choses telles qu'elles étaient. La population de la république s'élève probablement à plus de dix-huit millions et demi ; en l'an de grâce 1800, elle n'était guère que de cinq millions. L'état de New-York ne comptait alors pas plus de six cent mille âmes, aujourd'hui il n'en a pas moins de deux millions sept cent mille. En 1800, la ville de New-York avait soixante mille habitants, tandis qu'on y comprenait Brooklyn et Williamsburg, qui n'existaient pas au début du siècle actuel, elle doit avoir maintenant une population de quatre cent mille habitants. Voilà de prodigieux changements numériques, qui ont produit des transformations de toute espèce. Quoique le développement matériel n'implique pas nécessairement celui de la civilisation, on peut en conclure avec assez de raison que l'aisance et le bien-être se sont répandus. C'est en effet ce qui a eu lieu, et la différence du passé au présent est sensible pour ceux de nos lecteurs qui ont observé avec fruit l'état actuel de la société.

Les modifications morales accomplies en Amérique sont loin de répondre aux progrès purement physiques ; toutefois, il s'en est opéré d'essentielles. L'état de New-York, après avoir été enlevé aux Hollandais, s'est rattaché à l'organisation sociale de la mère-patrie, plus fortement que les autres possessions anglaises du continent américain. Sous les Hollandais mêmes, il avait une physionomie caractéristique, due principalement aux *patrons*, les seigneurs du Nouveau-Monde. Certaines colonies du sud avaient à la vérité des caciques et autres nobles demi-féodaux et demi-sauvages ; mais leur puissance était limitée, et le trait distinctif de cette partie du pays était l'existence de l'esclavage sur une vaste échelle. Quant à la colonie de New-York, elle fut conquise par la métropole, dont les institutions s'y gravèrent plus profondément que dans les établissements commencés par des concessionnaires. Ce fut une colonie complètement royale jusqu'à l'époque de l'indépendance. Les conséquences sociales de cet état de choses se firent sentir dans les mœurs, jusqu'à ce que le flux toujours croissant de l'émigration eut amené des hommes opposés au gouvernement, quand ils n'en étaient pas les antagonistes déclarés. L'influence de deux sources différentes, la conquête et l'émigration, se voient encore dans les opinions politiques, les unes d'origine puritaine et néo-anglaise, les autres conformes aux idées reçues dans les États du milieu.

Ces explications ont pour but de prévenir les critiques dont pourraient être l'objet les couleurs de notre récit. En ce qui concerne les détails maritimes, nous nous sommes efforcé d'être exact, nous attachant quand mieux à la portée du lecteur plutôt qu'à décrire minutieusement ce qui est.

La loyauté exige que le lecteur sache que ces volumes forment seulement une première partie, et que le pauvre capitaine Wallingford donnera, dans le courant de l'hiver, une autre série de ses aventures.

L'auteur n'accepte pas la responsabilité des idées émises par le héros de ce récit. Un homme né dans la Révolution doit naturellement juger mille choses autrement que nous, et c'est précisément sur cette dissidence d'opinion que sont basées les leçons contenues dans le présent ouvrage.

FENIMORE COOPER.

SUR MER ET SUR TERRE.

CHAPITRE PREMIER.

Maintenant à grands pas la vieillesse m'entraîne ;
La neige sur ma tête a remplacé l'ébène ;
Adieu, fleur de ma vie, éclat de mes beaux jours !
Du moins que je finisse au lieu de ma naissance ;
Sous les arbres témoins des jeux de mon enfance
Que je repose pour toujours !

Madame HEMANS.

Je suis né dans une vallée peu éloignée de la mer. Mon père avait été marin dans sa jeunesse ; quelques-uns de mes premiers souvenirs se lient à l'histoire de ses aventures et aux entretiens dont elles étaient l'objet. Encore enfant pendant la guerre de la Révolution, il avait servi dès cette époque ; entre autres scènes dont il avait été témoin, il aimait à raconter les détails du plus rude combat naval de cette guerre, celui du *Trumbull* avec le *Watt*. Il avait été blessé à bord du *Trumbull*, et portait une cicatrice qui le défigurait légèrement ; autrement sa figure eût été d'une perfection remarquable. Après la mort de mon pauvre père, ma mère citait encore cette cicatrice comme un grain de beauté ; si je m'en rapporte à mes souvenirs, le compliment n'était pas mérité, attendu que la balafre en question donnait à un des côtés du visage un aspect farouche et bizarre, surtout quand mon père était de mauvaise humeur.

Mon père mourut sur la ferme où je naquis ; il la tenait de son trisaïeul, émigrant anglais qui lui-même l'avait achetée aux colons hollandais dont les premiers travaux avaient défriché les bois. On appelait cette propriété Clawbonny, nom hollandais suivant les uns, indien suivant les autres. Il n'y avait point de résidence plus agréable sur toute la superficie des États-Unis. Ce qui n'arrive pas souvent dans ce monde de misères, elle était aussi bonne que belle. Elle comprenait soixante-douze acres d'excellentes terres à blé ou en prairies, et plus de cent acres de coteaux rocailleux qui étaient passablement garnis de bois. Le premier de notre famille qui eût possédé la ferme avait bâti une solide maison de pierre d'un seul étage, qui portait sur une de ses corniches la date de 1707. Chacun de ses successeurs avait ajouté quelques constructions, et l'ensemble avait fini par présenter l'aspect d'une réunion informe de maisons adossées les unes aux autres sans ordre ni symétrie.

Toutefois il y avait un portique, une grande porte, et une pelouse qui consistait en une demi-douzaine d'acres d'un sol noirâtre où poussaient des ormeaux épars qu'on eût pu croire semés à la volée. Outre ces arbres et quelques haies de buissons, cette pelouse était revêtue d'un gazon dont les teintes d'émeraude rivalisaient dans les bonnes saisons avec celles des pâturages de la Suisse.

L'extérieur de Clawbonny annonçait le séjour d'un riche agriculteur, sans avoir les prétentions des habitations d'aujourd'hui. L'intérieur justifiait complètement les prévisions que le dehors avait pu inspirer. A la vérité, les plafonds étaient bas, les chambres n'avaient pas une largeur démesurée, mais elles étaient chaudes en hiver, fraîches en été, propres et commodes en tout temps. Les salons avaient des tapis, ainsi que les corridors et les principales chambres à coucher. Le meuble du grand salon était de toile perse et convenablement rembourré.

Nous avions autour de nous des vergers, des prairies et des champs labourés. Les granges, les greniers, les étables et autres dépendances de la ferme étaient en pierre de taille comme l'édifice principal, en parfait état de conservation. Mon père avait trouvé la propriété exempte de toute espèce de charges et munie de tous ses instruments agricoles. Il possédait de plus quatorze ou quinze mille dollars qu'il avait eu soin de placer sur hypothèque. Ma mère lui avait apporté deux mille sept cents livres ; et, après trois ou quatre grands propriétaires fonciers et autant de négociants d'York retirés du commerce, le capitaine Wallingford était regardé comme l'homme le plus riche du comté d'Ulster. J'ignore jusqu'à quel point cette opinion était fondée. Toutefois j'ai toujours vu régner l'aisance à notre toit paternel, et je sais que jamais les pauvres ne s'en éloignaient les mains vides. Il est vrai qu'on n'avions qu'un vin de groseilles, mais il était délicieux, et nous en gardions toujours une provision suffisante pour en pouvoir boire trois ou quatre ans. Mon père en avait mis de côté quelques bouteilles qu'il réservait pour les grandes occasions, et je me rappelle avoir entendu le gouverneur Georges Clinton, qui s'arrêtait quelquefois en passant à Clawbonny, dire que c'était la madère des Indes occidentales. Quant au bordeaux, au bourgogne et au champagne, c'étaient des vins alors inconnus en Amérique, excepté sur les tables des plus riches négociants et des grands propriétaires qui avaient voyagé.

Quand je dis que le gouverneur Georges Clinton, qui fut plus tard vice-président, venait goûter la madère de mon père, je ne prétends pas me vanter d'appartenir à la noblesse du comté d'Ulster. Les propriétés de ma famille nous donnaient une considération locale qui nous plaçait au-dessus des tenanciers ordinaires, et, si nous avions vécu dans une grande ville, nous aurions fréquenté sans contredit la classe intermédiaire qui vient après la haute aristocratie. Ces distinctions étaient beaucoup plus marquées après la guerre de la Révolution qu'elles ne le sont de notre époque ; elles sont encore plus marquées aujourd'hui que ne sont disposés à le croire tous ceux qui ne doivent pas une haute position à leur mérite ou à des chances favorables.

Mes parents se connurent pendant que mon père était retenu à terre par les blessures qu'il avait reçues dans le combat du *Trumbull* et du *Watt*. J'ai toujours supposé que c'était pour ce motif que ma mère trouvait tant de charmes à la balafre qui déparait le côté gauche de la figure de mon père. La bataille se donna au mois de juin 1780, et mes parents se marièrent dans l'automne de la même année. Mon père ne retourna en mer qu'après ma naissance, qui eut lieu le jour même où Cornwallis capitula dans Yorktown. Ces événements combinés réveillèrent l'ardeur du jeune marin, car il sentit qu'il avait une famille à pourvoir ; et il éprouva le désir de rendre à l'ennemi la monnaie de la cicatrice dont sa femme était si glorieuse. Il obtint une commission à bord d'un corsaire, fit avec succès quelques croisières, et put acheter à la paix un brick de prise sur lequel il navigua jusqu'en l'année 1790. A cette époque le capitaine, c'est ainsi qu'on appelait généralement mon père, fut rappelé en Amérique par la mort de son aïeul. Étant fils unique, il hérita de la terre, comme je l'ai déjà dit, et six mille livres d'argent comptant qui restèrent dans la succession servirent à marier mes deux tantes à des hommes de leur condition.

Mon père ne retourna plus en mer ; il passa le reste de ses jours dans ses domaines ; seulement il alla pendant un hiver à Albany en qualité de représentant du comté. C'était alors un grand honneur de représenter un comté ; mais l'abus du principe électoral a amené depuis d'importantes modifications. A cette époque, un membre du congrès était un personnage ; maintenant ce n'est plus qu'un membre du congrès.

Mon père ne laissa que deux enfants, ma sœur Grâce et moi. Le cruel accident qui réduisit ma mère à la plus triste des conditions pour une femme qui a vécu heureuse sous d'aussi heureux époux arriva en l'an 1794. J'avais treize ans, et Grâce entrait dans sa onzième année.

Le ruisseau qui traverse notre vallée se précipite dans une petite rivière tributaire de l'Hudson. A l'endroit où le terrain s'abaisse au-dessous du niveau de notre ferme, nous possédions un moulin qui nous était d'une grande utilité et de quelque rapport ; il servait à moudre tout le grain nécessaire à notre consommation, et les déchets engraissaient les porcs et les bœufs. Ce moulin était le point sur lequel se concentraient tous les produits de la ferme ; et il y avait un petit débarcadère au bord d'une anse voisine de l'Hudson, d'où un sloop partait chaque semaine pour la ville. Mon père passait la moitié de son temps au moulin ou au débarcadère, surveillant ses ouvriers, donnant des ordres pour l'arrimage du sloop, et inspectant la marche du moulin. Il avait quelques connaissances en mécanique, et avait suggéré de bonnes idées au constructeur qui venait de temps en temps faire des réparations ; mais il s'exagérait son propre mérite. Il était inventeur d'un nouveau procédé pour accélérer ou suspendre le mouvement de la machine. J'ignore en quoi consistait sa méthode, car il n'en fut plus question à Clawbonny après le fatal événement. Un jour mon père, voulant convaincre le constructeur de la supériorité de son système, fit arrêter le mécanisme, et se plaça sur la grande roue pour montrer qu'il avait pleine confiance dans son invention. L'architecte secoua la tête d'un air d'incrédulité qui provoqua les éclats de rire de mon père. Mais tout à coup la force de répression perdit son empire ; l'eau se précipita dans les auges, et la roue tournant emporta avec elle mon malheureux père. J'étais témoin de ce spectacle. La figure de mon père était encore toute radieuse au moment où le mouvement de rotation le déroba à mes yeux. Le constructeur parvint à arrêter immédiatement la machine. Après avoir fait un seul tour, la grande roue se retrouva dans sa position première. Je poussai un cri de joie en voyant mon père à la même place et sain et sauf en apparence. En effet, il aurait échappé à ce danger sans une fatale circonstance. Il s'était accroché à la roue avec la ténacité d'un marin, et avait passé dessous sans être blessé ; mais, en se relevant, il s'était brisé une tempe en s'engageant entre l'une des auges et une poutre qui avançait. Tout cela s'était passé avec tant de rapidité que son corps inanimé était encore debout sur la roue, retenu à un clou qui avait pénétré dans ses habits.

Ce fut le premier chagrin sérieux de ma vie. J'avais toujours considéré mon père comme une partie intégrale de la création, et je croyais à peine à la possibilité de sa mort. Pendant de longues années encore, je ne cessai de rêver à cet affreux spectacle. A l'âge que j'avais alors, toutes les sensations revêtent une forme plastique et en perpétue la durée, et la douleur s'empara despotiquement de mon âme. Longtemps après l'événement, Grâce et moi nous nous regardions souvent sans prononcer un seul mot, et les larmes s'échappant de nos yeux, roulaient sur nos joues. Nous ne communiquions ensemble que par nos émotions ; mais aucune parole n'aurait pu être plus énergique. Encore aujourd'hui c'est en tremblant que je me rappelle les angoisses de ma mère. Le meunier l'avait envoyé chercher, et, quand elle arriva, elle ne savait pas encore l'étendue de son malheur. Je n'oublierai jamais l'excès de douleur que lui causa la terrible vérité ; elle demeura presque sans connaissance pendant plusieurs heures. Elle ne revenait à elle que pour s'évanouir de nouveau, et,

lorsqu'elle recouvra la parole, elle prodigua au corps inanimé les expressions de la plus vive tendresse : elle sembla un instant vouloir réveiller celui qui s'était endormi pour toujours, et elle dit d'une voix solennelle : Mon père, mon cher père ! ouvrez vos yeux et regardez vos enfants ; ne les abandonnez pas.

Elle employait ainsi pour le père de ses enfants le terme le plus tendre et le plus explicite dont une femme puisse se servir. Mais ce fut en vain. Le cadavre était aussi insensible que si l'esprit divin n'y eût jamais séjourné. Le même soir, on l'emporta à la maison, et trois jours après il reposait dans le cimetière, auprès de trois générations d'aïeux, à la distance d'un mille de Clawbonny. Le service funèbre fit aussi une profonde impression sur mon esprit. Nous avions dans la vallée quelques membres de l'Église d'Angleterre, et le voisinage d'un temple anglican avait influé sur l'établissement du vieux Miles Wallingford, le premier du nom. C'était dans ce petite église, étroit bâtiment de pierre, avec un toit élevé et pointu, sans clocher ni sacristie, que toutes les personnes de notre famille avaient été baptisées et déposées pour être ensevelies. L'excellent M. Hardinge, ecclésiastique à l'esprit juste, au cœur bienveillant, lut l'office des morts pour l'homme dont son père avait fait un chrétien dans le même édifice.

Le temps avait apporté des changements parmi nos voisins, mais la plupart avaient une sorte de droit héréditaire à l'estime publique. De ce nombre était notre prêtre, qui avait marié mon père et ma mère. L'église retentit de nos sanglots, et ma pauvre petite sœur poussa un cri en entendant la première pelletée de terre retomber sur le cercueil. On arracha ma mère à cette scène de deuil qu'elle était incapable de supporter, et elle resta agenouillée à la maison pendant la plus grande partie du jour de l'inhumation.

Le temps adoucit nos chagrins ; mais ma mère, femme d'une rare sensibilité, ne se remit jamais des effets de sa perte irréparable. Elle avait trop complètement voué ses affections à Miles Wallingford pour songer à contracter un second mariage. Je crois qu'elle nous vivait moins comme ses enfants que comme ce résultat de d... santé s'affaiblit par degrés, et trois années p... [...] Vi [...] déposait auprès de son époux. Grâce et moi nous avions été av... ma mois auparavant de l'approche du moment fatal, et nous nous efforcions de nous y préparer. M. Hardinge nous conduisit auprès du chevet de la mourante.

— Vous avez baptisé ces deux chers enfants, lui dit elle d'une voix altérée, vous les avez marqués du signe de la croix en mémoire de Jésus-Christ, qui est mort pour nous, maintenant je vais faire un appel à votre amitié et à votre sollicitude pastorale. Surveillez-les dans cet âge critique où les impressions et les plus profondes et les plus faciles à recevoir. Dieu récompensera votre bonté pour les enfants orphelins de vos amis.

L'excellent prêtre, qui vivait moins pour lui que pour les autres, fit les promesses qu'on exigeait de lui, et l'âme de ma mère s'envola en paix. La perte de notre mère nous causa moins de peine que celle de notre père. Nous avions vu assez d'exemples de son dévouement pour être convaincus que sa mort n'était qu'un passage à une vie meilleure. Il y aurait eu de l'égoïsme à la regretter ; notre affliction était mêlée d'une espèce de joie : notre mère était délivrée d'une cruelle souffrance ; et quand je contemplai pour la dernière fois son visage bien-aimé, et lorsque nous transportâmes les douleurs s'exerçaient plus à expirer sur elle, et que son esprit habitait le séjour des bienheureux.

Peu de temps après, j'eus avec M. Hardinge un entretien qui m'apprit pour la première fois les dispositions testamentaires de mon père. Il me léguait la ferme, les instruments agricoles en toute propriété, en réservant l'usufruit à ma mère jusqu'à l'époque de ma majorité. Je devais alors la mettre en possession d'une suite de la maison et lui payer une rente de trois cents livres. Grâce avait quatre mille livres d'argent comptant, et le testament m'assurait le reste des biens mobiliers, dont le rapport était de cinq cents dollars par an. Comme les terres produisaient un revenu net de plus de mille dollars indépendamment de notre consommation, j'avais des ressources suffisantes pour un homme accoutumé à une vie simple et régulière.

M. Hardinge, exécuteur testamentaire, devint notre tuteur ; ce qui nous fut d'autant plus agréable que nous avions de l'attachement pour ses deux enfants, avec lesquels l'âge aussi et le rapport nous liait. Rupert Hardinge avait une année de moins que moi, et Lucie, sa sœur, était de six mois plus jeune que Grâce.

Rupert Hardinge n'était pas un enfant capable de donner de la satisfaction à son père sur sa conduite et son application. J'étais meilleur écolier que lui, et M. Hardinge m'avait jugé propre à entrer au collège un mois avant la mort de ma mère. Toutefois, elle ne voulut pas m'y envoyer avant que mon condisciple ne fût prêt à m'y suivre, et ce retard modifia singulièrement ma carrière.

Mon père m'avait destiné au barreau ; mais j'avais l'antipathie pour tout travail sérieux d'intelligence. Si j'aimais la lecture, c'était plutôt pour m'amuser que pour m'instruire. Rupert le destinait encore plus que moi à l'étude et à la contrainte. Son père avait une piété sincère, et priait avec ferveur le ciel pour que son fils devînt digne d'exercer le saint ministère. Lucie se réjouissait à l'idée de voir son frère célébrer l'office divin à la place où son père et son grand-père avaient adoré Dieu. En cela elle avait moins d'égard au bien-être temporel de Rupert qu'à ses intérêts spirituels. Car le bénéfice n'était que de cent cinquante livres, auxquelles il fallait joindre le logement et vingt-cinq acres de terre. Le prêtre les cultivait sans remords de conscience avec l'aide de deux esclaves mâles que sa mère lui avait légués.

J'avais aussi une douzaine d'esclaves noirs, qui s'étaient propagés dans notre famille depuis l'acquisition de Clawbonny; sur ce nombre, trois hommes et quatre femmes étaient utiles par leur assiduité au travail, mais les autres aimaient le *far niente*, et profitaient du privilége qu'ils avaient d'être nourris, logés et habillés, abstraction faite du mérite de leurs œuvres. Il y avait aussi dans notre cuisine quelques bambins noirs qui se roulaient sur le gazon en été, et qui se blottissaient dans l'hiver si près du feu, qu'on aurait pu les croire incombustibles. Tous ces noirs portaient le nom patronymique de Clawbonny. Il y avait Hector Clawbonny, Vénus Clawbonny, César Clawbonny, Rose Clawbonny, qui était noire comme un corbeau; Roméo et Juliette Clawbonny, Pharaon, Putiphar, Samson et Nabuchodonosor Clawbonny. Ce dernier, qu'on appelait Nab par abréviation, était à peu près de mon âge et avait partagé les jeux de mon enfance. Quand il commença à se rendre utile, je l'arrachais souvent à ses travaux pour naviguer avec lui sur l'Hudson dans un canot que je dirigeais. La manière à se rendre utile, je l'arrachais souvent à ses travaux pour gnon dévoué. Il aimait la vie errante et encourageait Rupert et moi dans nos dispositions à la paresse. La première fois que je fis l'école buissonnière, ce fut sous le patronage de Nabuchodonosor, qui soutint avec assurance que les châtaignes de la montagne valaient mieux que tous les livres classiques.

J'ai oublié de dire que la mort de ma mère avait amené un changement immédiat dans notre ménage. M. Hardinge, se conformant aux instructions qu'il avait reçues d'elle, s'établit à Clawbonny avec ses enfants. Dès lors il n'y eut guère en Amérique une réunion de quatre jeunes gens plus heureux que la nôtre.

Auparavant, nous ne pouvions nous voir qu'une fois par jour; depuis cette époque, nous nous vîmes toute la journée. Nous nous hâtions de nous lever pour reprendre nos divertissements. On était en automne; c'était le temps des vacances, et pendant deux mois nous ne fîmes qu'errer dans les champs, cueillir des fruits, assister aux récoltes, et prendre en plein air un exercice non moins favorable à nos forces physiques qu'à l'entretien de notre bonne humeur.

Je puis dire sans amour-propre qu'il eût été difficile de trouver quatre jeunes gens plus dignes d'attention à la fin de l'année 1797. Rupert Hardinge avait une allure gracieuse, une physionomie régulière, une distinction naturelle, une facilité d'élocution et une vivacité d'esprit qui faisaient de lui un compagnon très-agréable. Je n'avais pas non plus mauvaise mine, quoique je fusse loin de posséder les traits remarquables de mon ami. Je l'emportais sur lui en force et en activité; mes cheveux étaient châtain-noir, et tombaient en boucles abondantes sur mes épaules. Ils n'ont jamais perdu complètement leur beauté, et je les admire encore aujourd'hui qu'ils sont blancs comme la neige.

La physionomie de Grâce était une de celles sur lesquelles la nature se complaît à imprimer ce mélange de douceur, de franchise et de sensibilité que les hommes attribuent aux anges. Ses yeux étaient d'un bleu céleste, et son tendre sourire suffisait pour me désarmer dans mes plus vifs emportements. Elle était frêle et délicate, mais les formes parfaites de son corps auraient pu servir de modèle à un sculpteur.

On n'aurait pas remarqué Lucie au milieu d'une assemblée nombreuse de jeunes filles d'Amérique, où la beauté semble être spécialement l'apanage de ce pays. Toutefois, sa figure était agréable, et il y avait un piquant contraste entre le noir-foncé de ses cheveux, l'azur de ses yeux et la blancheur éclatante de sa peau. Son teint était coloré et changeait sous l'influence de ses impressions. Elle avait des dents magnifiques, et, quoiqu'elle parût l'ignorer, elle avait une manière particulière de les montrer qui eût donné des charmes à un visage beaucoup moins attrayant. Lorsqu'elle était exempte de soucis, sa voix et ses ris inspiraient la gaieté.

Je ne me préoccupais jamais de la beauté de Lucie; je m'imaginais qu'elle était plus belle pour moi que pour tout autre, mais je ne regardais son visage radieux et enjoué qu'avec un sentiment de bonheur et de sécurité. Nos yeux, en se rencontrant, n'exprimaient rien de nature à être caché.

CHAPITRE II.

Cesse de m'obséder, mon cher ami Protée;
Au foyer paternel ma vie est limitée.
— Eh quoi! ne pourrais-tu, cherchant d'autres destins,
Accompagner mes pas vers les pays lointains?

Les deux Gentilshommes de Vérone.

M. Hardinge dirigea mon éducation de la manière la plus judicieuse. Au lieu de me mettre entre les mains les livres que j'étais destiné à étudier au collége d'Yale, ce qui eût pu servir d'excuse à ma paresse future, il me donna des ouvrages élémentaires. J'appris par cœur deux

grammaires, dont il m'expliqua successivement tous les passages. Il me montra aussi l'art de scander des vers, et ce talent suffisait alors en Amérique pour faire une réputation d'homme savant. Après cela, nous tournâmes notre attention vers l'arithmétique, je passai à la trigonométrie et aux problèmes les plus essentiels de la géométrie.

J'avoue que j'avais une aversion insurmontable pour l'étude. J'aurais pu me déterminer à étudier les lois du vivant de ma mère par déférence pour ses intentions. Maintenant qu'elle n'était plus, je désirais savoir si elle avait exprimé des vœux à cet égard; j'en parlai à Rupert, et je fus choqué de la légèreté de ses réponses.

— Qu'importe que vous soyez avocat, marchand, docteur ou agriculteur comme votre père! dit-il.

— Mon père a été marin, répliquai-je avec vivacité.

— C'est vrai; la marine est une profession noble et honorable. Je ne vois jamais un marin sans lui porter envie. Nous n'avons pas encore été à la ville, où vos bateliers s'y rendent régulièrement une fois par semaine. Je donnerais le monde entier pour être matelot.

— Vous, Rupert! mais vous savez que votre père compte faire de vous un ecclésiastique.

— La belle figure que j'aurais en chaire, affublé d'un surplis! Il y a eu assez d'Hardinge dans l'Eglise, et j'ai idée d'aller en mer. Vous savez sans doute que mon grand-père était capitaine dans la marine, et qu'il a mis son fils dans les ordres. Aujourd'hui doit y avoir un revirement, et c'est au prêtre à mettre son fils sur un vaisseau de ligne. J'ai lu les biographies des marins célèbres; l'on ne saurait s'imaginer combien de fils de prêtres sont entrés dans la marine, et combien de fils de marins se sont faits ecclésiastiques.

— Mais, repris-je, il n'y a pas de marins dans l'Amérique. Les Etats-Unis ne possèdent pas un seul vaisseau de guerre.

— Tant pis! Le Congrès a ordonné, il y a trois années, de construire des frégates; mais on ne les a jamais lancées. Maintenant que Washington a donné sa démission, je suppose qu'on ne fera plus rien de bon dans ce pays.

Comme tout Américain, je respectais le nom de Washington; mais je n'admis pas les inductions de Rupert, qui avait coutume d'affirmer les choses qu'il désirait, et de désirer celles qu'il affirmait. Après un moment de silence il continua l'entretien.

— Vous êtes maître de vos actions, dit-il, vous pouvez agir à votre fantaisie. Mettez-vous en mer, et si le métier ne vous convient pas, vous n'aurez qu'à revenir ici; vous y serez tout aussi maître que si vous aviez passé le temps de votre excursion à élever des bestiaux, à faucher les foins et à engraisser les porcs.

— Vous oubliez, Rupert, que je suis le pupille de votre père pour cinq années encore. Je suis soumis comme vous-même à son autorité.

Rupert se moqua de moi. Il essaya de me convaincre que, dans le cas où j'aurais de la répugnance pour le barreau, il importait de débarrasser son père de toute responsabilité en m'échappant clandestinement pour aller en mer. Si je me destinais à la marine, il n'y avait pas de temps à perdre; car tout le monde m'avait assuré que l'éducation d'un marin se faisait entre seize et vingt ans. Je me séparai de mon ami avec la promesse de revenir prochainement sur le même sujet.

Je reconnus, à ma honte, que les sophismes artificieux de Rupert bouleversaient mes notions sur le métier et sur le mal. Je m'expliquer franchement avec M. Hardinge, et de lui révéler mes inclinations, mais sans lui faire connaître que je pourrais me dispenser de son approbation.

Une occasion se présenta bientôt, et je demandai à M. Hardinge si mon père, avant sa mort, par testament, avait ordonné de m'envoyer au collége d'Yale, et de m'y faire étudier le droit. Le capitaine Wallingford n'avait point manifesté ses intentions; mais ma mère exprimé le désir de me voir obtenir la licence d'avocat, quand même je n'exercerais pas. Après m'avoir donné ce renseignement, M. Hardinge s'arrêta pour examiner l'effet qu'il produirait sur moi, et lisant le désappointement sur ma physionomie, il s'empressa d'ajouter:

— D'ailleurs, Miles, votre mère ne vous a imposé aucune loi. Elle a voulu vous laisser libre de choisir une profession, autant que de choisir une femme. Ce sont, a-t-elle dit, deux choses importantes, dont lui seul doit décider. Notre tâche est seulement de le guider par nos conseils.

Je déclarai alors à M. Hardinge le désir que j'avais de voir le monde et d'être marin. Il en fut stupéfait et visiblement affligé. Il m'exhorta fortement à renoncer à mes projets, et à ne pas sacrifier une position stable aux chances d'une carrière aventureuse. Je racontai cette entrevue à Rupert, en lui faisant part des objections de son père, dont quelques-unes avaient un caractère religieux. Le jeune homme décida qu'on pouvait faire son salut aussi bien sur mer que sur terre, et que, toute proportion gardée, il y avait plus d'honnêtes gens dans la marine que dans toute autre profession.

— Voyez les avocats, ajouta-t-il, est-ce la religion qui les dirige? Ils louent leur conscience à tant par jour, et plaident aussi chaleureusement les mauvaises causes que les bonnes.

Après un ample examen de la question, Rupert, à mon grand étonnement, me proposa de m'évader avec lui, d'aller à New-York, et de nous embarquer sur quelque bâtiment de la compagnie des Indes. Je goûtai le projet en ce qui me regardait personnellement; mais je fus effrayé de l'idée d'avoir Rupert pour compagnon. J'étais assez sûr de l'avenir pour tenter une entreprise hasardeuse. Quant à Rupert, une démarche imprudente pouvait compromettre toute sa carrière. Cette pensée aurait mis fin à mes projets, si je n'avais songé que je serais toujours à même de venir au secours de mon ami. Je lui en touchai quelques mots, et il répondit avec tact et discrétion. Il me prouva qu'à l'époque de notre majorité il serait en état de commander un navire, et que j'éprouverais naturellement le désir de placer mes économies sur la cargaison. Les revenus de ma propriété, accumulés pendant cinq ans, me fourniraient la somme nécessaire à notre spéculation; et bientôt une source de prospérité s'ouvrirait pour nous.

— Il est bon, sans doute, continua-t-il, d'avoir un beau domaine et un moulin; mais plus d'un bâtiment gagne en un seul voyage assez d'argent pour payer une propriété comme la vôtre. Ceux qui commencent avec rien sont, dit-on, dans la meilleure passe pour réussir, et si nous ne partons qu'avec notre bagage, il est évident que nous commençons avec rien. Notre succès est assuré!

J'étais disposé à éprouver cette doctrine, assez généralement répandue en Amérique; mais je cherchais en vain, parmi les personnes de ma connaissance, quelqu'un qui eût abandonné son capital pour lutter avec avantage contre des concurrents moins opulents. Néanmoins, il y avait dans l'idée d'être l'artisan de ma fortune quelque chose qui séduisait mon imagination. A cette époque, on comptait sur les rives de l'Hudson peu d'habitations qui méritassent la qualification de château. Je souriais à la pensée d'en pouvoir élever un dans ma terre de Clawbonny, et d'acquérir par moi-même les moyens de le construire. J'étais propriétaire d'une maison; mon ambition était de posséder un château.

Au bout d'un mois de discussions, Rupert et moi nous nous décidâmes à consulter les deux jeunes filles, en leur faisant promettre le secret le plus absolu. Comme nous passions ensemble des heures entières, les occasions ne nous manquaient pas. Mon camarade s'était d'abord opposé à ce projet; mais j'avais trop d'affection pour Grâce et trop de confiance dans le solide jugement de Lucie pour ne pas les mettre au fait de mes intentions. Il y a maintenant quarante ans que cette entrevue décisive a eu lieu, et les moindres détails en sont encore présents à mon esprit.

Nous étions tous quatre assis sur un banc grossier que ma mère avait fait placer à l'ombre d'un énorme chêne. C'était dans le site le plus pittoresque du domaine; la vue s'étendait sur l'une des plus belles parties du cours de l'Hudson. L'eau était unie comme de l'argent en fusion. Les voiles des bâtiments qu'on apercevait tombaient négligemment le long de leurs mâtereaux, comme pour annoncer le repos momentané de l'activité commerciale.

Grâce sentait vivement la beauté des paysages, et elle exprimait les émotions qu'ils lui causaient avec une éloquence rare chez les jeunes filles de son âge. Elle attira notre attention par des paroles enthousiastes, auxquelles Lucie répondit avec une simplicité naïve, qui prouvait qu'elle partageait les sentiments de sa compagne sans en être aussi fortement saisie. Je profitai de ce moment pour m'expliquer.

— Puisque vous aimez à voir des bâtiments, dis-je à Grâce, vous apprendrez sans doute avec plaisir que je songe à me faire marin.

Il y eut un silence de quelques instants, pendant lequel j'affectai de regarder les sloops lointains; puis je jetai un coup d'œil furtif sur mes compagnes. Les doux yeux de Grâce se fixaient avec inquiétude sur mon visage, et en les évitant, non sans éprouver un certain embarras, je rencontrai ceux de Lucie, qui me contemplait avec une égale attention, et semblait ne pas en croire ses oreilles.

— Marin, Miles! répéta lentement ma sœur; je croyais qu'il était convenu que vous apprendriez le droit.

— Pas du tout. J'ai l'intention de parcourir le monde et après...

— Eh bien? Rupert doit entrer dans les ordres, pour succéder à son père, et j'ai perdu, je l'espère, j'en ai l'espérance.

Rupert affectait le plus grand sang-froid et sifflait entre ses dents; mais l'étonnement et le ton solennel de ma sœur nous causaient une impression involontaire.

— Allons, mes amies, dis-je enfin, il est inutile de dissimuler avec vous, mais souvenez-vous bien que ce que je vais vous dire est un secret inviolable pour tout le monde.

— Excepté pour M. Hardinge, répondit Grâce. Si vous avez l'intention d'être matelot, il doit le savoir.

— C'est envisager superficiellement nos devoirs, répliquai-je en me servant d'une phrase habituelle de mon ami; c'est ne pas distinguer convenablement leurs ombres de leurs substances.

— Je ne vous comprends pas, mon frère; certainement M. Hardinge doit savoir la professsion que vous vous proposez de suivre. Rappelez-vous qu'il remplit auprès de vous la place d'un père.

— Vous admettrez, je pense, qu'il n'est plus mon père que celui de Rupert.

— Encore Rupert! quel rapport a-t-il avec vos désirs de vous embarquer?

— Vous allez tout savoir; mais donnez-moi votre parole de garder le silence.

— Promettez, Grâce, dit Lucie d'une voix faible et tremblante, c'est le moyen de tout savoir, et nos conseils pourront avoir quelque influence sur ces deux entêtés.

— Ces deux entêtés! répéta Grâce. Croyez-vous, Lucie, que Rupert veuille renoncer à la prêtrise et s'embarquer avec mon frère?

— Les jeunes gens sont capables de tout, ma chère. Faisons-leur la promesse qu'ils demandent; nous saurons ensuite à quoi nous en tenir.

— Je vous promets le secret, dit ma sœur avec une solennité qui m'effraya.

— Et moi aussi, ajouta Lucie mais si bas qu'il fallut me pencher pour l'entendre.

— Voilà qui est bien; je suis charmé de vous trouver raisonnables... Rupert et moi, nous sommes déterminés à aller en mer.

Les deux jeunes filles nous répondirent par des exclamations, qui furent suivies d'un long silence.

— Quant au droit, au diable le droit! résolu de me montrer homme. Il n'y a jamais eu de Wallingford avocat.

— Mais il y a eu des Hardinge ecclésiastiques, dit Grâce, et elle s'efforça de sourire. Toutefois sa physionomie était si triste qu'encore aujourd'hui je n'y puis penser sans peine.

— Nous avons eu aussi des parents dans la marine, interrompit Rupert avec plus de fermeté que je n'en aurais attendu de lui. Le grand-père de mon père était officier à bord d'un vaisseau de l'État.

— Et mon père était le capitaine Wallingford.

— Mais les États-Unis n'ont pas de marine, dit Lucie d'un ton suppliant.

— Qu'importe? il ne manque pas de vaisseaux. Le monde est tout aussi vaste, l'Océan est tout aussi large, que si nous avions une marine pour le couvrir en entier. Cette objection pèche par la base, n'est-ce pas, Rupert?

— Certainement.

— On peut s'embarquer sur un bâtiment de la compagnie des Indes aussi bien que sur un vaisseau de ligne, lui dis-je en me redressant d'un air d'importance. Je monterai volontiers à bord d'un de ces navires qui vont à Calcutta, et qui doublent le cap de Bonne-Espérance, sur les traces de Vasco de Gama. Ils valent bien, je le présume, nos sloops d'Albany.

— Qu'est-ce que c'est que Vasco de Gama? demanda Lucie.

— C'est un noble portugais qui a découvert le cap de Bonne-Espérance, l'a doublé le premier, et a mis à terre dans les Indes. Vous voyez, mes chères amies, qu'il y a même des nobles dans la marine; pourquoi Rupert et moi n'en ferions-nous pas partie?

— Sans doute, Miles, répondit ma sœur, toute profession est convenable quand elle est honnête. Avez-vous parlé à M. Hardinge de vos projets?

— Pas précisément. Nous y avons fait seulement de vagues allusions, peut-être de manière à n'être pas compris.

— Il ne donnera jamais son consentement! s'écria ma sœur d'un air de triomphe.

— Aussi avons-nous l'intention de nous en passer. Je compte partir avec Rupert la semaine prochaine sans avertir M. Hardinge.

Il régna de nouveau un silence long et éloquent, pendant lequel Lucie se cacha le visage dans son tablier. Ma sœur ne chercha point à cacher ses larmes.

— Il y aurait de la barbarie à nous quitter ainsi, dit enfin Grâce.

Je poussai Rupert avec le coude, comme pour lui demander assistance. Il se contenta de me répondre de la même manière, et d'après mes interprétations ce signe voulait dire : — Vous avez entamé l'affaire, chargez-vous de la finir. Renonçant donc à son appui, je repris en ces termes :

— Notre plan de conduite est mûrement réfléchi.

— Si l'on connaissait la vérité, repartit Grâce, on verrait que votre conscience vous adresse des reproches.

— Des reproches! m'écriai-je. Vous n'avez jamais commis une plus grande erreur. Nous sommes tous deux très-satisfaits de nous. Il n'y a pas dans tout l'État de New-York deux jeunes gens plus contents d'eux-mêmes que Rupert et moi.

En ce moment Lucie, dont les yeux étaient remplis de larmes, leva la tête et partit d'un éclat de rire.

— Croyez-les, ma chère Grâce! dit-elle. Ce sont deux jeunes fous fort égarés par leur amour-propre; mais mon père saura les mettre à la raison.

— Votre père, mais Lucie, ne sera instruit de nos décisions que par vous, après notre départ. Nous voulons le décharger de toute responsabilité.

— Voilà des expressions de Rupert, s'écria Lucie. Laissons ces jeunes gens à mon père, Grâce; il prendra sur lui la responsabilité de mettre un terme à toutes leurs folies.

L'hilarité nerveuse de Lucie faillit provoquer ma colère, et j'avais envie de l'envoyer promener; mais je me contins par égard pour Grâce, sur la figure de laquelle je lisais tant d'intérêt fraternel.

— Vous le voyez, continuai-je, on prétend que M. Hardinge nous arrêtera, s'il est instruit de nos projets. C'est un ecclésiastique, dira-t-on, et n'a-t-il pas assez d'autorité pour maintenir le devoir deux enfants de seize à dix-sept ans? Nous voulons lui épargner le blâme du public en lui dissimulant notre départ. C'est ce que j'appelle le décharger de toute responsabilité. Nous comptons partir la semaine prochaine, aussitôt qu'on aura fini les habits que nous avons commandés, sous le prétexte d'avoir des costumes de canotiers. Nous descendrons le fleuve dans le bateau à voile, et Nabuchodonosor nous suivra pour le ramener. Maintenant que vous savez tout, il est inutile de laisser une lettre pour M. Hardinge; car, trois heures après notre départ, vous serez libres de parler. Nous serons absents une année, au bout de laquelle nous reviendrons vous voir, et nous vous retrouverons avec plaisir; nous serons alors des jeunes gens et non plus des enfants.

Ce dernier tableau consola les jeunes filles. Rupert, qui s'était constamment tenu sur le second plan, revint à la rescousse, et par ses manières subtiles et sa langue mielleuse, il parvint à donner au mal l'apparence du bien. S'il n'abusa pas sa sœur, du moins il me parut avoir de l'influence sur la mienne. Lucie, malgré sa sensibilité, avait l'esprit positif et ne manquait jamais de découvrir les sophismes de son frère.

Les jours suivants, les jeunes filles s'efforcèrent de m'amener à demander l'autorisation de M. Hardinge; mais ce fut inutilement. Nous étions sûrs de leur parole, et nous demeurâmes inébranlables. Comme nous l'avions prévu, aussitôt qu'elles eurent reconnu l'inutilité de leurs démarches, elles nous firent des sacs de voyage, raccommodèrent notre linge, et nous procurèrent même divers effets que l'on cacha dans le magasin du débarcadère.

Quant à Nabuchodonosor, il reçut l'ordre de préparer le bateau pour le mardi suivant; nous voulions mettre à la voile un jour après le départ hebdomadaire du *Wallingford de Clawbonny;* c'était le nom du sloop. J'avais calculé la marée, et je savais que le *Wallingford* entrerait en mer à neuf heures du matin.

Le mardi fut un triste jour pour tous: excepté pour M. Hardinge, qui n'avait pas conçu le moindre soupçon. Rupert éprouvait des remords, et les yeux des deux jeunes filles se remplissaient de larmes à chaque instant. Grâce était la plus calme des deux; et j'ai soupçonné depuis qu'elle avait eu une conférence avec mon ingénieux camarade, qui possédait le don de la persuasion à un degré vraiment extraordinaire. Lucie me parut avoir pleuré toute la journée.

C'était à neuf heures que la famille se séparait, après les prières du soir; nous nous couchions immédiatement, et M. Hardinge veillait ordinairement jusqu'à minuit. Cette habitude, que nous lui connaissions, nous obligeait à la prudence. Nous avions pris précipitamment congé des jeunes filles en feignant de nous retirer dans nos chambres respectives. Au moment où l'horloge sonnait onze heures, nous pûmes nous échapper de la maison. Nous avions le cœur gros. Peu de personnes quittent pour la première fois le toit paternel sans songer aux liens qu'elles vont briser, aux chances que leur fuite vont courir. Nous marchions vite, en silence, et nous atteignîmes le quai en moins d'une demi heure. J'étais sur le point de parler à Nabuchodonosor, qui nous attendait dans le bateau, quand j'aperçus avec étonnement Grâce et Lucie. Elles venaient nous faire leurs adieux. Ce ne fut pas sans angoisses que je trouvai ces deux jeunes filles délicates si loin de leur demeure, à une heure si avancée de la nuit. J'essayai de les engager à s'en retourner immédiatement, mais elles ne voulurent rien entendre.

J'ignore comment il se fit qu'au moment de nous séparer, chacun de nous, au lieu de s'entretenir avec sa propre sœur, s'adressa à la sœur de son ami. Quelque étrange que paraisse ce fait, il n'en est pas moins positif. Nous n'avions aucune pensée d'amour, mais nous obéissions à une impulsion instinctive. La bonne Lucie me força d'accepter six pièces d'argent; elle les tenait de sa mère, et je les avais souvent entendu dire qu'elle ne voulait les dépenser qu'à la dernière extrémité. Elle savait que je ne possédais au monde que cinq dollars, et que Rupert n'en avait qu'un. Je lui dis de donner l'or à Rupert.

— Non, dit-elle. Vous en ferez un emploi plus sage, plus judicieux et pour l'avantage commun. D'ailleurs vous êtes riche, et vous pouvez me le rendre. C'est un prêt que je vous fais; ce serait un don que je ferais à Rupert.

Il me fut impossible de refuser, et je pris l'argent dans l'intention de le restituer un jour avec usure. Puis je pressai Lucie contre mon cœur, je l'embrassai six ou huit fois avec ardeur, ce que je n'avais pas fait depuis deux ans. J'ignore si Rupert embrassa Grâce; car pendant cette cérémonie les larmes coulaient constamment à vingt pas l'une de l'autre.

— Écrivez, Miles! écrivez, Rupert! s'écrièrent les deux jeunes filles ensemble pendant que nous démarrions.

Durant quelques minutes, nous pûmes suivre du regard nos chères compagnes; mais une sinuosité du rivage mit entre elles et nous une sombre éminence de terre.

Telle fut la manière dont je quittai Clawbonny au mois de septembre 1797. J'avais dix-sept ans moins quelques jours. Rupert avait six mois de plus, et Nabuchodonosor était son aîné de plus d'une année. Tout ce que nous possédions était dans l'embarcation, excepté nos cœurs. Le mien était resté sur la rive avec les deux créatures bienaimées que nous venions d'abandonner. Celui de Rupert était en suspens; je m'imagine qu'il ne se détachait jamais complètement de la place que lui avait assignée la nature.

CHAPITRE III.

> Il est dans cette ville
> Un jeune homme aux doux yeux,
> Brave, d'humeur civile,
> Comblé des dons des cieux;
> Sa noire chevelure
> Roule en anneaux flottants;
> Leste, et de vive allure,
> Il est dans son printemps.
> Quand nos filles,
> Si gentilles,
> Nos filles à l'œil de feu,
> Par leurs charmes
> Et leurs larmes
> Le retiennent en ce lieu,
> C'est dommage
> Que, volage,
> Il parte sans dire adieu!
>
>   BURNS.

Nous avions bien choisi l'heure du départ. Le reflux commençait, et l'embarcation descendit rapidement, quoique la hauteur des rives nous eût empêchés de sentir le vent, quand même il y aurait eu de la brise sur le fleuve. Notre bateau était assez grand, gréé en sloop et à moitié ponté, mais les bras vigoureux de Nabuchodonosor lui imprimèrent une marche rapide. Il travaillait avec l'ardeur d'un véritable noir marron; j'étais moi-même un habile rameur, car mon père m'avait donné des leçons de nage, et je m'exerçais presque journellement pendant sept mois de l'année. Je ne tardai pas à me mettre à l'œuvre. J'étais excité par le romanesque de notre position et la crainte d'être découverts, crainte qui me paraissait accompagner constamment les entreprises clandestines. Je pris une des rames, et en moins de vingt minutes notre embarcation, que nous avions nommée la *Grâce et Lucie,* sortit d'entre les rivages escarpés de l'Hudson, et s'approcha de l'embouchure.

Nabuchodonosor poussa un cri de joie sauvage quand, en cessant d'être à couvert, nous sentîmes le souffle de la brise. Au bout de trois minutes nous avions hissé le foc et la grande voile, molli l'écoute, mis la barre au vent, et nous descendions le courant à raison de cinq milles à l'heure. Je pris le gouvernail; Rupert était trop indolent pour travailler sans nécessité, et Nabuchodonosor était trop humble pour aspirer à cette honorable fonction, lorsque son maître était disposé à la remplir. A cette époque des bâtiments de l'Hudson avaient tellement l'habitude de les gouverner de leurs propres mains, que la plupart des riverains que lord John Jervis, lord Anson, et autres illustres amiraux anglais, s'amusaient à tenir la barre au milieu de l'Océan. Je me rappelle les joyeux éclats de rire que poussa un jour mon malheureux père quand M. Hardinge lui demanda comment il avait le temps de dormir, puisqu'il était obligé d'être nuit et jour au gouvernail. Nous étions très-novices à Clawbonny dans la plupart des choses de la vie.

L'heure qui suit fut l'une des plus pénibles que j'aie jamais passées. Je me souvins de mon père, de sa franchise, de sa générosité envers moi et des recommandations auxquelles je manquais ouvertement. Puis je vis l'image de ma mère, avec sa tendresse, ses souffrances, ses prières, ses exhortations affectueuses et graves à la fois. Il me sembla que mes parents me regardaient avec douleur, mais sans m'adresser de reproches, ou qu'ils m'invitaient à retourner en arrière, en me montrant les conséquences de ma démarche. Je me représentais Grâce et Lucie, leurs sanglots, leurs avertissements, leurs tendres et touchants adieux. Je n'oubliais pas non plus M. Hardinge, et le désespoir qui l'accablerait quand il se verrait privé non-seulement d'un papille, mais d'un fils. Puis Clawbonny même, la maison, le verger, le jardin, les prairies, le moulin, toutes les dépendances de la ferme acquéraient une double valeur à mes yeux. C'étaient comme autant de liens qui s'attachaient à mon cœur; ainsi que l'a dit un poëte:

> Dans un monde nouveau l'aventurier se plonge,
> Et la chaîne qu'il porte à chaque instant s'allonge.

J'étais émerveillé de la tranquillité de Rupert; je n'avais pas encore profondément étudié son caractère; mais je savais qu'il emportait toujours avec lui le principal objet de ses affections. Quant à Nabuchodonosor, soit par instinct, soit par tradition, il affecta de ne pas tourner un seul instant la tête du côté d'où nous étions partis. Toutefois, je ne pense pas qu'il eût l'idée d'être en fuite; ses deux jeunes maîtres étaient présents; il savait qu'il m'appartenait en toute propriété, et croyait sans doute ne pas s'écarter des devoirs en me suivant. J'avais d'ailleurs le projet de le renvoyer avec le bateau.

Rupert ne se souciait pas de causer, il avait soupé amplement, et se sentait appesanti. J'étais trop absorbé dans mes pensées pour entamer l'entretien. J'éprouvai une espèce de triste plaisir à régler le quart pendant la nuit. Cette occupation ranima mon ardeur pour la carrière maritime. Il était minuit, et je me chargeai du premier quart, en disant à mes compagnons de se glisser sous le pont pour dormir. Il se casèrent sans prononcer un seul mot. Rupert se plaça dans le fond, et Nabuchodonosor laissa ses jambes exposées à l'air de la nuit.

La brise fraîchit, et pendant quelque temps je crus qu'il serait nécessaire de prendre des ris; cependant je réussis à retenir les cordages, et nous courûmes vent arrière. Quand je réveillai Rupert, à quatre heures, nous approchions de deux hautes montagnes entre lesquelles le lit du fleuve était resserré. A la forme des rivages, aux maisons que je distinguai confusément à droite, je reconnus la baie de Newburry. C'était une limite que nous n'avions jamais dépassée. Nous avions été une fois seulement à Fishkill Landing, endroit situé en face du village qui donne son nom à cette partie du fleuve.

Rupert prit la barre, et j'allai me coucher. Nabuchodonosor ne me réveilla qu'à dix heures. J'appris plus tard que Rupert avait tenu le gouvernail pendant une heure seulement, et que, calculant qu'il y avait quatre heures depuis cinq heures jusqu'à neuf, il avait jugé à propos de faire partager au nègre la gloire de cette course nocturne. Quand on me réveilla, Rupert était profondément endormi à mes côtés.

La journée était belle, et tout en déjeunant nous admirâmes des sites entièrement nouveaux pour nous. Vers midi le vent s'éleva du sud, et le flux nous obligea à jeter l'ancre. Le soleil allait se coucher, lorsque nous aperçûmes New-York. Nous remarquâmes d'abord la prison de l'Etat, qu'on venait de construire. Nabuchodonosor la regarda d'un air grave, et décida qu'elle avait mauvaise façon; moimême je ne la considérais pas sans terreur.

New-York, en 1797, commençait à peu de distance de la rue de la Douane. Entre le petit hameau de Greenwich, qui environnait la prison et la ville proprement dite, s'étendaient des champs parsemés de maisons de campagne. L'église Saint-Jean n'existait pas, et des marais en occupaient l'emplacement et les alentours. En longeant les quais, nous vîmes le premier marché que j'eusse jamais aperçu; car les villages de l'intérieur n'en possédaient pas encore. On l'appelait alors le marché de l'Ours, parce qu'on y avait vendu en premier lieu la chair de cet animal; mais les progrès modernes ont substitué à cette dénomination le nom glorieux de Washington.

Dans le bassin d'Albany, nous reconnûmes la tête de mât du sloop le Wallingford; je l'indiquai à Nabuchodonosor, qui devait y ramener notre embarcation. Nous débarquâmes à White-Hall, si célèbre depuis par l'habileté de ses rameurs. Je conduisis Rupert dans une auberge de matelots dont je m'étais procuré l'adresse; un enfant nous en montra le chemin pendant que le nègre se préparait à ramener le bateau auprès du sloop.

Nabuchodonosor fut à mon chevet dès l'aube du jour. Il m'annonça que la Grâce et Lucie était en sûreté, bord à bord du Wallingford; il exprima le désir de m'accompagner jusqu'à mon embarquement. Je lui permis de me suivre à quelque distance; car la présence d'un domestique noir aurait pu m'empêcher de trouver une place sur le gaillard d'avant.

J'étais tellement empressé de trouver un navire, que je ne m'arrêtai pas à visiter la ville. Rupert aurait voulu en connaître les curiosités; mais je fis la sourde oreille, et parvins à m'en faire accompagner. Tout individu inexpérimenté nous eût pris, en nous voyant passer, pour deux jeunes et vigoureux mousses qui, au retour d'un voyage lucratif, propres et convenablement vêtus, parcouraient les rues en admirateurs.

Le commerce d'Amérique avait une activité surprenante en 1797, malgré la guerre qui divisait la France et l'Angleterre. A chaque marée, des bâtiments entraient ou sortaient. Nous nous dirigeâmes vers Fly-Market (le marché de la Mouche), dans le voisinage duquel on nous avait dit que nous trouverions des bâtiments de la compagnie des Indes. Plutôt que de traverser simplement l'océan Atlantique, nous préférions faire un voyage sur un de ces vaisseaux, à cause de la longueur du voyage et de la supériorité de construction.

J'avais les yeux tout ouverts; je voyais pour la première fois des trois-mâts, et jamais amateur des arts ne s'est extasié à la vue d'un tableau ou d'une statue avec plus d'enthousiasme que j'en éprouvai à l'aspect imposant des navires. J'avais à Clawbonny un petit modèle que j'avais étudié avec mon père pour connaître les noms de tous les cordages, et pour avoir quelques idées de leur destination. Ces notions élémentaires m'étaient alors d'une grande utilité seulement, il m'était difficile de distinguer sur une grande échelle les agrès que j'avais observés dans des proportions amoindries. Au milieu de l'inextricable labyrinthe de cordes qui montait vers les cieux, je reconnus les haubans, les étais, les vergues, mais il me fut impossible de définir le reste des manœuvres courantes. Il était midi quand nous approchâmes d'un joli petit vaisseau de quatre cents tonneaux, qu'on appelait le John. Je le qualifie de petit, quoique à cette époque on le regardât comme étant d'une grandeur remarquable. Le Manhattan, qui l'emportait de beaucoup sur les autres bâtiments du port, n'était que d'environ sept cents tonneaux, et peu de bâtiments de la compagnie des Indes en jaugeaient plus de cinq cents. J'ai encore le John devant les yeux après un intervalle de près de cinquante

ans. C'était un navire étroit, dont les mâtereaux et les cordages étaient peints de couleur blanche. En y entrant, nous trouvâmes les officiers occupés à surveiller les arrimeurs. Le premier lieutenant, qui s'appelait M. Marbre, cligna de l'œil en regardant le capitaine aussitôt qu'il nous aperçut.

— Entrez, entrez, messieurs, dit-il d'un ton encourageant. Y a-t-il longtemps que vous avez quitté la province?

Cette question excita une hilarité générale. Je vis qu'il fallait avoir de la résolution, et je répondis :

— Nous avons quitté la maison hier au soir, espérant trouver place sur l'un des navires qui partent cette semaine.

— Pas cette semaine, mon fils, dit M. Marbre d'un ton enjoué, nous comptons du dimanche au dimanche, et nous partirons la semaine prochaine seulement. Comment avez-vous quitté vos parents?

— Je ne les ai plus, répliquai-je. J'ai perdu ma mère il y a quelques mois, et mon père, le capitaine Walingford, est mort il y a quelques années.

Le patron du John était un homme d'une cinquantaine d'années, haut en couleur, marqué de la petite vérole; il avait un air dur qui dénotait peu de sensibilité. Toutefois, il en manifesta en entendant prononcer le nom de mon père. Il quitta ses occupations, vint à moi, et me regarda avec bienveillance.

— Etes-vous le fils du capitaine Miles Wallingford, demanda-t-il à voix basse, de Miles Wallingford qui demeure en amont de l'Hudson?

— Oui, monsieur. Il n'a laissé qu'un fils et une fille; et, quoique j'aie des ressources suffisantes, je désire suivre les traces de mon père, comme bon marin et comme honnête homme.

Je prononçai ces paroles d'un ton mâle et avec une ardeur qui fit sans doute un bon effet, car, après m'avoir secoué cordialement la main, on m'invita à entrer dans la cabine, où le dîner était servi; inutile de dire que Rupert partagea ces faveurs. Les explications vinrent ensuite. M. Robbins, capitaine du John, avait fait son apprentissage avec mon père, pour lequel il conservait un profond respect. Il avait été ensuite second à bord du même bâtiment, et paraissait lui avoir de grandes obligations. Il ne me fit pas subir un rigoureux interrogatoire, et trouva tout naturel que le fils unique de Miles Wallingford voulût être marin.

Pendant le dîner, il fut convenu que Rupert et moi nous ferions partie de l'équipage en qualité de novices, et le contrat fut signé aussitôt que nous fûmes à terre. J'eus la satisfaction d'inscrire Miles Wallingford sur les rôles de l'équipage, à raison de dix-huit dollars par mois; le salaire mensuel des matelots était alors de trente à trente-cinq dollars. On engagea également Rupert; mais le capitaine Robbins réduisit sa paye à treize dollars.

— Il est impossible, dit-il en plaisantant, que le fils d'un ecclésiastique vaille autant que celui d'un de nos meilleurs capitaines.

Nous revînmes coucher à l'auberge, et prîmes congé de Nabuchodonosor, qui devait repartir avec le sloop et donner de nos nouvelles à la famille.

Le lendemain, nos bagages furent transportés à bord du John. Le capitaine nous paya trois mois d'avance, et nous fit revêtir le costume de notre nouvelle profession. Rupert alla flâner sur le pont et fumer un cigare, pendant que j'explorais le navire; j'avais à faire. Je dépassai les drisses sans difficulté, et avec l'aide du premier lieutenant je passai avec succès la nouvelle manœuvre. Ce fut le premier service que je remplis à bord, et j'en fus plus fier que de tous ceux qu'on me connut dans la suite. Pendant que je travaillais, Rupert était appuyé contre le pied de l'étai du grand mât, et fumait son cigare avec la gravité d'un bourgmestre. Son tour vint ensuite. Le capitaine l'envoya chercher, et le chargea de copier des lettres. Rupert avait une belle main et écrivait vite. Le soir j'entendis le premier lieutenant dire au second :

— Le fils du prêtre va devenir le commis du capitaine. Le vieillard a l'habitude d'écrire sur la même page dans tant de sens différents qu'il ne se reconnaît plus; et je ne serais pas étonné qu'il installât ce jeune homme près de lui, avec une plume derrière l'oreille, pendant toute la traversée.

Je passai en haut des mâts la plus grande partie des trois premiers jours. Mes occupations me charmaient. Je ferlai de mes propres mains le perroquet volant d'artimon, et les fonds de la voile étaient assujettis d'une manière qui frappa celui qui, cinq minutes après, toucha la maîtresse galerie pour larguer; car il allait à pleuvoir, et l'on déploya les voiles pour les faire sécher. Quand on les roula de nouveau, j'arrangeai seul les trois perroquets volants. Mon père m'avait appris à faire un nœud plat, un nœud de bouline, une clef, deux demi-clefs, et les connaissances que j'avais acquises sur mon modèle de navire me valurent les compliments de M. Marbre, vieux marin endurci et peu flatteur.

— Je n'ai jamais rencontré, dit-il, plus de maturité dans un novice.

Cependant Rupert continua d'être employé au bureau. Il eut un jour de congé et en profita pour aller à terre, après avoir revêtu le costume qu'il avait apporté de Clawbonny. Dans l'après-midi, je m'échappai pour aller à la poste; mais comme je n'en savais pas exactement le chemin, je remontai jusqu'à Broadway. En ce temps-là, tous les gens comme il faut, ou soi-disant tels, se promenaient à l'ouest de cette rue, depuis la Batterie jusqu'à l'église de Saint-Paul; c'était le rendez-vous général, entre midi et deux heures et demie, quand le temps le permettait. J'y vis Rupert qui frayait sans gêne avec les fashionables, et qui avait bonne façon, en dépit de son habit provincial. Je le suivis et j'attendis que nous fussions dans un lieu écarté avant de lui adresser la parole; car je connaissais assez son caractère pour savoir qu'en présence du beau monde il se sentirait honteux d'avoir des relations avec un matelot.

Rupert entra à la poste et reparut tenant une lettre à la main. Je n'hésitai plus à l'aborder.

M. Hardinge le pasteur.

— Vient-elle de Clawbonny? demandai-je avec empressement. Elle est sans doute de Lucie?

— Elle vient de Clawbonny; mais elle est de Grâce, répondit-il avec un léger changement de couleur. J'avais prié la pauvre enfant de me donner des nouvelles, et quant à Lucie, ses pattes de mouches sont tellement irrégulières que je ne me soucie pas de les voir.

Je me sentis offensé que ma sœur écrivît à un autre jeune homme que moi. A la vérité, c'était un ami intime, un compagnon d'aventures, presqu'un frère, et j'étais venu à la poste pour chercher une lettre de la sœur de Rupert, qui, tout en pleurant sur le quai, m'avait exactement promis la même chose. Mais que votre propre sœur écrive à un autre jeune homme, ou que la sœur d'un autre jeune homme vous écrive, ce sont deux cas différents. J'allai au bureau et je revins avec un air de dignité offensée, tenant à la main une lettre de Lucie.

Au reste, le contenu de ces lettres n'avait rien qui pût blesser notre délicatesse; elles étaient écrites simplement, et exprimaient sans arrière-pensée le dévouement sincère d'une amitié d'enfance. J'ai aujourd'hui les deux épîtres devant les yeux, et je les transcris; c'est le moyen le plus court de communiquer au lecteur l'effet que notre disparition produisit à Clawbonny. Celle de Grâce était conçue en ces termes:

« CHER RUPERT,

» Clawbonny était bouleversé dès neuf heures du matin, et à juste raison. En voyant les alarmes de votre père, je lui ai tout conté et je lui ai donné vos lettres. Je le dis à regret, il a pleuré! Puissé-je ne le voir jamais dans un pareil état! Les larmes de deux jeunes filles, comme Lucie et moi, sont de peu d'importance; mais, Rupert, il est triste de voir pleurer un vieillard que nous aimons et respectons, un ministre de l'Évangile. Il ne nous a pas reproché notre silence, disant que nous avions été dans l'obligation de tenir nos serments. Je lui ai dit que vous aviez voulu mettre sa responsabilité à couvert, mais il n'a pas semblé goûter cette raison. Est-il trop tard pour revenir? Le bateau qui vous a emmenés peut servir à votre retour, et quelle joie aurions-nous tous à vous revoir! J'écris pour l'un aussi bien que pour l'autre, mais j'adresse ma lettre à Rupert parce qu'il m'en a prié instamment. Partout où vous irez, mes amis, rappelez-vous les instructions que vous avez reçues dans votre enfance, et songez que nous nous intéressons à votre conduite et à votre bonheur.

» Votre affectionnée,

» GRACE WALLINGFORD. »

Lucie s'était expliquée plus ouvertement:

« MON CHER MILES,

» J'ai pleuré pendant plus d'une heure après votre départ, et maintenant que les premiers moments sont passés, je me reproche d'avoir tant pleuré pour deux étourdis comme vous. Grâce a instruit mon cher père, qui a été au désespoir. Ces nouvelles suffiront sans doute pour vous ramener auprès de nous. J'ignore quelle réception vous attend; car M. Hardinge parle peu quand il est gravement affecté. Grâce et moi, nous ne faisons que penser à vous. En tout cas, ne manquez pas d'écrire avant de vous embarquer, si toutefois vous vous embarquez, ce que vous ne ferez pas, j'en ai la ferme conviction.

» Adieu.

» LUCIE HARDINGE. »

« P. S. La mère de Nabuchodonosor déclare que, si son fils n'est pas de retour samedi soir, elle ira à sa recherche. Elle n'a jamais eu de marrons dans sa famille, elle ne veut pas en voir; mais je présume que nous le reverrons bientôt, et qu'il nous apportera des lettres. »

Nabuchodonosor avait pris congé de nous, mais nous ne l'avions chargé d'aucune missive. Je fus fâché de cet oubli quand il n'était plus temps de le réparer, et pensai toute la journée au désappointement qu'éprouverait Lucie quand elle verrait revenir le nègre les mains vides. Rupert me laissa au milieu de la rue, et je fus confirmé dans l'opinion qu'il ne voulait pas être vu avec un matelot. Je me dirigeai rapidement vers le vaisseau, et j'avais atteint le quai, quand, au détour d'une rue, je rencontrai subitement M. Hardinge. Mon tuteur marchait lentement, la tête basse, le visage triste et les yeux fixés sur tous les navires qui passaient, comme pour nous chercher. Il me jeta un coup d'œil vague, mais j'étais tellement défiguré par mes nouveaux habits qu'il ne me reconnut pas. Son attention se reporta immédiatement du côté des bâtiments, et je fus bientôt hors de la portée de ses regards.

Le soir j'eus le bonheur d'être sous voile à bord d'un navire garni de tout son gréement. Profitant de la marée et d'un vent favorable, le John quitta le quai avec son foc, sa voile d'étai de hune, sa voile de brigantine, et descendit jusqu'à la Batterie. Il jeta l'ancre dans cet canal à un demi-mille du continent. Dans l'après-midi, l'équipage se rendit à bord. Il se composait de marins dont la moitié étaient Américains, et dont chacun des autres appartenait à une nation différente. M. Marbre les examina en connaisseur, et à ma grande surprise il dit au capitaine qu'il y avait en eux de l'étoffe. Il était meilleur juge que moi, car je n'avais jamais vu une bande de matelots aussi propre à inspirer la confiance; mais un matelot qui arrive à bord, après un mois d'excès, diffère moralement et physiquement de celui qui est en mer depuis une semaine.

Je commençai à regretter de n'avoir pas vu la ville. En 1797, New-York n'avait guère plus de cinquante mille habitants; cependant c'était alors déjà la merveille des Etats-Unis. Je fus installé avec Rupert dans une place assez commode. Nous n'avions à souper que du chevreuil que nous mangions à la gamelle, ce qui était assez désagréable à des gens qui avaient contracté l'habitude des assiettes, des fourchettes, des couteaux et autres superfluités. Pendant mon premier souper à bord, je me rappelai plusieurs fois les petites mains de Grâce et de Lucie, la propreté des assiettes et des verres, et les pinces à sucre en argent. Les nappes, les serviettes et l'argenterie étaient alors inconnues en Amérique; excepté dans la haute aristocratie, où elles ne paraissaient même qu'aux grands jours de fête.

J'eus l'honneur de monter la garde avec un vieux Suédois qui naviguait depuis longtemps. Le vent était faible, le navire dans un bon mouillage, de sorte que mon compagnon s'étendit sur une planche et s'endormit, après m'avoir recommandé de le réveiller s'il arrivait quelque chose. Quant à moi, je me promenai sur le pont avec autant d'importance que si j'eusse été chargé du salut de l'État. J'examinai successivement les mâts et les bossoirs, et ces deux heures de quart s'écoulèrent agréablement dans ces fructueuses occupations.

Vers dix heures du matin, le pilote vint à bord, et tout l'équipage fut appelé sur le pont pour lever l'ancre. Le cuisinier, le mousse de la chambre, Rupert et moi, nous fûmes chargés d'abattre les cosses du câble, puis je montai au mât pour larguer le petit hunier. Rupert devait m'accompagner; mais il prit la route du trou de chat, et j'eus à m'occuper à la fois des deux bras de la vergue. Quelques instants après, le navire appareillait. Au moment où je passais la manœuvre, une forte brise du nord-ouest enflait les voiles, et je me réjouissais de l'idée d'être en route pour Canton. Quand nous partîmes, Rupert

Entrée de Miles et de Rupert à bord du *John*.

qui était dans les haubans, me montra du doigt un canot à cent pieds du bâtiment. Monsieur Hardinge y était; personne du bord ne l'avait aperçu, et le *John* s'éloigna rapidement. La dernière fois que je vis mon vénérable tuteur, il était debout, la tête nue, les bras étendus, comme pour nous conjurer de ne pas l'abandonner.

Rupert, effrayé, se sentant coupable, s'empressa de descendre dans l'entre-pont. Le navire fit son abatée avec tant de vitesse que les voiles de l'arrière dérobèrent bientôt M. Hardinge à mes yeux. Je me cachai derrière la tête du mât, et je sanglotai pendant quelques minutes. Quand un ordre du second me rappela sur le pont, le canot était déjà à une grande distance à l'arrière, et il avait évidemment renoncé à nous aborder. Je ne sais si je fus soulagé ou attristé par cette circonstance.

CHAPITRE IV.

BRUTUS.

Dans les choses du monde il est une marée
Dont il faut calculer la force et la durée,
Qui peut en profiter est sûr de réussir;
Mais quand le voyageur ne sait pas la saisir,
De récifs en récifs sa barque ballottée
Disparaît à la fin sous la vague agitée.
Voguant en pleine mer, courageux matelots,
Laissons-nous entraîner au mouvement des flots,
Ou nous nous préparons d'inutiles souffrances,
Et c'en est fait de Rome et de nos espérances.

SHAKSPERE, *Jules César*.

Quatre heures après, le navire traversait la barre et commençait son long voyage. Nous suivîmes une ligne diagonale pour sortir de l'anse formée par les côtes de Long-Island et de New-Jersey, et nous

perdîmes la vue de la terre sur les deux heures et demie. Je contemplai longtemps les hauteurs de Naverink qui disparaissaient à l'ouest comme des nuages chassés par le vent; mais un matelot qui quitte sa terre natale n'a ni l'envie ni le loisir de s'abandonner au sentiment. Il faut placer l'ancre dans les bossoirs, déployer et lover les câbles, peser à joindre les apparaux des bonnettes, placer fréquemment des cercles de boute-hors et se livrer à cent autres travaux qui nécessitent la plus grande activité. Je fus occupé jusqu'à la nuit. On me désigna pour le quart de bâbord, et je dus à la bonne volonté que j'avais déjà déployée d'être choisi le quatrième par le premier lieutenant qui commandait ce quart. Rupert fut pris le dernier par le capitaine pour faire le quart sous les ordres du second lieutenant.

— Je vois que nous nous entendrons bien ensemble, Miles, me dit M. Marbre pendant la veille, car vous avez du vif argent dans les veines. Quant à votre ami, il ne se rendra utile qu'en barbouillant du papier. Soyez sûr que pendant la traversée il usera plus d'encre que de goudron.

Je trouvai étrange que Rupert, qui s'était mis en avant dans tous les préparatifs de notre escapade, s'effaçât si complètement dès les premières épreuves. Mon intention n'est pas de décrire minutieusement mon premier voyage. Ce serait allonger inutilement mon récit, et rendre ma tâche aussi pénible pour le lecteur que pour moi. Je ne dois pourtant pas omettre une circonstance qui se passa trois jours après notre départ. Le vaisseau était en bon état, à deux cents lieues au moins de la terre, quand on entendit un bruit dans la cale où le cuisinier était descendu pour prendre de l'eau.

— Je distingue la voix de deux nègres, s'écria M. Marbre après avoir écouté un instant et s'être assuré que le maître d'hôtel mulâtre était sur le pont, descendez, Miles, et voyez quel est l'Africain qui nous a abordés cette nuit.

Je me préparais à obéir, lorsque Caton le cuisinier sortit de l'écoutille traînant après lui un autre nègre qu'il avait saisi par les cheveux. Dans la physionomie bouleversée de ce dernier, je reconnus à mon grand étonnement celle de Nabuchodonosor Clawbonny. Il s'était glissé à bord avant que le vaisseau n'appareillât, et était resté caché au milieu des barils d'eau.

M. Marbre, premier lieutenant à bord du *John*.

Il avait vécu de pain d'épice et de pommes de terre cuites dont ses poches étaient garnies; mais comme ses provisions étaient épuisées depuis vingt-quatre heures, il eût été forcé de se montrer spontanément si le cuisinier ne l'avait découvert. Dès qu'il fut sur le pont, Nabuchodonosor promena les yeux autour de lui avec anxiété, pour calculer la distance qui le séparait de la terre, et, ne voyant que l'eau de tous côtés, il fit une grimace de satisfaction. M. Marbre irrité lui donna sur l'oreille un coup qui eût renversé un blanc, mais que Nabuchodonosor soutint sans être ébranlé.

— Ah! vous êtes un nègre? s'écria le second, qui avait l'air d'être outragé par l'impassibilité du noir. Voilà pour vous! Nous allons voir si vous êtes de bonne race.

Le premier coup avait porté sur le crâne, partie invulnérable chez les noirs; mais le second fut appliqué sur l'os de la jambe, et Nabuchodonosor se rendit aussitôt. J'intervins en disant à M. Marbre avec tout le respect dû par un novice à son supérieur quelle était la véritable position de Nabuchodonosor. Cette révélation me coûta cher par la suite, car, pendant le reste de la traversée, on se divertit aux dépens du matelot qui avait un domestique. Si je ne m'étais concilié l'estime de tous par mon zèle et mon activité, il est probable que les plaisanteries auraient été plus vives et plus piquantes. Telles quelles, elles ne laissèrent pas de me déplaire; et il fallut toute l'affection que je portais à Nabuchodonosor pour m'empêcher de me venger sur lui en le rossant d'importance. Et pourtant quelle était sa faute comparativement à la mienne? Il avait suivi son maître par attachement plutôt que par amour pour les aventures, et moi j'avais brisé tous les liens du cœur pour m'abandonner à mes penchants!

Le capitaine arriva sur le pont, et, trouvant avantageux d'avoir gratuitement les services de ce jeune nègre athlétique, il le reçut en grâce sans difficulté. Au bout d'une heure, Nabuchodonosor eut réparé ses forces par un repas abondant, et fut placé dans le quart de tribord. Je me réjouis de cet arrangement qui l'éloignait de moi et l'empêchait de me proposer à chaque instant son assistance officieuse. Je m'aperçus que Rupert n'était pas autant de délicatesse. En questionnant Nabuchodonosor, je sus qu'il avait reconduit notre embarcation jusqu'au Wallingford; qu'il avait employé les dollars dont je lui avais fait présent à se loger dans une petite auberge, et qu'au moment du départ, il s'était glissé à bord du John, où il s'était caché à fond de cale.

L'apparition de Nabuchodonosor cessa bientôt d'être le sujet des conversations, et son zèle ne tarda pas à lui attirer la faveur générale. Hardi, robuste, endurci à la fatigue, il était d'une grande utilité dans tous les travaux pénibles, et même en haut des mâts; quoique moins agile qu'un blanc, il n'était nullement déplacé. Les progrès que je faisais moi-même étaient remarqués de tout l'équipage; je puis le dire sans vanité, en une semaine je fus familiarisé avec les manœuvres courantes et, malgré les plus épaisses ténèbres, je pouvais reconnaître un cordage à sa grosseur, à sa position, tout aussi bien que les plus vieux marins du bord. Je n'avais pas éprouvé la moindre atteinte du mal de mer; je ne l'ai jamais ressenti un seul instant dans toute ma vie, et rien ne mettait obstacle à mon apprentissage. Au bout d'une quinzaine de traversée, je passais les rubans de peinture du perroquet de fougue, et ceux de la misaine et de la grande voile avant que nous eussions franchi la ligne. Le premier lieutenant me mettait en avant à toute occasion; il me donnait des instructions particulières, et le capitaine ne négligeait point mon éducation. Avant d'arriver à la latitude de Sainte-Hélène, je fus en état de m'employer à la roue du gouvernail et de participer à presque tous les travaux des matelots.

Les voyages de Chine sont rarement féconds en incidents. Quand on a judicieusement choisi l'époque de l'appareillage, le navire a bon vent jusqu'à son arrivée, et le temps n'est jamais défavorable. Nous eûmes quelques grains, quelques rafales et autres tourmentes ordinaires de l'Océan; toutefois notre voyage de quatre mois s'effectua sans accident remarquable. On jeta l'ancre dans la rivière de Canton, et, lorsqu'on cargua les voiles, qui avaient été constamment déployées, il me sembla qu'elles se levaient comme un rideau de théâtre pour nous laisser voir de nouvelles scènes.

On a tant de fois décrit les Chinois, surtout dans ces derniers temps, que je ne veux pas leur consacrer de nouvelles pages. Les matelots voient avec une indifférence philosophique les habitudes et les mœurs des étrangers. Il leur semble au-dessous de leur dignité de manifester quelque étonnement à l'aspect d'une contrée inconnue. Excepté les officiers, le maître d'hôtel et le cuisinier, tous ceux de l'équipage avaient doublé pour la première fois le cap de Bonne-Espérance; cependant ils regardaient sans émotion les têtes rases, les longues queues, les yeux louches, les habits bariolés, les pommettes saillantes et les souliers épais de la population indigène. La plupart prétendaient même avoir vu en différentes contrées des modes et des tournures plus singulières; car il est de règle que le matelot comprenne toutes les merveilles possibles dans le dernier voyage qu'il a fait, celui qu'il accomplit dans le moment même n'ayant à ses yeux rien que d'excessivement vulgaire. En partant de ce principe, mon voyage de Canton devrait être pour moi le nec plus ultra du merveilleux, puisque c'est le point de départ et le générateur de toutes mes observations subséquentes; mais l'amour de la vérité m'oblige à déclarer que ce fut précisément celui qui eut le moins de péripéties.

Nous passâmes quelques mois en rivière, recevant des thés, des nankins, des soies, à mesure que notre subrécargue pouvait s'en procurer. Pendant tout ce temps, nous ne vîmes pas plus de Chinois que n'en voient ordinairement les étrangers. J'allais fréquemment aux factoreries avec le capitaine, dont je conduisais le canot, et Rupert travaillait à terre ou dans la cabine, sous la direction du subrécargue. J'appris à me servir du maillet à fourrer, de l'épissoir, de la mani-

velle, de l'aiguille et de la paumelle. Les officiers mettaient une sorte d'amour-propre à me rendre digne de mon père le capitaine Wallingford. J'avais eu occasion de leur apprendre que le bisaïeul de Rupert Hardinge avait été capitaine d'un vaisseau de ligne; mais M. Kite, le second lieutenant, refusa de le croire, et M. Marbre, en admettant la possibilité du fait, ajouta qu'il était facile de voir qu'il y avait deux générations d'ecclésiastiques entre ce capitaine et son arrière-petit-fils. Rupert semblait condamné à n'être jamais qu'un commis.

Nos écoutilles furent raccommodées et nous remîmes à la voile au printemps de 1798. Notre navire arriva en peu de temps aux Indes orientales; il entrait dans l'Océan indien; quand il nous arriva une aventure qui mérite d'être rapportée.

Nous avions passé de bonne heure le détroit de la Sonde, et nous avions bien marché pendant la journée, malgré le brouillard. Vers le coucher du soleil, l'horizon s'éclaircit, et nous vîmes deux petites voiles qui semblaient se diriger vers la côte de Sumatra. Ils étaient si éloignés et à leur dimension, on les reconnut pour des praus. Ils étaient éloignés et gouvernaient si évidemment vers la terre qu'ils n'éveillèrent les soupçons de personne. Dans ces parages, les praus inspirent ordinairement de la défiance; mais la mer en est couverte, et la plupart sont inoffensifs. La nuit vint peu de temps après l'apparition de ces deux bâtiments.

M. Marbre était chargé du quart de minuit à quatre heures; pendant ce temps, il tomba une pluie fine. Le John était orienté au plus près, et portait des perroquets volants. Comme la nuit promettait d'être tranquille, la plupart des hommes de quart dormaient sur le pont. Pour moi, quoique les jeunes gens soient assez disposés au sommeil, je n'avais pas fermé les yeux, et je me promenais sur le passavant du vent; je songeais à Clawbonny, à Grâce et à Lucie, dont l'image s'offrait souvent à mon esprit. M. Marbre ronflait paisiblement sur les cages à poules.

Tout à coup j'entendis un bruit bien connu des marins, celui d'une rame qui retombe dans un canot. Mon imagination était si complètement absorbée par mes souvenirs, que je n'en éprouvai pas plus de surprise que si nous avions été dans un port, entourés de bâtiments de toute espèce; mais, après un moment de réflexion, je regardai attentivement autour de moi. Immédiatement sous le bossoir du vent et à la distance d'une encablure, j'aperçus une embarcation que je reconnus pour un prau. Je m'écriai immédiatement :

— O hé! une voile nous aborde.

M. Marbre se leva aussitôt. Il m'a dit plus tard qu'en ouvrant les yeux, il avait aperçu de suite les étrangers; il avait trop d'habitude pour ne pas donner des ordres sans plus ample examen.

— Au large! cria-t-il à l'homme qui tenait le gouvernail. Tout le monde sur le pont! Brassez carré, capitaine Robbins! Monsieur Kite! voilà ces diables de praus qui nous abordent.

A l'instant même tout le monde fut en mouvement. Quand il s'agit d'un danger réel, les matelots se réveillent avec une promptitude surprenante. En moins d'une minute, tous nos gens étaient sur le pont, quoique la plupart n'eussent que leur chemise et leur pantalon. M. Marbre ordonna de larguer en bande toutes les écoutes, et fit le capitaine demander sa poudrière. Cinq ou six vieux matelots détachèrent nos quatre canons de tribord, que nous avions chargés à mitraille dans le détroit de Banca, par mesure de précaution contre les pirates. Le capitaine s'approcha du second canon de l'avant et le pointa.

— Vous êtes sûr de ne pas vous tromper, monsieur Marbre? dit-il avec hésitation.

— Moi me tromper, capitaine Robbins! vous pourriez canonner pendant une semaine toutes les îles que nous venons de dépasser, et vous seriez sûr de ne pas tuer un seul honnête homme.

Le coup partit presque immédiatement après; mais les praus ne changèrent pas leur course. Le capitaine prit sa lunette de nuit, et je l'entendis dire à voix basse à Kite que les praus étaient nombreux. On donna l'ordre d'ouvrir le coffre aux armes, et j'entendis le cliquetis des piques d'abordage, qu'on détachait du gui de baume, et qui tombaient sur le pont. Tout cela était de sinistre présage; et je commençai à penser que nous aurions à soutenir un rude combat, à la fin duquel on nous couperait la gorge à tous tant que nous étions.

Les praus cherchaient à entrer dans nos eaux et à se placer sous notre arrière pour éviter notre bordée. Comme le vent fraîchissait de manière à nous donner une avance de quatre ou cinq nœuds, le capitaine se décida à virer de bord. Les praus virent notre manœuvre, fluctuèrent, et parurent vouloir s'approcher de notre bossoir du vent. Il s'agissait d'éviter leur abordage, et notre salut dépendait de notre sang-froid. Le capitaine se conduisit parfaitement dans ce moment critique; il recommanda le silence le plus complet, l'attention la plus scrupuleuse et la plus stricte soumission à ses ordres.

J'étais personnellement trop intéressé à cette scène pour la voir en observateur. Sur le gaillard d'avant, nous nous attendions à chaque instant à être abordés; car l'un des praus n'était pas à plus de cent pieds, quoiqu'il eût perdu son avantage en se plaçant sous le vent de nos voiles. Kite nous avait commandé de monter dans les agrès, de repousser l'ennemi par une décharge de mousqueterie, et de présenter nos piques, quand je sentis un bras qui m'enlaçait, et une autre per-

sonne prit brusquement la place que j'occupais. C'était Nabuchodonosor qui se mettait ainsi froidement devant moi pour m'éviter le danger. J'éprouvai un certain mécontentement, quoique je fusse touché
du dévouement de ce bon serviteur; mais je n'eus pas le temps de manifester mes émotions. Les équipages des praus poussèrent un cri, et
nous envoyère la décharge d'une soixantaine d'arquebuses. L'air fut
rempli de balles qui heureusement passèrent toutes par-dessus nos
têtes.
Pas un homme de l'équipage ne fut blessé. De notre côté, nous la-
châmes une bordée de nos quatre canons de six livres, deux au prau le
plus proche, et deux autres à la seconde embarcation, qui était encore
à une encâblure de distance.
Cette dernière, qui paraissait la moins exposée, souffrit plus que
l'autre. Notre mitraille avait assez d'espace pour s'éparpiller, et j'entends encore aujourd'hui les cris épouvantables des blessés. L'autre
prau parut n'avoir pas été atteint. On n'y entendit aucun bruit, et il
s'approcha rapidement de notre bossoir. Nous n'avions pas le temps de
recharger nos canons. Une partie de l'équipage se rangea sur le gaillard d'avant, et l'autre dans l'entre-deux des gaillards. En ce moment,
les pirates jetèrent leur grappin. Malgré la précision avec laquelle il fut
lancé, il n'accrocha qu'une enflèchure. Je m'en aperçus, et j'allais
sauter dans leur navire, lorsque Nabuchodonosor me devança une seconde
fois, et coupa l'enflèchure avec son couteau. Les pirates venaient d'a-
bandonner leurs voiles et leurs rames, et s'étaient levés pour grimper
le long de nos flancs. Le dégagement inattendu du grappin leur fit
éprouver une violente secousse qui en renversa une vingtaine. Le John,
qui avait toutes voiles dehors, dépassa le prau et le laissa immobile
dans ses eaux. Toutefois les deux vaisseaux étaient si près l'un de l'autre que les hommes postés en arrière virent distinctement les figures
basanées de leurs ennemis. De suite on donna l'ordre de virer. On mit
la barre dessous, et le navire vint au vent au bout d'une minute. Avant
de quitter les praus, nous leur envoyâmes une bordée de bâbord qui
mit fin au combat. Les deux embarcations se retirèrent en se dirigeant
du côté des îles. Nous feignîmes de leur donner la chasse, mais nous
n'en avions pas réellement l'envie ; nous étions trop heureux d'en être
débarrassés. Après avoir lancé une douzaine de boulets ronds, nous
cessâmes notre feu et nous nous orientâmes au plus près, en faisant
route vers le sud-ouest.
Il ne faut pas supposer que l'équipage se livra immédiatement au
sommeil. Nabuchodonosor fut le seul homme qui alla se coucher, car
il ne manquait jamais une occasion de manger ou de dormir. Le capitaine nous félicita, nous distribua du grog, et releva le quart, comme
si rien n'eût dérangé la régularité de nos manœuvres. Accompagné
du premier et du second lieutenant, il examina les avaries, qui étaient
insignifiantes. Les réparations ne consistèrent que dans le remplace-
ment de quelques cordages.
L'équipage entier était fier de sa conduite et tous les hommes reçurent des éloges, à l'exception de Nabuchodonosor. Je parlai de son
courage à M. Marbre, sans pouvoir lui faire partager la satisfaction
je dirai même l'admiration que j'éprouvais. La longue expérience
m'a appris depuis que, de même que l'argent des riches attire à lui
l'argent des pauvres, de même les exploits des gens inconnus servent
à grossir la renommée de ceux qui sont en évidence. Cette vérité s'ap-
plique aux nations, aux races, aux familles aussi bien qu'aux individus.
Le pauvre Nabuchodonosor, appartenant à une couleur injustement
proscrite, ne pouvait jamais, suivant les idées généralement adoptées,
se placer sur la même ligne qu'un blanc.
Un jour après l'affaire des praus, chacun de nous commença à gas-
conner. Le capitaine et M. Marbre lui-même n'échappèrent pas à cette
manie épidémique. Le résultat de toutes ces fanfaronnades fut de convertir cette affaire en un superbe fait d'armes, et il figura plus tard
dans les journaux comme une des plus belles actions de la marine
américaine.
Nous étions par le cinquante-deuxième degré de latitude, quand le
vent souffla du sud-ouest, et nous amena un brouillard épais. Le capitaine se mit en tête qu'il serait favorisé par les courants en se rap-
prochant des côtes de Madagascar. En conséquence, on boulina la navire, et l'on courut la bordée du nord-ouest, en faisant de cinquante à
cent milles par jour. Nous nous attendions à chaque heure à voir la
terre. Enfin nous aperçûmes des montagnes d'une hauteur prodigieuse
qui paraissaient très-éloignées, mais que nous reconnûmes plus tard
être à une grande distance dans l'intérieur du pays. Le capitaine avait
une théorie particulière sur les courants de cette partie de l'Océan, et,
après avoir jeté le sonde sur le pic à l'aide d'une boussole,
il demeura convaincu que nous gagnions au vent avec une vitesse sensible. Le capitaine Robbins avait d'excellentes intentions ; mais il était
d'un esprit borné, et, quand les gens bornés se mêlent de concevoir
des théories, ils ont rarement le succès dans la pratique.
M. Marbre essaya de lui faire quelques représentations en lui montrant un promontoire qui était à peu près sous notre bossoir du vent.
Le capitaine entreprit de lui prouver par de longs raisonnements que
les courants nous porteraient à dix lieues au sud-ouest de ce cap avant
le lendemain matin.
Je faisais partie du quart de diane, et quand j'arrivai sur le pont, à
quatre heures, le vent n'avait pas changé. M. Marbre ne tarda pas à

paraître dans le vibord, et entama la conversation avec moi. Il lui arrivait souvent de m'entretenir familièrement, et d'oublier même la
différence de notre position réciproque, sur mer du moins, car à terre
j'avais un avantage considérable sur lui. Il dérogeait parfois à sa dignité
de premier lieutenant, au point de m'appeler monsieur ; inadvertance
qui coupait court à nos entretiens, et dont je payais toujours les frais.
Un jour il se vengea de cette qualification égalitaire en s'interrompant brusquement pour m'ordonner, du ton le plus aigre, de descendre des bonnettes sur le pont, quoiqu'il fallût les replacer dans le
cours du même quart. La dignité blessée manque souvent de prévoyance
et n'est pas toujours conséquente.
— Voilà une belle nuit, dit M. Marbre, et suivant le capitaine,
notre marche est favorisée par un courant d'ouest. Le capitaine Robbins, avec lequel je voyage pour la troisième fois, a une prédilection
particulière pour les courants. Il s'imagine que l'Océan est rempli de
Mississipis, et que, s'il pouvait trouver la source d'un de ces fleuves
prétendus, il n'aurait qu'à se laisser aller pour faire le tour du monde...
Mais quel diable de bruit est-ce que j'entends?
— On dirait, monsieur, que c'est celui de l'eau sur des rochers.
— Qu'on se prépare à virer ! cria M. Marbre, courez appeler le capitaine !... Lof tout ! que tout le monde se lève !
Une scène de confusion s'ensuivit. Le capitaine et le second lieutenant arrivèrent, et demandèrent de quoi il s'agissait. M. Marbre invita
tout l'équipage au silence, et, à en juger par le bruit, nous étions au
milieu d'un groupe de récifs.
— Soit paré à mouiller l'ancre ! s'écria le capitaine ; laisse tomber,
et cargue les voiles ! Jetez l'ancre aussitôt que vous pourrez, monsieur
Kite !
Nous ne nous attendions pas à trouver le fond, et nous fûmes très-
étonnés de le rencontrer à six brasses seulement. On vérifia l'exactitude de nos calculs avec la sonde, et nous acquîmes la certitude d'être
non-seulement au milieu des brisants, mais encore à peu de distance
des côtes.

CHAPITRE V.

On nous jeta dans une barque frêle,
N'ayant ni mâts, ni voiles, ni palans,
Où nous étions entassés pêle-mêle.
De ses vieux ais la mer battait les flancs.
Même les rats l'abandonnaient en troupe,
Et par instinct fuyaient épouvantables ;
Déjà la vague inondait la chaloupe,
Quand loin du bord nous fûmes transportés.

SHAKSPERE, la Tempête.

Aussitôt qu'on eut cargué toutes les voiles et qu'il n'y eut plus rien
à faire à bord, le calme de la mort régna parmi nous. Le sens de
l'ouïe paraissait absorber toutes nos facultés, car c'était surtout par
l'oreille que nous pouvions juger de notre position. Nous semblions
être près d'un endroit où le ressac se brisait contre la terre, et les
sons creux que nous saisissions distinctement indiquaient que les ca-
vités naturelles des rochers engloutissaient et rejetaient tour à tour les
eaux jaillissantes. Ces bruits sinistres ne venaient pas seulement du
côté de la terre ; nous les entendions tantôt au sud, tantôt au nord-est,
enfin dans tous les sens. Il y avait des moments où les mugissements
de l'Océan grondaient sous notre poupe ; puis ils paraissaient menacer
nos bossoirs.
Heureusement le vent était faible, et nous n'avions pas à craindre
la rupture du câble. Aussitôt que l'aube se montra, après deux ou trois
heures d'une longue et terrible attente, nous regardâmes autour de
nous avec une avidité qui tenait de la fureur. Nous distinguâmes d'a-
bord les profils de la terre voisine, et à mesure que la lumière s'étendit dans les cieux, nous aperçûmes des falaises escarpées dans les
cavernes desquelles les flots s'engouffraient par intervalles. Ces falaises,
d'une hauteur immense, longeaient la côte à perte de vue, et ôtaient
toute chance de salut aux matelots naufragés. De tous côtés la mer
était hérissée de chaînes de rochers, de brisants et d'écueils détachés,
au milieu desquels la Providence nous avait guidés pendant les ténèbres. A dix lieues au vent était le cap que M. Marbre avait reconnu
le premier.
Telle fut mon arrivée à l'île de Madagascar, partie du monde encore peu connue des marins des nations chrétiennes.
L'éclat du soleil et la tranquillité de la mer rassurèrent le capitaine.
Il comprit que, pour avancer sans danger, il était indispensable d'examiner la position des récifs. Aussitôt qu'il eut avalé sa tasse de café et
mangé son biscuit, il appela quatre rameurs des plus robustes et descendit dans le petit canot.
Au moment où l'embarcation s'éloignait, M. Marbre m'appela à
l'arrière ; il avait l'air de vouloir me parler en particulier. Je le suivis dans la chambre aux provisions, où l'on venait d'arrimer tout ce
qui restait d'eau dans le navire. Le premier lieutenant paraissait vou-

loir s'envelopper de mystère, et, avant de prendre la parole, il me fit un signe avec le *doigt* pour me recommander la circonspection.

— Maître Miles, dit-il, je regarde notre situation comme très-fâcheuse ; nous sommes entourés d'eau et de rochers, et nous n'avons pas de vent pour enfler notre voile. Il n'y a pas de mal à se préparer à tout événement. Allez donc nettoyer la chaloupe avec Rupert et Nabuchodonosor. Partez sans bruit et faites diligence.

J'obéis ; et pendant que j'étais à l'œuvre, M. Kite passa et désira savoir ce que je faisais. Je lui dis que j'agissais par les ordres de M. Marbre, qui vint donner lui-même des explications.

— On peut avoir besoin de la chaloupe, dit-il ; car j'ai idée que le petit canot ne peut parcourir tout l'espace où la sonde nous sera nécessaire. Voilà pourquoi je fais lester la chaloupe et hisser les voiles.

M. Kite approuva ces dispositions et proposa même de la lancer pour ne pas perdre de temps. Nous y travaillâmes avec ardeur, et bientôt l'embarcation fut à flot auprès du navire. Les uns disaient que nous en aurions certainement besoin pour porter l'ancre de touée ; d'autres faisaient observer qu'une douzaine de bateaux ne suffiraient pas pour découvrir le canal dont nous avions besoin.

On lesta la chaloupe avec des barils d'eau douce ; elle fut mâtée ; on y mit les rames et une petite boussole, pour le cas où les brouillards, si fréquents dans cette partie du monde, sépareraient l'embarcation du vaisseau. Cette besogne s'accomplit si tranquillement que personne ne conçut d'alarmes ; et quand le premier lieutenant cria : Miles, passez dans la chaloupe un sac de pain, avec un peu de viande, ceux qui y travaillent peuvent avoir faim ! personne ne parut se douter de ses intentions secrètes. Cependant M. Marbre m'avait donné des ordres particuliers, et je m'arrangeai pour mettre cent livres de biscuit dans la chaloupe ; j'y mis un peu de viande de cochon crue, mets que les matelots sont loin de dédaigner, et le cuisinier remplit les chaudières de viande de porc.

Le capitaine revint après deux heures d'absence, et aussitôt qu'il fut le long du bord il s'écria :

— Je connais le dessous des cartes !

— Et le dessus des rochers ! murmura M. Marbre.

— Nous sommes un peu trop avancés dans un remous que le grand courant fait contre la plage.

Je me demandai à moi-même ce que nous serions devenus si nous nous étions avancés un peu plus : toutefois, le capitaine croyait pouvoir dégager le *John* et on se mit en devoir de lever l'ancre. Le vent était encore excessivement faible, et devant nous était une chaîne de récifs sur laquelle roulaient de grosses lames dont l'agitation prouvait quelle est la puissance de l'Océan même dans ses moments de sommeil.

Les vagues qui se soulevaient pour retomber ensuite ressemblaient au va-et-vient de la respiration lourde de quelque monstre endormi. Il y avait par le bossoir de tribord une espèce de crique ; l'eau était unie de ce côté, et M. Marbre songeait d'y jeter la sonde. Il lui semblait qu'il existait réellement un remous qui pouvait porter le vaisseau au vent à une distance de six ou huit fois sa longueur ; il valait donc mieux se diriger vers la terre que de tourner l'avant du côté de la pleine mer. Le capitaine goûta cet avis, et je fus un de ceux qui reçurent l'ordre de descendre dans le petit canot pour mettre le projet à exécution. A cinquante vergues du navire nous trouvâmes un fond sensible et une profondeur suffisante jusqu'au pied des falaises. Nous revînmes porter à bord ces bonnes nouvelles, qui réjouirent tout l'équipage. On releva l'ancre qu'on avait jetée de nouveau, et une manœuvre habilement exécutée nous plaça sous le vent des rochers, où nous nous croyions sauvés, quand le navire toucha sur un écueil avec un fracas épouvantable. Ses mouvements furent arrêtés brusquement comme par une muraille ; sa coque sembla prête à se briser en pièces ; les lames qui se dirigeaient vers la terre, nous rencontrant sur leur passage, s'amoncelèrent et inondèrent nos ponts. Elles soulevèrent la quille et nous poussèrent plus avant sur l'écueil avec une violence qui brisa, comme de la cire, de fortes chevilles de fer, et qui fit craquer les varangues de bois de chêne, comme si elles eussent été de saule. Le capitaine fut frappé de terreur ; le désespoir lui ôta au moment la conscience de ses actions. Il ordonna d'être paré à jeter au vent l'ancre de touée qui était dans la chaloupe ; mais M. Marbre lui représenta que le navire était peut-être déjà crevé. On sonda les pompes, et l'on trouva sept pieds d'eau dans la cale. Un matelot de la mer du Sud, que nous avions enrôlé à Canton, plongea sous la coque, et vint annoncer qu'un quartier de roche anguleux avait traversé les planches.

Le capitaine tint un conseil général sur le gaillard d'arrière. Le patron d'un vaisseau marchand ne peut exiger les services de son équipage lorsque le navire est décidément perdu. La cargaison garantit le payement des salaires, et lorsqu'elle n'existe plus, toute subordination disparaît. Il n'en est point ainsi sur les vaisseaux de guerre. L'État paye les matelots, sans tenir compte des accidents, jusqu'au terme de leur engagement, et la discipline militaire ne cesse jamais de régner. Le capitaine Robbins nous réunit donc tous autour de lui, y compris même Nabuchodonosor. Il pouvait à peine parler ; quand il se fut remis, il nous déclara que le vaisseau était perdu sans ressource. Il attribua le sinistre aux courants, qui ne suivaient pas la direction

qu'ils auraient dû suivre, d'après les calculs de la science et les *principes* de la logique. Cette partie de son discours ne fut pas excessivement claire ; je compris que, suivant les idées du malheureux capitaine, les lois de la nature s'étaient dérangées à la suite d'un inexprimable bouleversement, tout exprès pour nous faire faire naufrage. Il nous dit que nous étions à quatre cents milles de l'île Bourbon, et qu'il croyait possible d'y aller chercher un bâtiment, de revenir et de sauver une partie de la cargaison et des agrès. Le premier effet de cette allocution fut de donner un but à nos efforts et de rendre le danger moins sensible. Nous ne songions pas à débarquer dans l'île de Madagascar, dont les habitants passaient alors pour plus sauvages qu'ils ne sont réellement. Ce fut alors que nous reconnûmes l'avantage des préparatifs que nous avions faits ; s'il avait fallu les commencer dans ce moment de trouble et de confusion, nous aurions eu plus d'obstacles à surmonter, et nos efforts auraient été moins efficaces.

Le capitaine entra dans la chaloupe, et je montai le petit canot avec M. Marbre, Rupert, Nabuchodonosor et le cuisinier. Toutes les embarcations avaient des voiles, et étaient disposées de manière à pouvoir être conduites à la rame dans les calmes ou par les vents contraires.

Le premier lieutenant et le cuisinier, tous deux habiles pourvoyeurs, nous procurèrent plus d'eau et de provisions qu'il ne nous en devait revenir. On nous donna une boussole, un quart de cercle et une carte, et tout fut prêt pour le départ à midi, deux heures après le naufrage. On gagna le large, et nous eûmes occasion de voir autour de nous tant de récifs auxquels nous avions échappé, que je me sentis plein de reconnaissance envers la miséricorde divine, tout en m'aventurant sur une frêle coquille au milieu du vaste Océan. Aussitôt que nous fûmes en pleine mer, le capitaine et le premier lieutenant curent une nouvelle discussion sur les courants. Malgré la cruelle expérience dont nous étions victimes, M. Robbins persistait à soutenir sa théorie favorite. Nous devançâmes facilement la chaloupe, et fûmes obligés de prendre des ris pour ne pas nous en séparer. Au coucher du soleil, nous étions à plus de vingt milles de la terre, et nous avions perdu de vue la côte, quoiqu'on aperçût encore au loin les montagnes de l'intérieur. Lorsque la nuit fut close et que je me vis au milieu des flots, où chaque mouvement nous éloignait davantage du continent, je pensai plus que jamais à Clawbonny, à ses soirées tranquilles, à sa table bien garnie et à ses lits moelleux. Heureusement nous ne manquions pas de vivres, et M. Marbre entama le premier un quartier de porc à moitié bouilli, avec un appétit qui faisait honneur à sa philosophie. Pour lui rendre justice, il paraissait considérer comme une bagatelle un voyage de quatre cents milles dans un petit canot, et montrait autant de calme que s'il eût encore été sur le pont du *John*.

Le vent fraîchit dans la matinée et la mer commença à briser. Nous fûmes dans la nécessité de nous écarter de la chaloupe, ou de nous en rapprocher pour éviter d'embarquer les lames. Le capitaine préféra cette dernière manœuvre, afin que les deux embarcations marchèrent de conserve à la portée de la voix. A l'approche de la nuit nous avions fait, d'après notre calcul, environ cent cinquante milles, à la faveur du vent d'ouest. Notre plus grande peine était d'écoper, et nous y travaillions parfois tous les quatre. Vers minuit le vent souffla par grains, et plus d'une fois il nous fallut ferler les voiles et ramer pour tenir tête à la mer. Il en résulta que nous perdîmes de vue la chaloupe. Elle avait disparu quand le jour se leva. J'ai eu souvent l'idée que M. Marbre s'en était séparé volontairement, quoiqu'il montrât une vive inquiétude quand il eut acquis la certitude de notre isolement. Après nos recherches infructueuses, nous fûmes route au plus près du vent ; ce qui nous aurait rapidement éloignés de la chaloupe, si elle avait encore été à nos côtés. Le vent tomba pendant la nuit ; mais le lendemain nous l'avions droit par l'arrière, et nous filâmes six ou sept nœuds à l'heure. Ce temps favorable dura trente heures, pendant lesquelles nous dûmes faire au moins cent cinquante milles. Le quatrième jour, dès le lever du soleil, nous tournâmes avec inquiétude nos yeux vers l'orient, mais on n'y voyait pas la moindre trace de terre. M. Marbre parut éprouver un cruel désappointement ; toutefois il essaya de nous rassurer en nous promettant que nous serions bientôt en vue de l'île Bourbon. Nous gouvernions à l'est avec une légère brise du nord-est. J'étais debout sur un banc du canot, et j'avais le visage du côté du sud. Tout à coup j'aperçus une espèce de mamelon lointain. J'appelai M. Marbre, il regarda avec moi ; mais, ne distinguant rien, il me dit qu'il ne pouvait y avoir de terre dans cette direction, et reprit sa place pour gouverner encore à l'est.

Il m'était impossible de me tenir tranquille ; je remontai sur le banc, et je vis de nouveau une éminence sur l'horizon. Mes protestations devinrent si pressantes, que M. Marbre consentit à gouverner pendant une heure dans la direction que je lui indiquai.

— Ce temps suffira pour vous fermer la bouche, dit le lieutenant en consultant sa montre ; et puis vous ne m'importunerez plus.

Pour bien employer l'heure qui m'était accordée, je me plaçai à côté de mes compagnons, et nous ramâmes avec ardeur. J'attachais tant d'importance à chaque brasse de la distance parcourue, que je ne me dérangeai pas. M. Marbre lui-même continuait à regarder à l'est, dans l'espérance de rencontrer la terre de ce côté.

— Arrêtez! nous dit-il, l'heure est passée; et le cœur palpitant je m'élançai sur le banc. L'éminence que j'avais remarquée était distincte; je m'écriai :—Terre! terre! M. Marbre sauta sur le banc et se rendit à l'évidence.

Nous reprîmes nos rames avec un redoublement d'énergie. Le canot fila rapidement, et vers les cinq heures du soir, nous nous trouvâmes à quelques lieues de l'île Bourbon, que nous avions failli laisser au sud pour nous égarer sans ressource dans l'immensité de l'Océan. Au calme qui avait régné toute la nuit succéda une fraîche brise du sud. Comme nous avions le vent debout, nous courûmes des bordées à l'abri de la côte. A dix heures, nous étions à un mille du rivage, mais nous jugions périlleux d'atterrir dans l'obscurité. Le vent vint à souffler avec tant de violence que nous avions peine à tenir nos voiles, quoiqu'elles fussent aux bas ris. A la pointe du jour nous pûmes débarquer dans une anse, et jamais je ne remerciai le ciel avec plus de ferveur qu'en mettant le pied sur la terre ferme.

Nous passâmes une semaine à l'île Bourbon, dans le vain espoir d'avoir des nouvelles de la chaloupe; puis nous trouvâmes un passage pour l'île de France. Les Etats-Unis n'y avaient pas encore de consul, et M. Marbre, sans crédit ni ressource, ne put obtenir un bâtiment pour aller visiter le John. N'ayant point d'argent, nous nous embarquâmes, M. Marbre comme second lieutenant, nous comme matelots du gaillard d'avant, sur un navire qui venait de Calcutta et retournait à Philadelphie. On l'appelait le Tigre. Il passait pour un des meilleurs bâtiments de l'Amérique; et M. Digges, son commandant, avait une haute réputation de talent et d'activité. Il nous prit à son bord uniquement par esprit national; car il avait déjà trente-deux hommes d'équipage. Nous apprîmes plus tard que le capitaine Digges avait augmenté le nombre de ses matelots à Calcutta, afin de se défendre des corsaires qui venaient piller les navires américains jusque sur les côtes des Etats-Unis, sous prétexte qu'on avait violé les règlements établis entre la France et l'Angleterre. On était à l'époque où commença la quasi-guerre de l'Amérique et de la France. Toutefois, nous n'avions rien appris des hostilités, et nous nous embarquâmes sur le Tigre sans aucune appréhension.

Le Tigre mit à la voile trois jours après notre arrivée à l'île de France et quinze jours après notre naufrage. Nous appareillâmes avec un vent du sud, et nous fîmes plus de cent milles pendant la nuit. Le lendemain matin de bonne heure, je reçus avec Rupert l'ordre de passer les manœuvres des bonnettes du perroquet. Quand je fus dans le gréement, j'aperçus par notre bossoir du vent deux petites voiles que je reconnus immédiatement pour celles de la chaloupe du John. Je ne puis exprimer l'émotion que j'éprouvai à cette apparition inattendue; je m'écriai : Une voile! j'empoignai un galhauban du kakatoës, et je descendis sur le pont en une seconde. J'avais l'air tout effaré; car M. Marbre, qui commandait le quart, fut obligé de me secouer rudement pour obtenir de moi une explication. Aussitôt que je la lui eus donnée, il fit rentrer les bonnettes, brasser les vergues au plus près du vent, et déployer la grande voile; puis il descendit faire son rapport au capitaine Digges. Notre nouveau commandant, qui était un homme humain, et à peine appris l'état des choses, qu'il n'hésita pas à approuver les manœuvres de M. Marbre.

Comme l'équipage de la chaloupe nous avait aperçus, il faisait force de voiles vers nous. Une heure après nous avions coiffé les huniers, et la chaloupe bien connue du John virait sous notre écoute. On lui jeta un câble et on la hala bord à bord. Tout l'équipage du Tigre fut attristé de la misérable position des nouveaux venus. Un nègre de haute taille était étendu mort au fond de la chaloupe, et on avait conservé le cadavre dans la prévision d'une extrémité terrible. Le tiers des naufragés étaient presque inanimés, et il fallait les hisser à bord comme des ballots. Le capitaine Robbins et M. Kite, hommes robustes et actifs, ressemblaient à des spectres, les yeux leur sortaient de la tête comme si quelque démon intérieur les eût poussés hors de l'orbite. Ils avaient moins souffert de la faim que de la soif, n'ayant pas eu une goutte d'eau depuis soixante-dix heures. Durant la tempête, qui avait commencé quand nous débarquions à l'île Bourbon, et, par une funeste erreur, le seul qu'ils avaient conservé s'était trouvé à moitié vide. Contrariés par les vents, ils avaient dépassé l'île Bourbon, qu'ils cherchaient depuis dix jours sans pouvoir calculer ni latitude ni longitude.

Un rayon de plaisir traversa la figure du capitaine quand je lui tendis la main pour l'aider à monter sur le pont. Ses pas étaient chancelants; il s'appuyait lourdement sur mon bras. J'allais le conduire à l'arrière, quand il aperçut un pot d'étain sur un charnier. Il étendit une main tremblante vers le vase, je le lui donnai, et il en avala le contenu d'un seul trait. Il se penchait en avant pour demander encore de l'eau, quand le capitaine Digges nous rejoignit. Il donna des ordres, et tous les naufragés reçurent une petite quantité d'eau avec les plus vifs témoignages de joie. Aussitôt qu'on put leur faire comprendre la nécessité de tenir le liquide quelque temps dans la bouche avant de l'avaler, ils en éprouvèrent des effets salutaires. On leur donna ensuite du café et un peu de biscuit trempé dans du vin.

De cette manière on les sauva tous; mais ils furent près d'un mois à se remettre. Le capitaine Robbins et M. Kite purent reprendre leurs occupations à la fin de la semaine; mais on n'exigea d'eux aucun travail.

CHAPITRE VI.

La mer est insoumise, et ses flots destructeurs
Confondent les efforts de tous navigateurs.

SHAKSPERE, *Macbeth.*

Pauvre capitaine Robbins! à peine eut-il recouvré ses forces physiques qu'il éprouva les tourments inséparables de la perte de son navire. M. Marbre, qui, réduit à la seconde lieutenance, était plus disposé à se montrer communicatif avec moi, m'apprit que son ancien supérieur avait voulu décider le capitaine Digges à visiter le bâtiment naufragé; mais le plus beau navire de Philadelphie avait autre chose à faire que de s'occuper d'un sauvetage dont les résultats étaient incertains. Le John fut abandonné à sa destinée. Il est probable que la tempête acheva d'en disperser les débris.[1]

Le Tigre était un fin voilier, plus grand que le John, armé de douze canons de neuf livres. Il avait à bord une cinquantaine d'hommes que M. Digges exerça aux manœuvres du canon. Les nouvelles de guerre qu'il avait reçues donnaient une nouvelle activité à ses dispositions naturellement martiales, et quand nous atteignîmes Sainte-Hélène, le navire était capable de soutenir un combat régulier. Les habitants de cette île ne nous apprirent rien de nouveau; ils nous dirent seulement les noms des bâtiments qui avaient relâché dans le port pendant les douze mois derniers, et le prix des viandes fraîches et des légumes. Dix-sept ans plus tard, ils devaient être civilisés par Napoléon.

Rien ne contraria notre route de Sainte-Hélène aux latitudes calmes, et, malgré l'absence du vent, nous atteignîmes sans encombre la latitude des Antilles. Nous étions à peu de distance de la Guadeloupe, quand, au point du jour, un brick d'apparence suspecte nous donna la chasse. Le capitaine Digges prit sa meilleure lunette, dont il ne se servait que dans les occasions importantes, examina longtemps l'étranger, et le déclara croiseur français. M. Marbre le reconnut aussi pour français à la hauteur des mâts de hune, à la petitesse des vergues. Le Tigre avait dehors ses bonnettes de hune et de perroquet, et filait environ sept nœuds à l'heure; le brick boulinait avec facilité, et cherchait à nous joindre en dépendant. Au lieu de paraître l'éviter, on résolut de diminuer de voiles, et de le laisser arriver.

Mes occupations m'appelaient auprès des cages à poules; j'y vis le capitaine Digges montrer au capitaine Robbins les lettres qu'il avait reçues à Calcutta, et qui lui apprenaient les dispositions hostiles des Français.

— La conduite de ces demi-pirates, dit M. Digges, est souvent équivoque; ils attendent un moment favorable, et l'on ne sait tout d'abord à quoi s'en tenir sur leur compte.

— C'est vrai, réplique le capitaine Robbins, ces gueux-là nous abordent parfois avant qu'on ait observé leurs intentions.

— Ne nous laissons point surprendre, reprit Digges après un instant de réflexion. Miles, allez à l'avant, ordonner au cuisinier de remplir ses chaudières d'eau de mer et de la faire bouillir au plus vite, dites aussi à M. Marbre que je le demande à l'arrière.

J'obéis sans m'expliquer pourquoi le capitaine enlevait ainsi les chaudières au service ordinaire. Nous commencions à remplir les chaudières, quand M. Marbre et Nabuchodonosor placèrent près de la cuisine une pompe que ce dernier fit jouer avec une rare dextérité. On lui indiqua pour but un cap de mouton, contre lequel il dirigea le jet aux applaudissements de M. Digges, qui le nomma sur-le-champ capitaine des arroseurs.

On donna l'ordre de se préparer au combat, et quoique je n'eusse aucun motif pour supposer en moi un défaut de fermeté, mes idées se reportèrent, je l'avoue, sur Clawbonny, Grâce, Lucie, et les sites riants de mes demeures. Toutefois, ces réminiscences ne durèrent qu'un moment, et se dissipèrent aussitôt que je me mis au travail. Il fallut une heure pour disposer le navire, et pendant ce temps le brick s'approcha à un demi-mille, venant au lof par notre banche de dessous le vent. Comme nous avions diminué de voiles, le corsaire ne manifestait aucune intention de nous tirer un coup de canon pour nous faire mettre en panne. Il semblait disposé à nous rendre politesse pour politesse.

Tous les hommes de l'équipage furent distribués aux postes; on me plaça à la grande hune, et Rupert à la hune de misaine. Nous étions chargés de réparer les avaries, et le capitaine, sachant que nous étions accoutumés à manier les armes à feu, nous remit à chacun un mousquet avec ordre de tirer dès que le combat serait engagé en bas. Ayant déjà vu le feu, nous nous regardions comme des vétérans, et nous échangeâmes des signes de tête et des sourires en montant dans les agrès. Mon poste était meilleur que celui de Rupert, car la voile de perroquet de fougue ne m'empêchait pas de voir le brick s'avancer, tandis que la grande voile de hune le cachait complètement aux yeux de mon ami. Quant au danger, il était à peu près égal pour tous, en bas ou en haut; les bastingages du navire n'étaient pas à l'épreuve de la balle, et les Français, disait-on, avaient l'habitude de viser aux agrès.

Quand nous fûmes sous le canon, le capitaine recommanda le silence; le brick était assez près pour nous héler; je distinguais les ponts couverts de matelots; j'en comptais les canons au nombre de dix seulement, et d'un calibre inférieur à celui des nôtres. Sur son gaillard d'avant étaient des hommes blottis derrière les bastingages, comme pour se dissimuler à la vue de notre équipage. J'eus l'idée de sauter sur un gulhaubran, et de me glisser à bas, afin de donner des renseignements sur les forces des agresseurs; mais j'avais entendu parler de l'impérieuse obligation de rester à son poste en face de l'ennemi, et quoique les novices s'exagèrent toujours leurs devoirs et leurs droits, on doit me savoir quelque gré de n'avoir pas cédé à mon premier mouvement.

Durant toute la traversée, j'avais tenu une estime de la route, et je portais toujours sur moi du papier et un crayon. Je traçai rapidement sur un feuillet ces lignes : — Le gaillard d'avant du brick est couvert d'hommes cachés derrière les bastingages. J'enveloppai un sou dans le papier, et je le jetai sur le pont. Le capitaine Digges l'entendit tomber, me remercia d'un signe, lut mon billet, et je vis bientôt Nabuchodonosor et le cuisinier remplir la pompe d'eau bouillante, et placer sur le gaillard d'arrière cette arme d'un nouveau genre. Au moment même, on nous héla du brick.

— Quel est ce navire?

— Le Tigre, de Philadelphie, retournant de Calcutta en Amérique. Quel est ce brick?

— La Folie, corsaire français. D'où venez-vous?

— De Calcutta. Et vous?

— De la Guadeloupe. Vous dites que vous allez?...

— A Philadelphie. Ne venez pas au lof, si près de nous; il peut arriver un accident.

— Qu'entendez-vous par accident? je ne vous comprends pas; je vais accoster tout près.

— Faites-nous plus de place, vous dis-je, votre bâton de foc va s'embarrasser dans les manœuvres de notre artimon.

— Que signifie cela, hein? Allons, mes enfants, c'est le moment!

— Lofez un peu, et dégagez son mâtereau! s'écria le capitaine Digges. Allons, Nab, montrez-nous votre savoir-faire.

La pompe fut mise en mouvement au moment où les Français apparaissaient sur leur beaupré, et où six ou huit arrivaient au pied du bâton de foc. L'eau bouillante les prit en échelon, et inonda toute la ligne, et les trois premiers assaillants, se laissèrent tomber à la mer, préférant l'eau froide à l'eau bouillante, et le risque d'être noyés à la certitude d'être échaudés. Je crois, sans garantir le fait, qu'ils furent sauvés par leurs compagnons.

Le reste des hommes d'abordage retomba sur le gaillard du brick, aux applaudissements de notre équipage, et la Folie, mettant la barre tout au vent, vira de bord comme si elle eût été échaudée elle-même.

Nous nous attendions à leur bordée, mais sans l'appréhender, car nous avions une batterie formidable. Cependant le brick, s'apercevant qu'il n'aurait point l'avantage, nous laissa faire d'abord notre abatée. Il tourna sur le talon de sa quille, de manière à mettre les deux navires exactement dos à dos. Le capitaine Digges commanda de placer aux abords des deux canons de neuf livres du gaillard d'arrière. Il n'était point dans la nature que des hommes se laissassent traiter comme nous venions de traiter les corsaires, sans des signes de mécontentement. Les navires étaient à trois encâblures de distance, quand nous reçûmes un boulet. Il traversa la voile de hune d'artimon, passa entre les manœuvres du vent la tête du grand mât, fit un trou dans la grande voile de hune, et je l'entendis frapper contre quelque chose plus solide que de la toile. Je songeai à Rupert, et je le regardai avec inquiétude sur le mât.

— Ho! de la hune de misaine! s'écria le capitaine Digges, où a frappé ce boulet?

— A la tête du mât, répondit Rupert d'une voix claire et ferme. Il n'a pas fait d'avaries, monsieur.

— A notre tour, maintenant, capitaine Robbins!

Nos deux canons partirent, et quelques secondes après notre équipage poussa trois hourras! La voile de d'artimon m'empêcha alors de voir le brick, mais j'appris plus tard qu'un boulet avait enlevé sa corne d'artimon.

Telle fut l'issue du combat, dont la principale gloire revenait à Nabuchodonosor. On me raconta que pendant l'action, qu'exposé au feu de l'ennemi, le nègre avait une figure radieuse, et il reçut à juste titre les félicitations générales.

Nous poursuivîmes notre route, et près du cap de Virginie nous rencontrâmes le Gange, bâtiment de Philadelphie qui venait d'être récemment transformé en vaisseau de guerre. Il nous accosta, et le capitaine Dale, qui le commandait, reçut aussitôt à bord notre capitaine. J'accompagnai M. Digges dans son canot, et en examinant le vaisseau, le près que qu'eût lancé le gouvernement américain, j'eus un moment l'envie de me joindre à l'équipage. J'y serais entré en qualité de midshipman, j'aurais été lieutenant au bout d'un an ou deux, et, si j'avais survé cu aux sanglantes affaires de 1807, je serais aujourd'hui l'un des

plus anciens officiers de la marine. La Providence en a décidé autrement, et l'on verra par la suite si j'ai perdu ou gagné à rester à bord du Tigre.

Le même soir, nous étions à cinq milles du cap May, quand il survint un calme. Un pilote parti de la terre nous aborda au commencement de la nuit dans un bateau à rames. Le capitaine Robbins avait hâte de débarquer pour annoncer lui-même la triste nouvelle de son naufrage. Je fus chargé de le reconduire avec Rupert, le pilote et un homme qui l'accompagnait. Nous devions rejoindre le Tigre dans la baie où à la ville. Nous nous embarquâmes, et le Tigre s'éloigna avec une vitesse de six à sept nœuds. Nous venions de voir disparaître les lumières de la cabine, quand le vent sauta brusquement du sud-est au nord-est, ce qui arrive fréquemment sur la côte américaine. Néanmoins nous ramâmes avec force; le nord interrompant que pour écoper le bateau sur lequel déferlaient de grosses lames. Nous gouvernâmes au nord dans l'espérance de nous abriter sous le vent de la côte, et de trouver des eaux plus calmes. Mais la mer était si houleuse, qu'il nous fut impossible d'avancer, Rupert, totalement épuisé, laissa tomber s rame et se jeta hors d'haleine sur son banc. Le capitaine Robbins y remplaça. Notre position ressemblait assez à celle d'un homme crampponné au flanc d'une colline, au sommet de laquelle il doit trouver son salut, mais qui, sentant ses forces l'abandonner, se voit sur le point de lâcher prise. Nous avions derrière nous l'Océan en fureur, et nous étions complètement dépourvus de nourriture, quoiqu'il y eût par bonheur un petit baril d'eau fraîche dans le bateau. Le pilote et son camarade avaient apporté des provisions; mais ils avaient déjà soupé, tandis que nous avions quitté le Tigre à jeun.

Le capitaine Robbins tint conseil avec les bateliers, qui avaient jusquelà gardé le silence le plus complet. Tous deux étaient jeunes, et, comme je l'appris par la suite, chacun avait une femme qui attendait sur la plage le retour du bateau. J'étais assis entre eux, et je vis le plus vif verser des larmes quand le capitaine Robbins l'interrogea. Je ne saurais décrire l'émotion que j'éprouvai à ce spectacle. Cet homme endurci aux dangers, qui luttait avec tant de courage pour sauver sa vie et la nôtre, désespérait donc de notre situation!

Cependant les deux bateliers du cap May ne paraissaient pas renoncer à l'espoir d'atteindre la côte. Nous continuâmes à ramer jusqu'à minuit; mais il nous fut impossible de nous rendre maîtres des vagues, et notre seule ressource fut d'alarguer vent arrière dans l'espoir de retrouver le Tigre. Nous savions qu'il avait les amures à tribord quand nous l'avions quitté, et qu'il gouvernerait près de la terre. Les mariniers virèrent le bateau, et pendant qu'ils maintenaient sur l'eau, nous travaillions à le vider, tout en cherchant des yeux le Tigre au milieu des ténèbres. Notre pénible attente durait depuis une demi-heure, lorsque Rupert s'écria qu'il apercevait le navire. C'était en effet le Tigre; il avait l'avant au nord-est, et cherchait à se rapprocher de la terre avec ses voiles de hune de misaine et de grande hune aux bas ris. Malheureusement il était sous notre vent, et marchait si vite que nous n'avions d'espoir de l'atteindre qu'en ramant tous simultanément. Nous ramâmes avec une vigueur de géants, trois fois le bateau embarqua des vagues qui ralentissaient sa marche; mais le capitaine Robbins nous dit de continuer à ramer, car tous les instants étaient précieux. J'avais été trop occupé pour lever les yeux, et je vis à l'improviste le Tigre à cent pieds de distance, donnant de l'avant avec ces élans qui doublent et triplent la célérité des bâtiments.

Le capitaine Robbins le héla; mais la voix humaine était impuissante au milieu du bruit des cordages qui s'entrechoquaient et des mugissements de l'Océan. Nous poussâmes tous ensemble un cri de désespoir; mais les efforts terribles que nous avions faits en ramant avaient sans doute affaibli notre voix. On ne nous entendit point... — Ramez! s'écria le capitaine Robbins, et nous reprîmes nos avirons, et c'était avec notre ardeur que nous aurions probablement réussi, si une lame n'était venue remplir le bateau. Il fallut écoper pour éviter notre ruine. Nous employâmes nos chapeaux, nos seaux, dans l'unique but d'échapper à une mort immédiate. J'avoue que des pleurs brûlants inondèrent mes joues quand je vis la masse sombre du Tigre fuir devant nous dans les ténèbres. J'entendais le pilote prier, et mêler le nom de sa femme à ses invocations. Quant au pauvre capitaine Robbins, si récemment sauvé d'un pareil danger, il gardait le silence et paraissait se soumettre aux décrets du ciel.

Nous dérivions vent arrière, les bateliers du cap May tenaient les yeux fixés sur les lumières du Tigre, et nous regardions tristement la pleine mer prête à nous engloutir, quand le signal : — Ho! le bateau! retentit tout à coup à nos oreilles comme le son de la dernière trompette. Un schooner passait sur notre route, et avant que nous eussions eu le temps de l'éviter, son taille-mer arriva sur notre petite embarcation, et l'ensevelit dans les vagues. En de pareils moments les hommes ne réfléchissent pas, ils agissent. J'essayai de saisir une sous-barbe de beaupré, mais je la manquai; je retombai dans l'eau; ma main rencontra un objet auquel je m'accrochai : c'était la jambe du pilote. Un matelot du schooner nous recueillit tous les deux. Quand nous fûmes à bord, nous y retrouvâmes tous nos compagnons, excepté le capitaine Robbins. Le schooner vira de bord, et passa une seconde fois sur les débris de notre embarcation; mais notre ancien capitaine avait disparu pour toujours!

CHAPITRE VII.

Oh! n'oublions pas l'heure où nos aventuriers,
Ramenés par le sort, revirent leurs foyers!
Le vent dormait; la lune argentait les vallées,
Glissait des diamants sous les vertes feuillées,
Et jonchait de clartés la surface des eaux.
Aux tempêtes qu'on voit fondre sur nos coteaux,
Pour fêter le retour de ces enfants prodigues,
La main de la nature avait posé des digues.
Aucun nuage obscur n'attristait l'horizon,
Tout était pur et calme autour de la maison.

Madame HEMANS.

Nous avions été recueillis par un chasse-marée appelé le *Martha Wallis*, en charge de la rivière de James pour Boston. On nous y reçut avec bonté, et nous y passâmes neuf jours; puis nous montâmes à bord d'un autre chasse-marée, l'*Aimable Fille*, qui passa près de nous, se rendant de Boston à New-York. Quatre jours après nous débarquions dans cette dernière ville. Je n'avais point voulu dépenser l'or que Lucie m'avait donné, je le portais dans une ceinture, en souvenir de mon amie d'enfance; mais je voyais maintenant les moyens de l'utiliser, sans en disposer complètement, en le confiant à une compagnie d'armateurs. Je m'acheminai donc vers la maison des ci-devant propriétaires du *John*. M. Kite m'y avait devancé. Le *Tigre* était arrivé à Philadelphie, et la plupart des matelots du *John* s'étaient rendus sans retard à New-York. On nous croyait généralement perdus, et les journaux avaient maintenant consacré à Rupert et à moi de petites notices nécrologiques de l'intérêt le plus palpitant. Je craignis que ces nouvelles ne parvinssent à Clawbonny, et j'eus hâte de rassurer la famille. Les armateurs du *John* m'avaient questionné sur le naufrage, et avaient paru satisfaits de mes réponses. Je leur présentai les pièces d'or de Lucie, et leur proposai de les laisser en gage d'un emprunt d'une moindre somme. Ils ne voulurent point recevoir de garantie, et me forcèrent d'accepter un effet de deux cent mille livres payable partiellement. Pourvu des moyens de m'équiper convenablement, je courus au bassin d'Albany pour avoir des nouvelles du *Wallingford*. Le sloop était parti dans l'après-midi. Il y avait à bord, me dit-on, un nègre qui avait suivi à Canton le jeune et infortuné Miles Wallingford, et qui allait annoncer à la famille la triste fin de son maître.

Ainsi nous devions presque renoncer à l'espoir d'arriver à Clawbonny avant la nouvelle de notre mort. Par bonheur, un paquebot de l'Hudson était sur le point de mettre à la voile, et, quoique le vent se maintînt au nord, le patron se faisait fort d'arriver au lieu de notre destination en quarante-huit heures. Je conclus un marché avec lui, et nous nous mîmes en route au bout d'une demi-heure. Mon agitation était si vive, que je ne pus quitter le pont avant qu'on eût jeté l'ancre à cause de la marée montante. Quant à Rupert, il se coucha dès que la nuit fut venue, et dormit la grasse matinée. Vers midi, nous aperçûmes l'extérieur de notre anse et le *Wallingford* qui s'en approchait. Débarquant à un demi-mille de l'anse, je pouvais me rendre à la maison par un chemin de traverse, et prendre l'avance sur Nabuchodonosor. On nous mit à terre avec notre bagage à l'endroit que j'indiquai, et nous nous dirigeâmes à grands pas vers la maison. Rupert lui-même semblait sentir la nécessité de se presser, et je suppose qu'il éprouvait du repentir en se rappelant la douleur qu'il avait causée à son père et à sa sœur chérie.

Clawbonny ne me parut jamais plus beau que ce jour-là. Le silence de la solitude régnait dans la riante vallée. Les vergers commençaient à perdre leurs fleurs, le vent du sud faisait onduler mollement le velours vert des prairies. Les bestiaux qui ruminaient à l'ombre des arbres semblaient, dans leur immobilité paisible, savourer le plaisir de l'existence. Tout annonçait la paix et le bonheur. C'était pourtant ce lieu plein de douceur et de sécurité que j'avais abandonné volontairement pour rencontrer des pirates dans le détroit de la Sonde, faire naufrage sur les côtes de Madagascar, chercher l'île de France dans une chétive embarcation, et courir sur le rivage de ma propre patrie le danger d'une horrible mort!

A peu de distance de la maison était un taillis dans lequel Rupert et moi avions construit un pavillon d'été. En approchant, nous y vîmes entrer les jeunes filles, qui furent bientôt suivies de Nabuchodonosor. Il venait du débarcadère et marchait à pas lents, comme s'il eût reculé devant les devoirs qu'il avait à remplir. Nous redoublâmes de diligence; mais quand nous atteignîmes les buissons placés derrière le pavillon, le noir était déjà en présence de ses deux jeunes maîtresses. Elles paraissaient livrées à une effrayante anxiété. Nabuchodonosor, dont la figure avait ordinairement un noir lustré, avait une couleur de cendre, et ne répondait aux interpellations de Lucie que par des torrents de larmes. Enfin il se jeta à terre en sanglotant.

— Serait-ce la honte de s'être enfui, s'écria Lucie, ou aurait-il de mauvaises nouvelles à nous annoncer?

— Il ne sait rien de positif sur leur compte, dit Grâce. Sans doute, il ne les a pas accompagnés; cependant j'ai de sinistres pressentiments.

— Rassurez-vous, ma chère sœur! m'écriai-je. Dieu soit loué, nous sommes sains et saufs!

En prononçant ces mots, j'avais pris soin de rester caché, pour éviter un saisissement trop brusque. Les jeunes filles poussèrent un cri et tendirent les bras. Sans hésiter davantage, nous nous précipitâmes vers elles. La joie faillit m'ôter l'usage de mes sens, et en revenant à moi, je me trouvai dans les bras de Lucie, pendant que Rupert serrait Grâce contre son cœur. Puis chacun embrassa sa sœur; les deux jeunes filles versèrent des larmes en nous répétant que c'était le seul moment de bonheur qu'elles eussent connu depuis notre départ. Nous examinâmes ensuite les changements qui s'étaient opérés dans l'extérieur de chacun de nous, et des exclamations de surprise se mêlèrent aux pleurs et aux caresses.

Le pauvre nègre nous avait d'abord regardés avec stupéfaction; puis, après s'être assuré de notre identité, il se roula à nos pieds en poussant des cris frénétiques.

Persuadé que les bonnes nouvelles qu'il allait apporter lui garantiraient son pardon, il courut vers la maison en criant de toutes ses forces:

— M. Miles est revenu! M. Miles est revenu!

Lorsque le calme fut rétabli parmi nous, je demandai à ma sœur comment se portait M. Hardinge. Il était en bonne santé, et remplissait comme de coutume son pieux ministère. Il avait dit à Grâce et à Lucie le nom du navire sur lequel nous étions embarqués, mais il avait eu soin de leur cacher qu'il nous avait aperçus au moment où nous quittions le port. On nous demanda un récit de nos aventures. Rupert s'en chargea, et le fit avec assez de modestie, quoiqu'il insistât sur le boulet qui s'était logé si près de lui à la tête du mât de misaine du *Tigre*. Il dépeignit le sifflement du projectile, le bruit terrible du mât se brisant en éclats. A l'entendre, j'aurais été heureux de me trouver de l'autre côté de la maison quand le boulet avait passé. Il n'en est pas moins vrai que j'avais été plus exposé que lui. Il raconta son aventure avec une éloquence si saisissante que Grâce devint pâle. Ses fanfaronnades produisirent un effet différent sur Lucie. L'excellente créature interrompit son frère par un éclat de rire en lui disant: — Bien! en voilà assez sur le boulet de canon! Parlons d'autre chose. Rupert rougit. Il était habitué dès l'enfance aux franches observations de sa sœur, mais il avait d'ordinaire assez d'adresse pour dissimuler son dépit.

Je contemplai plus attentivement mes deux amies; Grâce avait échangé son air enfantin contre la dignité rassise de la jeune femme. La délicatesse excessive de ses traits, la fragilité de sa constitution, l'expression purement intellectuelle de son visage inspiraient l'idée qu'elle avait été créée pour un autre monde que celui-ci, et qu'en s'y transportant un jour, elle y conserverait l'innocence sous laquelle elle s'offrait aux yeux des hommes. Rien au contraire en Lucie ne parlait à l'imagination; elle était toute femme, mais c'était une femme complète. Animée des meilleurs sentiments de son sexe, honnête, sincère, douce, mais ardente, elle avait un caractère mobile dont j'avais peine à suivre les brusques transformations. Cependant jamais femme n'avait eu de principes plus solides et de notions plus justes sur tout ce qui convenait à son âge et à sa position. Elle avait sur Grâce elle-même l'autorité du bon sens; mais j'ignorais encore jusqu'à quel point l'esprit de ma sœur était dirigé par le jugement sans prétention et la sagacité prévoyante de son amie.

M. Hardinge devait avoir appris notre retour, et c'eût été lui manquer de respect que de tarder plus longtemps à lui demander son pardon et ses bénédictions. Il ne nous refusa ni l'un ni les autres; il eut une véritable satisfaction de nous revoir, et nous demanda, comme les deux jeunes filles, des détails sur ce qui nous était arrivé. Il me chargea à mon tour du rôle d'historien, et ma narration fut quelquefois en contradiction avec celle de Rupert, à la grande surprise de Grâce et de Lucie. Je ne cherchai point à embellir ce qui me concernait personnellement, et je rendis justice à la conduite honorable de Nabuchodonosor, que mon compagnon avait passée sous silence. Rupert ne parut point s'apercevoir que je le contredisais. Il y a des gens qui ne voient pas la vérité, alors même qu'on la leur place sous les yeux.

M. Hardinge me demanda si cette excursion suffisait à nos désirs. Je jugeai à propos de lui répondre avec franchise que je comptais m'embarquer sur l'un des nombreux navires américains qui prenaient des lettres de marque; mais Rupert avoua qu'il s'était trompé sur sa vocation, et qu'il avait envie d'entrer dans l'étude du procureur. Cette déclaration inattendue me frappa comme un coup de foudre. C'était la première fois que mon ami exprimait de l'éloignement pour la marine. J'avais remarqué en lui un manque d'énergie dans les circonstances qui exigeaient la résolution; mais, le sachant courageux, j'avais attribué son apathie au changement de condition et de nourriture: car, après tout, l'homme, cette créature faite à l'image de Dieu, subit aussi bien que le plus imparfait des animaux l'influence de l'estomac et de la digestion.

M. Hardinge, voyant avec plaisir les dispositions nouvelles de son fils, ajourna les représentations qu'il se proposait sans doute de m'adresser. Nous passâmes une soirée délicieuse. Les jeunes filles rirent jusqu'aux larmes des plaisanteries que nous fîmes sur le genre de vie à bord, sur divers incidents de notre voyage. Rupert possédait l'esprit de saillie ; c'était un sujet réellement précieux, toutes les fois qu'il ne s'agissait pas de choses sérieuses ; il employa ce soir-là toute sa verve à nous divertir. Nabuchodonosor fut demandé après souper, blâmé d'avoir abandonné ses pénates, et loué de n'avoir pas abandonné son maître. Les bizarres descriptions des Chinois, de leurs costumes, de leurs queues et de leurs pantoufles, amusèrent à l'excès M. Hardinge, qui se montra plus enfant que nous autres.

Les matelots regardent l'extérieur bizarre de la population indigène.

Le lendemain j'eus un entretien avec mon tuteur, qui débuta par me rendre compte de sa gestion durant l'année précédente. Mes affaires avaient prospéré, mes revenus s'accumulaient, et je vis qu'à ma majorité j'aurais assez d'argent comptant pour acheter un navire, s'il m'en prenait fantaisie. Dès ce moment, je formai secrètement la résolution de me mettre en état de commander en temps opportun. Il fut peu question de l'avenir ; seulement mon tuteur me conseilla de réfléchir avant de choisir décidément ma profession. Je lui répondis en inclinant respectueusement la tête.

Pendant le mois suivant, Clawbonny fut le théâtre de plaisirs continus. Nous fîmes deux croisières assez longues sur l'Hudson avec Grâce et Lucie et je conçus le projet de les mener à New-York, qu'elles ne connaissaient pas encore. Toutes deux avaient un violent désir de voir une grande ville et des bâtiments à trois mâts. M. Hardinge considéra d'abord ma proposition comme une plaisanterie ; puis il finit par donner son consentement. Il y avait alors à New-York une certaine dame Bradfort, veuve assez opulente, cousine germaine de M. Hardinge. Il fut convenu que les jeunes filles descendraient chez elle, et que je vivrais à l'auberge avec Rupert. M. Hardinge écrivit le soir même à la cousine, afin de la prévenir que la famille se rendait à des invitations qu'elle avait souvent réitérées. Aussitôt qu'on eut reçu sa réponse, nous nous embarquâmes pour New-York, à bord du sloop le Wallingford.

Combien ce voyage était différent du premier que j'avais fait sur l'Hudson ! Je partais sans remords, et suivais le cours d'un fleuve qui m'était familier. Je pouvais nommer à mes compagnons les principaux sites de ces belles rives, qui, sans avoir le grandiose de certaines autres parties du globe, réunissent dans un étroit espace tant de paysages pittoresques. Nous arrivâmes sans obstacles à New-York, et j'eus le suprême bonheur de faire voir aux jeunes filles la prison de l'État, le marché de l'Ours, les églises de Saint-Paul et de la Trinité. On appelait cette dernière Trinité, quoiqu'elle eût été bâtie depuis quelques années seulement. Cet édifice a déjà disparu ; un autre lui a succédé, et de nouveaux embellissements tendent à rapprocher graduellement notre architecture religieuse des magnifiques modèles qu'a laissés celle de l'ancien monde.

M. Hardinge nous présenta madame Bradfort, qui avait préparé une

chambre pour Rupert et pour moi, et nous offrit gracieusement l'hospitalité. Nous visitâmes ensemble tout ce que la ville avait de curieux. Il m'arrive quelquefois de rire en me rappelant ce qui existait à cette époque. On ne se contenterait pas aujourd'hui, un cirque tenu par un homme appelé Ricketts, un petit théâtre dans John-Street, et, à l'endroit où est maintenant la place triangulaire de Franklin, un lion que l'on tenait en cage hors de la ville, afin qu'il ne troublât pas la tranquillité publique par ses terribles rugissements. Le bon M. Hardinge ne se fit aucun scrupule de nous laisser aller tous au spectacle sous la surveillance de madame Bradfort. Je n'oublierai jamais le plaisir que j'y goûtai. C'était une nouveauté aussi grande pour Rupert et moi que pour nos compagnes ; car nous avions été en Chine, mais nous n'avions jamais été au théâtre.

CHAPITRE VIII.

O mer, qui nous remplis de crainte et de respect,
Tu conserves toujours ton imposant aspect !
   La terre a des formes diverses ;
Elle monte en coteaux ou se creuse en vallons ;
L'hiver, autour de lui groupant les aquilons,
   La détrempe de ses averses.

Le printemps la revêt de guirlandes de fleurs ;
Du soleil de l'été les ardentes chaleurs
   Mûrissent les moissons dorées ;
Et l'automne brumeux, qui prolonge les nuits,
Indemnise le monde en suspendant les fruits
   Sous les feuilles décolorées.

Mais, ô vaste Océan, tes sombres profondeurs
Ignorent des saisons le temps et les ardeurs ;
   Et dans tes colères sauvages,
Ou quand le calme unit le liquide élément,
De ton flux régulier tu bats incessamment
   La ceinture de tes rivages !

                   LUNT.

Bientôt après je m'entretins avec mon tuteur de mon projet de retourner en mer. Le pays tout entier s'occupait activement d'armer la

Exploit de Nabuchodonosor.

nouvelle marine. Les chapeaux galonnés, les habits bleus, les écharpes blanches commençaient à se montrer dans les rues, avec l'ostentation qui caractérise toujours une institution naissante. Aujourd'hui l'on rencontre à chaque pas des marins distingués dont l'extérieur n'indique en rien la profession, tandis qu'en 1799 on s'empressait d'endosser l'uniforme, pour ne le quitter qu'en se retirant du service. On construisait des vaisseaux dans tous les ports des Etats-Unis, et je me demande avec étonnement comment j'ai pu échapper à l'épidémie générale, et ne pas solliciter un emploi de midshipman. Je résolus de rester dans la marine marchande, mais sur un bâtiment muni de lettres de marque. Il m'eût répugné de monter à bord d'un corsaire; les croisières entreprises dans l'unique espoir d'un bénéfice pécuniaire m'ont toujours semblé avoir quelque chose de déshonorant, mais on ne saurait blâmer un patron qui prend des lettres de marque; son principal but est le commerce; il ne s'arme que pour sa défense, et s'il fait une prise, c'est seulement parce qu'il rencontre des ennemis disposés à le capturer lui-même.

J'annonçai mes intentions à M. Hardinge, et me mis en quête d'un navire. Je chargeai Nabuchodonosor d'en chercher un de son côté. Le nègre était déjà un habile marin; il savait ferler des voiles, prendre des ris, gouverner, faire des nœuds et épisser, quoiqu'il ignorât encore l'art d'arrimer une cargaison, et qu'il ne pût saisir l'instant précis où il devenait nécessaire de prendre le dernier ris. C'était un excellent serviteur, pour lequel je conçus à la longue un attachement presque fraternel.

Un jour que je rôdais le long des quais, j'entendis une voix connue s'écrier: — Voilà votre affaire, capitaine Williams; vous ne sauriez trouver dans toute l'Amérique un meilleur troisième lieutenant!

J'eus une espèce de pressentiment que ces paroles s'appliquaient à moi, sans pouvoir cependant me rappeler le nom de celui qui les prononçait. En regardant du côté d'où elles étaient parties, je reconnus la rude physionomie de Marbre. Il était à côté d'un capitaine entre deux âges, dont le visage annonçait une longue et fatiguée pratique de la navigation. Tous deux me regardaient par-dessus les filets de bastingage d'un navire marchand d'un aspect engageant. Je saluai M. Marbre, qui me fit signe de venir à bord, et me présenta au patron.

Ce bâtiment s'appelait la Crise, nom de circonstance dans un pays où il y avait tous les six mois des crises de différentes espèces. C'était un petit navire étanché, d'environ quatre cents tonneaux, dont les galeries étaient faites de bois de cercle, et garnies de filets, où l'on mettait des hamacs et les vieux cordages. Il y avait dans ses batteries dix canons de neuf livres. Je remarquai qu'il était déjà chargé et que l'absence d'un troisième lieutenant retardait seul son départ. Les officiers étaient rares, attendu le grand nombre de jeunes gens qui prenaient service dans la marine de l'Etat. M. Marbre me recommanda chaleureusement; le capitaine Williams m'interrogea pendant un quart d'heure; puis il me proposa la place vacante. Je n'avais pas prévu que je serais sitôt promu au grade d'officier; mais, toute modestie à part, je me croyais capable d'en remplir les fonctions. La Crise devait faire le tour du monde, porter une cargaison de farine en Angleterre, recevoir des marchandises assorties pour la côte nord-ouest, y trafiquer, mettre à la voile pour Canton, échanger des fourrures et du bois de sandal contre du thé, et revenir à New-York. J'acceptai avec joie l'offre du capitaine, avec une paye de trente dollars par mois.

Le navire portait des lettres de marque et de représailles, et nous avions la chance de rencontrer des Français, du moins dans les mers d'Europe.

Je demandai une place de matelot pour Nabuchodonosor; M. Marbre expliqua les rapports que j'avais avec le noir, et le fit admettre aisément. Nous allâmes chez un notaire pour signer le contrat. Nabuchodonosor fut enrôlé cette fois avec l'autorisation de M. Hardinge,

qui était d'une humeur charmante, car il venait de placer Rupert dans l'étude d'un homme de loi de ses amis. Madame Bradfort avait insisté pour que son jeune parent logeât chez elle, ce qui réduisait les dépenses du père; mais je connaissais trop bien Rupert pour supposer qu'il se contenterait de l'argent que M. Hardinge destinerait à ses menus plaisirs.

Mon tuteur m'avait mis à même de payer ma dette aux armateurs du John, et de m'équiper convenablement. La plupart des officiers et des matelots de la Crise avaient autorisé leur famille à recevoir leur solde pendant leur absence. Je résolus de faire au profit de Rupert au bénéfice de Rupert; je lui fis d'abord présent de vingt dollars, puis je le menai à la maison de banque, et j'obtins pour lui, non sans peine, un crédit de vingt dollars par mois, en m'engageant à indemniser les armateurs en cas d'accident ou de perte de navire. Ma qualité de propriétaire favorisa cette stipulation; car, comme il arrive d'ordinaire, on me croyait beaucoup plus riche que je ne l'étais réellement.

Tout en prenant des mesures en faveur de Rupert, j'avoue que je vis avec mortification la facilité avec laquelle il accepta mes dons.

Il y a certaines actions que nous accomplissons volontairement, et dont cependant les résultats nous causent des regrets. J'étais fâché que mon ami, le frère de Lucie, et l'adorateur de Grâce (car j'avais assez de perspicacité pour deviner l'amour naissant de Rupert), ne refusât point avec fierté l'argent que je devais gagner à la sueur de mon front, dans une carrière qu'il n'avait pas eu la force de poursuivre.

La Crise fut prête à mettre à la voile trois jours après mon engagement; l'équipage comprenait trente-huit hommes, sur lesquels on comptait dix novices qui n'avaient jamais vu l'Océan, mais qui étaient jeunes, robustes et bien portants. Le capitaine, qui était homme de prévoyance, accéléra les préparatifs de manière à pouvoir appareiller avant le dimanche. Les travaux préliminaires étaient presque achevés le jeudi, et comme en l'an de grâce 1798 personne n'eût osé se mettre en mer le vendredi, nous eûmes un jour de repos que j'allai passer à terre. Pendant la soirée je me promenai dans les champs avec Rupert, Grâce et Lucie. Je donnais le bras à celle-ci,

— Tenez, Miles, voici mon keepsake; je ne vous demande pas de songer à moi en le lisant; mais songez à Dieu.

et nous marchions tristement accablés de l'idée d'une aussi longue séparation. Le voyage pouvait durer trois ans. A mon retour je serais majeur, et Lucie aurait près de dix-neuf ans. Trois années nous semblaient des siècles, aussi féconds en vicissitudes que la vie entière d'un homme.

— Quand je reviendrai, dis-je à Lucie, Rupert appartiendra au barreau.

— Oui, répondit-elle; mais je suis tentée de regretter que mon frère ne vous accompagne pas. Vous vous connaissez depuis si longtemps, vous avez tant d'affection l'un pour l'autre, et vous avez déjà subi ensemble tant de terribles épreuves!

— Oh! je crois que Rupert se plaira mieux à terre qu'en mer. Il est avocat par tempérament. Et puis j'aurai Nab avec moi.

— Mais Nab n'est pas Rupert, répondit Lucie avec vivacité et d'un ton qui me parut impliquer un reproche.

— Sans doute, votre frère me manquera. Mais je veux dire seulement que Nab est mon ami d'enfance, et qu'il a également partagé mes dangers.

Lucie garda le silence, et je me sentis embarrassé. Mais une jeune fille de seize ans en tête-à-tête avec un jeune homme dans lequel elle a la plus entière confiance ne saurait se taire pendant longtemps. Il faut qu'elle dise quelque chose, et que de fois ce quelque chose est empreint d'une sensibilité exquise, d'une franchise instinctive et d'une touchante simplicité !

— Vous penserez quelquefois à nous, Miles, dit-elle.

Ému par le son de sa voix, je la regardai en face, et je vis ses yeux baignés de larmes.

— Vous pouvez en être sûre, et j'espère que de votre côté vous ne m'oublierez pas. Mais j'y songe; j'ai une dette à vous payer avec les intérêts. Voici les pièces d'or que vous m'avez forcé d'accepter l'année dernière à mon départ de Clawbonny. Voyez, ce sont exactement les mêmes ; je n'ai pas voulu m'en séparer.

— J'avais espéré qu'elles auraient pu vous être utiles, et je les avais entièrement oubliées. Vous venez de détruire une douce illusion.

— Ne vous est-il pas aussi agréable de savoir que nous n'en avons pas eu besoin ? Les voici ; maintenant que j'ai le consentement de M. Hardinge, vous savez que je ne manque de rien. Reprenez donc votre or, Lucie, et voici les intérêts.

En parlant ainsi, je m'efforçai de mettre un paquet entre les mains de la jeune fille ; mais elle serra ses petits doigts avec tant d'énergie qu'il me fut impossible de les séparer.

— Non, non, dit-elle avec précipitation; je ne veux point d'intérêts. Vous pouvez faire accepter de l'argent à Rupert, mais jamais à moi.

— Il ne s'agit ni de Rupert ni d'argent ; c'est un bracelet que je vous offre.

Les doigts de Lucie s'ouvrirent à ces mots, et je lui mis mon présent dans la main sans aucune résistance. Toutefois, je vis avec peine qu'elle était informée de la donation que j'avais faite à son frère. J'appris par la suite qu'elle savait ce secret par Nabuchodonosor, qui l'avait appris d'un commis de la maison de banque, et l'avait transmis à une négresse de madame Bradfort.

Lucie fut enchantée de son bracelet, c'était un charmant bijou, dont le médaillon renfermait nos initiales, entourées de tresses formées par mes cheveux, les siens, ceux de Grâce et de Rupert. Il n'y avait aucune pensée d'amour dans ce gage de tendresse ; j'avais deviné l'inclination de Rupert pour Grâce; il me semblait même la partager, ou devoir la partager bientôt ; mais je n'éprouvai pour Lucie l'ardinge que des sentiments fraternels, quoique la chère enfant m'en supposât peut-être de plus tendres.

Je vis le sourire de Lucie, et je ne pus m'empêcher de remarquer la manière dont elle serra involontairement le bracelet contre son cœur ; cependant mon imagination n'en fut pas vivement frappée. La conversation changea bientôt et prit une autre tournure.

Je glisserai volontiers sur mes adieux ; j'en dirai peu de chose. A notre retour de la promenade, M. Hardinge me fit appeler dans sa chambre. Il me parla d'un ton solennel, et promit de se souvenir de moi dans ses prières. Lucie m'attendait dans le corridor ; elle était en larmes, plus pâle que d'ordinaire ; mais elle rassemblait ses forces pour se roidir contre la douleur. Elle me remit un petit exemplaire de la Bible, et murmura d'une voix entrecoupée :

— Tenez, Miles, voici mon keepsake ; je ne vous demande pas de songer à moi en le lisant ; mais songez à Dieu.

Puis elle me donna un baiser et s'enfuit dans sa chambre, dont elle ferma la porte. Grâce m'attendait en bas, et elle pleura longtemps dans mes bras. En sortant de la maison, j'entendis une croisée s'ouvrir, et je vis Lucie, les yeux humides, qui se penchait pour me crier :

— Miles, écrivez le plus souvent possible !

L'homme doit être une créature naturellement insensible pour s'arracher à des amis éprouvés sans motif apparent, dans la seule intention d'aller au-devant des combats et des aventures. C'était cependant ce que je faisais, malgré tous les liens qui pouvaient m'attacher au rivage, rien n'aurait pu me faire revenir de ma résolution. Je croyais indispensable de rester troisième lieutenant de la Crise et de suivre le navire dans ses excursions, de même que les réformistes croient nécessaire de présenter aux chambres des pétitions qu'elles repoussent constamment.

Le vent et la marée favorisèrent notre départ. La Crise encore meilleure voilière que le Tigre. Elle était doublée en cuivre jusqu'aux précintes ; elle avait des chevilles de cuivre et des couples d'essence de chêne. Le gouvernement avait voulu l'acheter pour en faire un vaisseau de ligne ; mais les armateurs, ayant en vue notre voyage, avaient refusé toute proposition.

J'éprouvai une espèce de plaisir, malgré mes précédentes souffrances, quand je me retrouvai en pleine mer. Nabuchodonosor était encore plus satisfait que moi. Il accomplissait les ordres qu'on lui donnait avec tant de promptitude et d'intelligence, qu'il s'acquit une réputation avant d'avoir passé la barre. Les émanations de l'Océan semblaient lui communiquer une espèce d'inspiration nautique, et j'étais moi-même étonné de son ardeur. Pour moi, j'étais à bord du navire comme dans ma maison ; je n'étais plus un novice sans expérience et dégoûté de la vie grossière des matelots. Je n'avais presque plus rien à apprendre ; mon instruction aurait même été complète, si chaque capitaine n'avait une certaine pratique particulière, que ses subordonnés sont obligés d'apprendre dans le plus bref délai. En outre je vivais maintenant à l'arrière, où nous avions des ga-

des gobelets, des couteaux et des fourchettes d'une propreté relativement irréprochable.

J'eus d'abord quelque peine à m'accoutumer à mon rôle d'officier. J'étais jeune, et commandais à de vieux loups de mer disposés à éplucher ma conduite, comme le journaliste incapable d'apprécier les qualités supérieures d'un livre s'attache minutieusement aux imperfections de détail. Quelques jours d'exercice me donnèrent de l'assurance et l'on m'obéit bientôt aussi volontiers qu'au premier lieutenant. Notre traversée fut d'abord pénible ; mais nous fûmes par avoir des brises du sud favorables. Vingt-quatre heures après, j'eus le commandement du quart de diane, et je signalai, au point du jour, une voile au vent, à environ trois lieues de distance. Je montai dans les hunes, et j'examinai ce navire à l'aide d'une lunette. J'avertis le capitaine et le premier lieutenant, et nous décidâmes, après examen, que le bâtiment étranger devait appartenir à la compagnie anglaise des Indes occidentales. Il était droit par le travers de la Crise, ce qui nous empêchait de le distinguer à mâture. Le capitaine m'ordonna de brasser les vergues à l'avant et de venir au lof plus près de l'étranger. Nous nous en approchâmes à la distance d'une lieue, et à ses perroquets triangulaires M. Marbre le reconnut pour un navire français. Il était armé de douze canons, et on le vit tout à coup descendre ses bonnettes, carguer ses perroquets et faire tous les préparatifs ordinaires d'un combat. Puis il tira un coup de canon et hissa le pavillon tricolore, le plus élégant des emblèmes européens, dans le même temps le plus malheureux sur les mers, malgré les victoires éclatantes qui l'ont illustré sur le continent. Les Français n'ont pas manqué d'excellents marins et de braves matelots; mais leurs succès n'ont pas toujours été proportionnés aux moyens d'exécution. J'ai entendu attribuer à différentes causes l'infériorité de la marine française. Suivant les uns, la suprématie accordée à la naissance sur le mérite avant la Révolution, a dû priver la France d'officiers de marine distingués. Suivant les autres, la nation n'a point de vocation pour la marine. Cette dernière raison me paraît la plus plausible. Le caractère national doit nécessairement entrer pour beaucoup dans les motifs qui empêchent la France de devenir une grande puissance maritime, du moins sous le rapport technique, car sous celui de la force, un aussi grand peuple est toujours formidable. Maintenant qu'il envoie ses princes en mer, il est possible qu'il obtienne des résultats plus avantageux.

Les bâtiments anglais ou américains abordaient rarement un bâtiment français en 1798, sans être moralement assurés de la victoire. Cependant ils étaient assez souvent déçus dans leurs espérances. Leur ennemi ne manquait pas de bravoure, et montrait même parfois une véritable habileté. A en juger par les manœuvres de notre adversaire, il réunissait les deux qualités. Il avait ferlé ses voiles sans hâte ni confusion, et c'est un indice infaillible de sang-froid et de discipline quand la bataille est imminente. Nous comprîmes que la journée serait chaude ; néanmoins nous nous étions trop avancés pour battre en retraite, et nous diminuâmes de voiles pour nous préparer au combat.

Il était rare de voir deux lettres de marque s'aborder aussi froidement et aussi régulièrement que la Crise et la Dame de Nantes ; car tel était le nom de notre antagoniste. Les deux navires lâchèrent leurs bordées presque en même temps. J'étais placé sur le gaillard d'avant et chargé du soin des écoutes, des vergues et du gréement de l'avant. La première bordée enleva les poulies de l'écoute du foc, ce qui me donna dès le commencement beaucoup d'embarras. Depuis ce moment, j'eus de l'occupation; car pendant deux heures et demie nous échangeâmes des coups de canon avec la Dame de Nantes. J'eus tant de manœuvres à passer, à épisser, à changer, que j'eus à peine le temps de suivre les phases du combat. Je ne tirai que deux coups de fusil ; toutefois, dans les moments où il m'était loisible de regarder autour de moi, je n'apercevais rien de satisfaisant. Plusieurs de nos gens étaient tués ou blessés ; un boulet avait brisé un de nos canons, et nos agrès étaient hachés. Il n'était pour m'encourager que les cris de Nabuchodonosor, qui regardait comme un devoir, à chaque décharge, de faire presque autant de bruit que son canon.

Il était évident que les Français étaient deux fois plus nombreux que nous. Il eût été imprudent de les aborder, et nous n'avions pas l'avantage dans la canonnade. J'entendis au-dessus de ma tête le bruit d'un corps qui tombait. C'était le grand hunier avec ses vergues et ses voiles. Le capitaine Williams ordonna aux canonniers de quitter leur poste pour enlever les débris, et en même temps notre adversaire cessa son feu avec une complaisance pour laquelle je l'aurais volontiers embrassé. Les deux partis semblèrent penser qu'il y avait de la folie à rester à une encablure de distance, en tâchant de se faire le plus de mal possible ; et tous deux, comme d'un commun accord, se mirent à réparer leurs avaries. Pendant cette trêve, les hommes placés au gouvernail lofèrent avec une espèce de prudence instinctive. De son côté, la Dame de Nantes s'écarta de nous, et il n'y eut plus d'un mille entre elle et nous. A huit heures, elle était encore visible à une lieue de distance ; mais les deux navires semblaient se séparer sous l'influence d'une force de répulsion.

Les réparations nous occupèrent plusieurs jours. Notre perte se montait à deux hommes tués sur la place ; deux autres moururent de leurs blessures. Nous avions encore cinq autres blessés, qui se réta- mais le second lieutenant, atteint d'un coup de mitraille de la hanche, en souffrit, je crois, toute sa vie. A cette époque l'Amérique avait trop peu de médecins sur terre pour envoyer en mer des chirurgiens habiles, et celui que nous avions à bord n'avait pas le talent nécessaire pour extraire un projectile. On disait proverbialement dans la nouvelle marine : Quand vous voudrez vous faire couper la jambe, envoyez chercher le charpentier! Il sait du moins se servir d'une scie, tandis qu'il est douteux que le docteur sache se servir de quelque chose.

CHAPITRE IX.

Si nous ne savons pas défendre notre porte,
Adieu notre renom de race grande et forte.

SHAKSPERE, *Henri V.*

Le combat entre *la Crise* et *la Dame de Nantes* eut lieu par le 42° 37′ 12″ de latitude nord et 34° 16′ 43″ de longitude ouest, au méridien de Greenwich. Bientôt après le temps devint brumeux, au moment où nous entrions dans la baie de Biscaie. Quinze jours plus tard, je fus réveillé un matin par M. Marbre ; je le suivis sur le pont en me frottant les yeux. Il était sept heures, et un matelot se préparait à sonner la cloche, quand M. Marbre lui recommanda de n'en rien faire. J'avais à peine eu le temps de m'étonner de cet ordre extraordinaire et de bâiller deux fois, quand le premier lieutenant me prit par le bras, me conduisit sur le gaillard d'arrière du côté du vent, et me désigna du doigt une éclaircie vague à travers l'épais brouillard.

— Voyez, mon garçon, là-bas, à un demi-mille de l'endroit où nous sommes, c'est notre ami le Français.

— Comment le savez-vous, monsieur Marbre? demandai-je avec stupéfaction.

— Parce que j'ai des yeux excellents. Ce brouillard s'ouvre et se ferme comme un rideau de spectacle, et j'ai aperçu ce drôle il y a dix minutes. C'est bien lui, je n'en puis douter.

— Et que comptez-vous faire, monsieur Marbre? Il nous a donné du fil à retordre par un temps clair, que pouvons-nous attendre de lui au milieu du brouillard?

— Vous allez voir, reprit M. Marbre. Le capitaine décidera de la chose ; il a une revanche à prendre, et je crois qu'il acceptera volontiers un nouveau combat.

Le premier lieutenant me dit ensuite de descendre et de convoquer tout l'équipage en faisant le moins de bruit possible. M. Marbre apprit au capitaine l'apparition de l'ennemi, et proposa de le surprendre et de l'aborder à l'improviste. Le capitaine goûta l'idée. — Il n'y a pas de mal à nous approcher, dit-il, et quand nous serons près, nous verrons ce que nous aurons à faire. Dès que ces paroles furent prononcées, tous les matelots se mirent à l'œuvre avec une ardeur qui trahissait leur soif de vengeance. Il ne fallut pas dix minutes pour faire branle-bas général. En calculant la distance, nous supposions qu'il suffisait d'un quart d'heure pour arriver auprès du navire signalé par M. Marbre. Nous filions cinq nœuds, et nous avions déployé toutes nos voiles carrées. Notre anxiété était au comble ; le brouillard nous semblait rempli de vaisseaux; mais ils s'évanouissaient les uns après les autres, en laissant autour de nous que d'épaisses vapeurs. On avait recommandé de ne pas signaler le navire à haute voix, et il y eut au moins une douzaine de matelots qui se rendirent à l'arrière pour annoncer qu'ils l'avaient vu, et retournèrent à leur poste après avoir reconnu leur erreur. Vingt minutes se passèrent ainsi. M. Marbre conservait son assurance et son sang-froid ; mais le capitaine et le second lieutenant souriaient, et les matelots commençaient à secouer la tête d'un air d'incrédulité, en bourrant leurs joues de chiques colossales. Le capitaine allait donner l'ordre de rattacher les canons, quand je distinguai un navire à cent vergues de nous ; je levai les deux bras en me tournant vers le capitaine, qui accourut de suite à l'avant.

C'était bien *la Dame de Nantes*: elle avait son grand perroquet orienté au plus près, et faisait voile avec l'intime conviction d'être isolée au milieu des flots. Nous ne pouvions distinguer la quille, mais nous avions abattu le mât de perroquet d'artimon, et le tronçon était encore dans l'état où nous l'avions vu le soir du combat. Le capitaine Williams, en s'en retournant à l'arrière, donna des instructions aux hommes des batteries; le second lieutenant, qui parlait passablement français, se plaça sur le gaillard d'avant pour répondre le cas où nous serions hélés.

Les deux navires étaient tout près l'un de l'autre quand les Français nous aperçurent. Plusieurs circonstances les empêchèrent de nous voir auparavant. En premier lieu, sur dix matelots, il y en a neuf qui veillent à l'avant, tandis qu'un seul est à l'observation à l'arrière. En outre, l'équipage français déjeunait en bas, les hommes de quart étaient dans l'entre-pont, et la plupart reposaient dans leurs hamacs; et puis à une époque où les vaisseaux de ligne français n'étaient pas des modèles de discipline, l'ordre régnait rarement sur un bâtiment pourvu de lettres de marque. L'officier qui commandait le quart nous *reconnut* le premier; il appela tout l'équipage, monta sur le couronnement et nous héla.

— *Le Hasard*, de Bordeaux, répondit M. Forbank, notre second lieutenant, sans accent anglais trop marqué. En ce moment nos bossoirs doublaient la hanche du Français, les matelots ennemis s'étaient élancés sur le pont et manœuvraient pour s'écarter ; mais nous avions gouverné de manière à les accoster parallèlement; nos voiles de l'avant gênaient le jeu de leurs grand'voiles elles-mêmes, et notre bossoir était par le travers des manœuvres de l'avant de *la Dame de Nantes*. Nous lâchâmes une bordée de cinq de nos canons, chargés chacun de deux boulets ronds et de mitraille. Quelques secondes après on entendit le craquement des flancs des deux navires l'un contre l'autre. M. Marbre s'écria : — Allons, mes enfants! sur le pont de l'ennemi avec l'impétuosité de l'ouragan. Je m'attendais à une terrible lutte corps à corps; mais nous trouvâmes le pont désert, et nous en prîmes possession sans obstacle. L'effet de la bordée, la surprise et la précipitation de l'attaque nous donnèrent une victoire facile. Le capitaine français avait été presque coupé en deux par un boulet de neuf livres, et les deux lieutenants étaient grièvement blessés. Ces accidents contribuèrent à notre triomphe en déterminant l'ennemi à renoncer à la défense.

La Dame de Nantes était un navire neuf, et sa cargaison, composée en grande partie de cochenille, pouvait avoir une valeur de soixante mille dollars. Dans l'engagement précédent elle avait perdu vingt-trois hommes tant tués que blessés, et notre dernière bordée à bout portant avait mis hors de combat seize ou dix-huit individus. On me nomma d'abord chef de prise du bâtiment capturé ; mais en l'examinant on y trouva l'équipage d'un brick américain, dont *la Dame de Nantes* s'était emparée deux jours avant notre rencontre. Ce brick avait été équipé et dirigé par Nantes pendant que les treize hommes qui le montaient étaient retenus comme prisonniers de guerre. On résolut de leur confier le soin de conduire *la Dame* à New-York, sous la direction de notre second lieutenant, dont l'état exigeait un traitement suivi. On laissa tous les blessés français dans leur navire avec leur chirurgien, qui était un homme assez capable, quoiqu'il eût, comme tous ses confrères à cette époque, quelques droits au titre de boucher. Notre capitaine profita de cette occasion pour expédier son rapport officiel, et j'écrivis à Grace une lettre conçue de manière à pouvoir être lue de toute la famille. J'eus le plaisir de leur apprendre que j'étais promu au grade de second lieutenant, ma place ayant été prise par l'un des officiers du brick américain.

Notre séparation sur l'Océan pendant la nuit fut triste et solennelle. Nous savions que *la Dame de Nantes*, sa route lointaine et solitaire, abandonnerait à l'Océan, pour être ensevelis dans les profonds abîmes, plusieurs hommes de son équipage. Elle-même courait risque de ne jamais arriver. Je reçus plus tard pour ma part de prise onze cent quatre-vingts dollars. Nous mîmes les prisonniers dans la cale, et nous gouvernâmes le nord-est afin d'éviter les croiseurs français. Le lendemain nous aperçûmes une voile, qui marchait sous le pavillon américain ; mais comme elle parut vouloir nous éviter, nous lui donnâmes la chasse. A quatre heures après midi nous fûmes assez près pour lui envoyer un boulet. C'était en panne et nous en prîmes possession. C'était le brick précédemment capturé par *la Dame de Nantes*, en charge pour Londres avec une cargaison de farine et de poterie. L'équipage fut transféré à bord de *la Crise*, et l'on me confia le commandement du brick. J'avais un jeune homme appelé Roger Talcott, en qualité de second, et six hommes d'équipage. Nabuchodonosor obtint, à force d'instances, la permission de m'accompagner, quoique M. Marbre s'en séparât avec une grande répugnance.

C'était mon premier commandement, et je le pris avec un sentiment d'orgueil presque puéril, tempéré par la crainte de m'acquitter imparfaitement de mes fonctions. J'avais ordre de passer près du phare du cap Lézard, de remonter la Manche en gouvernant le plus près possible de la côte d'Angleterre. Le capitaine Williams devait relâcher à Falmouth, et comptait y recevoir l'ordre d'aller à Londres, où je devais le devancer en conduisant *l'Amanda* (c'était le nom du brick) à sa destination première.

Comme *la Crise* était plus fine voilière que *l'Amanda*, nous la perdîmes de vue avant le coucher du soleil. Le lendemain, je me trouvais isolé sur le vaste Océan, dans des mers ennemies que je n'avais jamais parcourues, et avec un faible équipage, dont la moitié voyageait pour la première fois. Le salut du vaisseau dépendait de mon talent, de mon adresse, de ma prudence. J'étais livré à mes propres ressources. Je fus d'abord effrayé de ma responsabilité nouvelle, mais on s'accoutume à ces changements de position avec une surprenante facilité. Cinq ou six heures suffirent pour me mettre à mon aise. Le vent avait sauté au sud-ouest et soufflait avec force. Je mis dehors une bonnette basse et une bonnette de hunier. A la chute du jour, je me demandai si je devais diminuer de voiles. J'examinai la contenance des trois matelots les plus expérimentés; mais il me fut impossible de deviner leurs sentiments. Les marins ont d'ordinaire tant de confiance dans leurs officiers, qu'ils n'appréhendent aucun accident. Quant à notre nègre, plus le vent soufflait, plus il était content. Il semblait croire que le vent, l'Océan, le brick et lui-même appartenaient à Miles Wallingford et que chaque bouffée ajoutait à mes revenus.

Je passai la plus grande partie de la nuit sur ' Talcott, jeune homme de bonnes manières, et

ques connaissances en navigation. Vers dix heures du matin, on signala le cap Lézard, et nous entrâmes dans la Manche. Le lendemain nous étions par le travers de l'île de Whigt ; mais le vent sauta au sud-est et devint plus faible. Ce changement mettait la côte d'Angleterre sous le vent de l'*Amanda*, et j'avais à prendre autant de précautions pour m'en écarter que j'en avais pris auparavant pour m'en approcher.

On comprendra aisément que pendant toute la traversée nous évitâmes avec soin toute rencontre. Nous aperçûmes avec inquiétude plusieurs vaisseaux de guerre anglais ; car, à cette époque, la presse enlevait beaucoup de marins aux alliés de la Grande-Bretagne, et principalement aux Américains. Nous nous rapprochions de Dungeness, et je cherchais des yeux un pilote, quand sur les trois heures du matin, Talcott, qui était de quart, se précipita tout haletant dans la cabine, pour m'annoncer qu'il venait d'apercevoir un navire gréé en lougre. Quoiqu'il y eût des lougres anglais, je savais que les corsaires de Dunkerque, de Boulogne et autres ports français, montaient ordinairement des bâtiments de cette espèce. Heureusement nous avions l'avant tourné vers la côte, et nous étions favorisés par le flux. En faisant force de voiles, il était possible d'atterrir avant que le lougre ne nous abordât, d'autant plus que le voisinage de la côte ennemie devait lui inspirer de justes alarmes. Nous déployâmes les perroquets volants de l'avant et de l'artimon. L'*Amanda* n'était pas fine voilière ; mais on eût dit qu'elle partageait nos craintes cette nuit-là. Eu égard au vent, je ne l'ai jamais vue marcher si vite. Toutefois le lougre fendait les flots avec la rapidité d'un serpent de mer, et nous avions peu d'espoir de lui échapper.

Nous approchions de la terre ; je m'attendais à entendre la quille du brick résonner sur le fond, lorsque je crus remarquer un bâtiment à l'ancre à un quart de mille de distance. Je m'écriai presque instinctivement : — Au lof ! Il était temps de donner cet ordre, car, en venant au vent, le vaisseau racla le fond avec un bruit sinistre. Nous nous dirigeâmes vers le bâtiment à l'ancre, suivis de près par les Français. Ils se dirent sans doute, avec juste raison, que, s'il y avait eu assez d'eau pour nous, il y en aurait assez pour eux, et ils entrèrent dans nos eaux aussi aisément que s'ils avaient été attirés par une puissance magnétique.

Le navire à l'ancre reposait en silence, comme un oiseau de mer endormi sur son élément natal. Je le hélai dès que je fus à portée.
— Quel est ce brick ? me répondit-on.
— Un américain poursuivi par un corsaire françois ; il va nous aborder ; hâtez-vous.

J'entendis une voix s'écrier : — Au diable les Américains ! puis le commandement : — En haut, tout le monde ! Il était évident que mon avertissement avait produit de l'effet.
— C'est un bâtiment anglais de la compagnie des Grandes-Indes, me dit un de mes vieux matelots quand nous fûmes par les bossoirs du navire.
— Connaissez-vous la force de ce lougre ? demanda un officier anglais.
— Non ; nous savons seulement qu'il nous donne la chasse depuis vingt minutes.
— Eh bien ! virez, nous répondit-on après un moment de silence, et attirez le lougre à votre poursuite ; nous sommes armés et nous vous porterons secours.

Si j'eus à trente ans et plus d'expérience, la défiance, la crainte de voir les Anglais me mettre en avant pour m'abandonner ensuite m'auraient empêché d'accéder à leur invitation ; mais j'étais jeune, et il me semblait peu généreux de ne pas travailler de concert avec des hommes sur lesquels j'avais involontairement attiré l'ennemi. Je répliquai : — Oui, oui, et virai aussitôt de bord presque flanc à flanc du navire ennemi ; mais, avant que nous eussions achevé notre manœuvre, le lougre passa entre ce dernier et nous, et parut nous examiner tous les deux. Il trouva sans doute l'anglais de meilleure prise, car, mettant la barre au vent, il l'aborda par la hanche, sans qu'on eût le temps de tirer un seul coup de canon. Nous étions tellement près que nous entendîmes distinctement les commandements, les cris, les jurons, le bruit des coups, les plaintes des blessés. Les Anglais, quoiqu'une d'une surprise, se défendaient avec vigueur ; mais ils avaient évidemment le dessous. Les deux navires s'éloignèrent en combattant, laissant les Français gagner le dessus et se diriger vers la côte de France, où il est probable que le hardi Français débarqua sans obstacle avec sa prise.

Échappée à ce pressant danger, l'*Amanda* vira de nouveau, alargua, et continua sa route le long de la côte d'Angleterre. A la hauteur de Douvres, nous prîmes un pilote, et nous apprîmes que le navire capturé s'appelait la *Dorothée*, et que, pour éviter les périls d'une course nocturne, il avait jeté l'ancre la veille au soir. Nous trouvâmes une flotte dans le port ; notre aventure, circulant parmi les marins, y excita un vif intérêt, et bientôt une vingtaine de canots nous environnèrent, dans le but de recueillir des renseignements de la bouche des héros eux-mêmes. Je fus surtout longuement interrogé par un vieillard respectable, dans lequel je crus reconnaître un amiral ; il n'était pas en uniforme, et les matelots qui l'accompagnaient refusèrent de m'éclairer sur son compte, mais ils le traitaient avec des

égards inusités. Il me demanda des détails ; je lui narrai le fait avec franchise, sans forfanterie ni dissimulation, et il parut satisfait de ma conduite.
— Jeune homme, me dit-il en se retirant, vous avez agi avec prudence. Ne faites pas attention aux murmures de quelques-uns de nos matelots ; ils ne songent qu'à eux. Il était de votre devoir et dans votre droit de sauver votre bâtiment, s'il était possible, et vous avez eu raison de le faire ; mais il est triste pour nous que ces damnés Français viennent marauder jusque sous nos écubiers.

CHAPITRE XI.

Heureux l'homme au début de sa courte existence !
Dans son chemin nouveau marchant sans résistance,
Il voit à l'horizon poindre des jours sereins.
Sa douce insouciance affronte les alarmes ;
Quoique assez vieux déjà pour connaître les larmes,
Il est trop jeune encor pour avoir des chagrins.

ALLSTON.

Quelle admiration les Américains éprouvaient, en 1799, pour l'histoire, les lois et les institutions de l'Angleterre ! Quelques hommes de parti, quelques individus qui avaient souffert de la révolution ne partageaient point le sentiment général, mais leur nombre paraissait extraordinairement restreint, surtout quand on réfléchissait qu'il ne s'était écoulé que quinze ans depuis la paix. Talcott et moi, nous n'avions vu la Grande-Bretagne que par les yeux de l'imagination, et ils nous l'avaient montrée grande et belle. Certes nos illusions se dissipèrent en arrivant, non parce que l'Angleterre était dépourvue d'intérêt, mais parce que la réalité ne pouvait être au niveau des magnifiques tableaux dont nos rêves avaient fait les frais.

En remontant à Londres avec le flux, nous eûmes le temps d'examiner tranquillement les rivages. La Tamise n'est pas un fleuve d'une beauté remarquable ; mais les innombrables navires qui le couvrent présentaient un spectacle surprenant. On y voyait toutes les espèces de bâtiments connues en Europe, à l'exception du petit nombre d'embarcations des ports de la Méditerranée. Les mâts des navires charbonniers formaient une si vaste forêt qu'on aurait pu, je pense, en les brûlant, chauffer la ville entière pendant une année. Je n'étais pas moins étonné de l'adresse avec laquelle le pilote dirigeait notre brick au milieu des milliers de navires rangés sur notre passage ; il avait moins l'air d'un marin que d'un cocher qui conduit dans une rue fréquentée. Je puis dire que j'acquis plus de connaissances nautiques sur la Tamise que dans mon voyage en Chine, et je suis convaincu que la navigation de l'embouchure de la Tamise jusqu'aux ports contribue essentiellement à former les marins anglais.

Le capitaine Williams m'avait enjoint de remettre le brick à son consignataire, négociant américain établi à Londres, en réservant les droits ordinaires de sauvetage. J'exécutai ses ordres ; mais, comme, par inadvertance, le capitaine m'avait désigné dans sa lettre comme troisième lieutenant, le consignataire ne m'invita pas à dîner.

J'eus occasion, pendant que j'étais à Londres, de m'assurer que la mère-patrie n'a pas des vertus sans mélange. A Gravesend, nous reçûmes à bord deux officiers de la douane, dont l'un, nommé Sweeney, parut me prendre en amitié. Ce fut lui qui m'indiqua la maison du consignataire, et, quand mes affaires furent terminées, il me proposa de me piloter dans la ville. Nous visitâmes successivement tous les monuments et l'intérieur de ceux qui me semblèrent mériter d'en payer l'entrée, puis il me mena dans les repaires du quartier de Wapping. J'ai toujours cru que Sweeney avait d'abord eu l'intention de connaître mon caractère. Quoi qu'il en soit, j'avais trop d'expérience pour me laisser duper, et j'avais trop bien profité des leçons de l'excellent M. Hardinge pour ne pas résister aux tentations. Grâce à ses préceptes, je me renfermai dans le rôle de simple observateur. Je n'oublierai jamais une visite que je fis dans une maison à l'enseigne du *Cheval-Noir*, située au milieu de la rue étroite de *Sainte-Catherine*, près des chantiers qui portent le même nom. C'était un dimanche ; en entrant dans la principale salle de cette maison, réceptacle de tous les vices de ce quartier, j'y remarquai d'abord de jeunes femmes dont quelques-unes étaient encore à la fleur de l'âge et de la beauté, mais qui toutes étaient abandonnées à la débauche. Sweeney demanda un pot de bière, et m'indiqua un siége auprès d'une table vacante.
— Il est inutile de vous parler du métier que font ces filles, dit-il d'un ton philosophique ; mais la plupart des hommes que vous voyez ici sont des voleurs et des filous qui viennent se divertir avec les matelots. Voilà des figures que j'ai vues au tribunal, et je m'étonne de les retrouver ici. Observez que ces drôles sont aussi à l'aise et aussi bien reçus par l'aubergiste que s'ils étaient d'honnêtes gens.
— Comment, demandai-je, peut-on laisser en liberté de pareils misérables ?
— Question d'enfant, monsieur Wallingford ; vous devez savoir que

ta loi protége les fripons aussi bien que les braves gens. Pour constater le délit d'un voleur, il faut des témoins, et ils s'arrangent toujours de manière à prouver un *alibi*. Nous entendons par *alibi*...

— Je sais ce que c'est, monsieur Sweeney.

— Quoi! vous le savez, si jeune et venant d'un pays neuf, comme l'Amérique.

— Oh! dis-je en riant, l'Amérique est le pays des *alibi*. Tout le monde est partout, et personne n'est nulle part. La population tout entière étant en mouvement, ceux qui veulent prouver un *alibi* ont toute la facilité imaginable.

Ces mots, prononcés inconsidérément, déterminèrent sans doute Sweeney à m'exposer les véritables motifs de toutes les attentions dont il m'entourait depuis une semaine. Après avoir vidé quelques pots de bière, il me proposa de passer en fraude toutes les marchandises de la cargaison de l'*Amanda* que je désirerais m'approprier. Je refusai avec hauteur, et je fis entendre à cet homme que je regardais son offre comme une insulte. Il parut confondu, et dès ce moment toutes relations cessèrent entre lui et moi.

Quelques jours après, la *Crise* arriva à Londres. On débarqua la cargaison et nous prîmes du lest, car les objets que nous devions transporter sur la côte nord-ouest étaient trop légers pour garnir le vaisseau. Nous complétâmes notre équipage en prenant plusieurs matelots américains qui avaient été pressés un an auparavant par un croiseur anglais, et qui avaient obtenu leur congé. Les préparatifs du départ nous occupèrent une quinzaine, pendant laquelle je fis à mon tour voir à Marbre les curiosités de Londres. Nous commençâmes par la ménagerie de la Tour; mais le vieux marin avait vu en Orient trop d'animaux pour être étonné de la médiocre collection dont les badauds de Londres se contentaient. Nous visitâmes ensuite le Monument, et Marbre déclara qu'il avait vu en Amérique une tour servant à la fabrication du plomb de chasse beaucoup plus élevée et plus belle selon lui. Il convint franchement que New-York ne possédait pas d'église comparable à Saint-Paul; — Cependant, dit-il, j'ignore si la Trinité ne la vaut pas. Il ne put s'empêcher d'admirer la beauté des équipages qui se promenaient dans le Parc; mais il blâma amèrement les livrées, et déclara qu'il était indécent de donner à des domestiques des chapeaux galonnés; les galons lui semblaient être exclusivement réservés aux ecclésiastiques, aux gouverneurs et aux officiers de la milice.

Pendant que je discutais avec Marbre sur le mérite des édifices et des promenades, il se passa un incident qui eut plus tard des conséquences importantes pour moi. Les voitures de louage, les chaises de poste et autres voitures publiques sont pas admises dans la places publics; mais on y laisse circuler les carrosses de remise, c'est-à-dire ceux qui ne stationnent pas sur les places. Nous trouvâmes un de ces véhicules dans une périlleuse situation. Les chevaux s'étaient heurtés contre une brouette; le cocher n'avait pas su les retenir, et les roues de derrière de la voiture étaient déjà dans l'eau du canal quand je survins avec M. Marbre. Il saisit d'une main vigoureuse les rayons de la roue de devant, pendant que je jetais dessous la brouette pour en arrêter le mouvement rétrograde. J'ouvris la portière, et j'aidai à descendre un homme âgé et valétudinaire, une dame qui paraissait être sa femme, et une jeune personne que je pris pour sa fille. Dès qu'ils furent en sûreté, Marbre, qui était dans l'eau jusqu'aux épaules, et qui faisait de prodigieux efforts pour maintenir la voiture en place, lâcha prise tout d'un coup. La brouette céda la même instant, et le carrosse avec les chevaux fut précipité dans le canal. L'un des chevaux se noya; mais, comme la foule s'était amassée, je fis peu d'attention à ce que devenait l'autre; peu m'importait le navire, puisque j'avais sauvé la cargaison.

L'homme qui nous devait son salut nous pressa la main avec émotion en nous disant qu'il n'était pas quitte envers nous, et que nous devions l'accompagner. Nous y consentîmes facilement, pensant que notre assistance pouvait encore être utile. Pendant que nous nous dirigions vers une petite porte du Parc, je pris le loisir d'étudier les gens auxquels nous avions rendu service. Ils avaient l'air très-distingué; mais je connaissais assez le monde pour deviner qu'ils appartenaient à ce qu'on appelle en Angleterre la classe moyenne. L'homme paraissait être militaire; les deux femmes étaient bien mises, mais sans aucune espèce de recherche. La jeune fille pouvait avoir mon âge, et était décidément jolie. J'étais donc en pleine aventure; j'avais sauvé la vie d'une demoiselle de dix-sept ans; il ne me restait plus que d'en devenir amoureux pour être un héros de roman.

A la porte, on voulut nous faire monter dans un fiacre; mais nous nous excusâmes sur la nécessité de changer de vêtements, et nous promîmes de revenir plus tard à l'adresse indiquée : Norfolk street, dans le Strand.

Nous allâmes dîner dans une taverne, et le premier lieutenant but un peu d'eau-de-vie pour prévenir un rhume. J'ignore sur quel principe d'hygiène est basé l'usage de cette boisson dans le cas donné, mais je l'ai vu pratiquer dans toutes les parties du monde. Après nous être séchés, nous nous rendîmes chez notre homme, qui s'appelait le major Merton. Il était au premier étage avec sa famille. Tout annonçait qu'il ne gravitait pas dans ces hautes régions dont le luxe nous avait émerveillés pendant notre promenade. Après nous avoir exprimé

vivement sa reconnaissance, le major tira quelques billets de banque de son portefeuille.

— Vous avez, nous dit-il, donné des preuves de la bravoure et de la présence d'esprit qui caractérisent les marins anglais. Je voudrais pouvoir vous récompenser amplement; mais je ne puis vous offrir que vingt livres sterling. Peut-être un jour les circonstances me mettront à même de vous témoigner plus généreusement mes sentiments de gratitude.

Pendant tout ce discours, Marbre ne cessa de chercher sa tabatière dans sa poche. Il était parvenu à la trouver lorsque le major eut terminé. Je connaissais la cupidité du premier lieutenant, et j'eus peur un instant qu'il ne fût incapable de résister à la tentation, et qu'il n'arrimât les billets bord à bord avec le tabac. Je m'étais trompé. Après s'être résolument administré une chique, Marbre ferma sa tabatière, et prit la parole en ces termes:

— J'aime à vous voir cette générosité, major. Vous agissez comme il le faut, et nous vous remercions autant que si nous acceptions votre argent. Néanmoins, pour prévenir votre erreur, je vous dirai que ce jeune homme et moi nous sommes nés en Amérique, lui sur les bords de l'Hudson, et moi dans la ville même de New-York.

J'avais cru d'abord que le major nous verrait prendre avec regret ses billets de banque. Il paraissait au contraire avoir hâte de s'en débarrasser.

— Vous êtes Américains? dit-il en reculant avec une certaine roideur. Puis il se tourna de mon côté, et, me présentant les billets, il ajouta:

— Jeune homme, vous me ferez l'honneur d'accepter ce faible témoignage de ma reconnaissance.

— C'est impossible, monsieur, répondis-je respectueusement. Nous ne sommes pas tout à fait ce que nous paraissons être, et vous avez été trompé par notre extérieur. Vous voyez devant vous le premier et le second lieutenant d'un navire marchand qui porte des lettres de marque.

A ces mots, le major serra ses billets et s'empressa de s'excuser. Il ne nous comprenait pas encore bien; mais il avait assez de sagacité pour voir que nous n'accepterions pas son argent. Il nous invita à nous asseoir, et l'entretien continua.

— Monsieur Miles ici présent, reprit Marbre, a une propriété appelée Clawbonny en amont de l'Hudson. Il était destiné au barreau, et pouvait se dispenser de courir la mer. Mais bon chien chasse de race! Son père a été marin et il a voulu suivre la même carrière.

Cette déclaration produisit des changements visibles dans l'attitude de ceux qui nous entouraient. Ils ne nous avaient pas reçus jusqu'alors avec hauteur; mais ils redoublèrent d'aménité, et ils me traitèrent comme leur égal. Nous passâmes une heure avec eux, et je promis de les revoir avant mon départ. Je leur rendis une douzaine de visites, et le major, voyant qu'il avait affaire à un jeune homme assez bien élevé, ne me fit faire faire un bâti à la mode, sous lequel j'avais aussi bonne mine que la plupart des jeunes gens que j'avais vus dans la rue. Emilie Merton sourit la première fois qu'elle me vit dans mon nouveau costume, et je crois même qu'elle rougit. C'était une charmante créature, d'une douceur angélique dans ses rapports habituels, mais au fond pleine d'ardeur et de sentiment. Ses yeux d'un bleu clair, comme ceux de la plupart des Anglaises, révélaient un feu secret. Elle avait reçu de l'éducation, et, dans mon ignorance de la vie, je m'imaginais qu'elle savait plus que toutes les jeunes filles de dix-sept ans. M. Harding avait donné tous ses soins à l'éducation de Grâce et de Lucie; mais le bon prêtre, dans les solitudes d'Amérique, n'avait pas à sa disposition les ressources intellectuelles qu'on trouvait en Angleterre. Emilie Merton me semblait une merveille, et j'avais souvent honte de moi-même quand, assis à ses côtés, je l'écoutais parler avec aisance de choses qui m'étaient totalement étrangères.

CHAPITRE XI.

— Bosseman? — Quoi, patron? — Il faut se dépêcher!
Faites virer de bord, où nous allons toucher.
SHAKSPERE, la *Tempête.*

Désirant me récompenser de la manière dont j'avais reconduit le brick, le capitaine Williams me laissa beaucoup de liberté. Il était probable que je ne reviendrais pas à Londres, et je voulais profiter de la bonne aubaine qui m'avait mis en relation avec une famille respectable. Je lui parlai tant d'intérêt que je pris des renseignements sur son compte auprès d'un employé du consulat américain. Il m'apprit que le major avait rempli aux grandes Indes des fonctions moitié civiles, moitié militaires, et qu'il était venu en Angleterre pour régler des comptes embrouillés, et mettre en même temps sa fille Emilie en pension. Je sus par le major qu'il se proposait de retourner à son poste dans quelques mois , et qu'il avait ses parents en Amérique, son père s'étant marié à Boston.

J'avais mille raisons pour me féliciter du hasard qui avait jeté les Merton sur ma route. Si je leur avais sauvé la vie, en revanche ils me faisaient connaître le monde dans l'acception ordinaire du mot. Né fils d'un marchand , le major Merton n'était pas admis dans la haute société, car à cette époque les négociants ne jouissaient pas de la position qu'ils ont aujourd'hui sur l'échelle sociale de l'Angleterre ; mais il avait les sentiments , les manières et les habitudes d'un *gentleman*. Quant à Émilie Merton, elle me témoigna la familiarité d'un ami , et j'éprouvai un vif plaisir d'entendre sortir d'une jolie bouche de bonnes pensées exprimées dans un bon langage. Je voyais bien qu'elle trouvait mes manières un peu rustiques ; mais je n'avais pas été en Chine pour me laisser battre par une jeune fille de Londres, quelles que fussent ses perfections. En somme, je puis dire que je produisis une impression favorable à laquelle Clawbonny ne fut peut-être pas étranger. Quand je rendis ma dernière visite , Émilie eut l'air affligé, et sa mère dit que mon absence leur serait sensible. Le major me fit promettre de m'enquérir de lui, si j'allais à la Jamaïque ou à Bombay ; car il comptait être envoyé dans l'un ou l'autre de ces pays.

La Crise partit à la faveur d'un vent de sud. Mon intention n'e.. pas de décrire minutieusement notre traversée. Nous relâchâmes à Madère, puis à Rio. En approchant de l'extrémité méridionale du continent américain , nous éprouvâmes de gros temps.

Nous étions au mois qui correspond à novembre dans l'hémisphère nord, et il nous fallait doubler le cap Horn, dont les parages sont célèbres par leurs tempêtes. Toutefois notre capitaine avait doublé quatre fois, et il était d'avis que la saison n'influait point sur l'état de la mer et qu'il fallait serrer la terre. Nous gouvernâmes en conséquence vers la terre des États dans l'intention de passer le détroit de Lemaire et de longer, autant que possible, le cap Horn en l' doublant. Lorsque nous arrivâmes aux îles Falkland, le vent soufflait avec violence à l'est, et un brouillard épais interceptait la lumière du soleil. Vers minuit il s'éleva un grain qui prit bientôt les caractères d'une tempête comme je n'en avais pas encore vu. On se hâta de diminuer de voiles, et le navire continua sa route avec la grande voile de hune, le petit foc, la basse voile de misaine et le foc d'artimon. Il courut jusqu'à la pointe du jour la bordée de bâbord , dans l'espérance d'apercevoir les montagnes de la Terre de Feu. Notre situation était loin d'être rassurante ; une pluie battante, jointe au brouillard et aux éclaboussures des vagues, nous empêchait de voir à plus d'une lieue autour de nous. Heureusement que la côte orientale de la Terre de Feu , s'étendant dans la direction du nord-ouest au sud-ouest - nous laissait assez de place pour virer au large du rivage, si nous pouvions éviter les nombreuses et profondes dentelures de cette île inhospitalière.

Nous avions aussi à redouter les courants, qui, dans cette latitude, sont d'une effrayante rapidité. Marbre lui-même, habituellement si impassible , et qui semblait se considérer comme partie intégrante du navire, m'exprima ses alarmes pendant le quart du matin.

— Miles, me dit-il, nous avons appris à vos dépens ce que peuvent les courants. Si nous étions sur le cinquantième degré de longitude , nous aurions de l'eau en quantité suffisante, et nous doublerions le cap Horn avec le vent qui souffle actuellement ; mais le capitaine Williams n'est content que lorsqu'il a les îles autour de lui.

— Si nous avions couru par le 50e de longitude, repris-je , nous aurions eu vingt degrés à faire pour doubler le cap, tandis que nous n'en aurons que six ou huit après avoir passé le détroit de Lemaire.

— C'est là la difficulté, reprit-il. Songez que nous n'avons que neuf heures de jour, et quel jour encore ! Les brouillards de Terre-Neuve, où j'ai été à la pêche dans ma jeunesse, sont comparativement lumineux comme le soleil en plein midi. La sonde ne peut nous donner aucune indication ; car au moment après l'avoir prise pour trouver le fond, nous courons risque de donner sur un rocher. Le navire fuit vent arrière avec tant de rapidité que nous pouvons rencontrer la terre avant d'avoir eu le temps de l'apercevoir. Parce que la Terre de Feu s'incline au nord-ouest, le capitaine semble s'imaginer qu'elle s'éloigne devant nous à mesure que nous en approchons. Puisse-t-il vivre assez longtemps pour persuader à tout l'équipage qu'il a raison !

Tout à coup Marbre, qui avait les yeux tournés vers l'ouest, s'interrompit pour crier : — Arrive tout la barre tout au vent ! cargue bas le foc d'artimon ! Ce commandement mit tout le monde en mouvement. Le capitaine et le troisième lieutenant accoururent sur le pont ; le navire fut abattu aussitôt qu'on eut rentré le foc d'artimon, et le grand hunier fuséya, frappé en ralingue par le vent. Cette manœuvre nous éloigna de la Terre de Feu, sur laquelle nous étions menacés de toucher, et *la Crise* fit route vers l'est. Dès qu'elle eut viré, le capitaine Williams demanda à Marbre s'il avait réellement aperçu la côte.

— Assurément, répondit celui-ci ; vous savez que j'ai de bons yeux et que j'ai signalé le premier *la Dame de Nantes*. Le capitaine fit semblant d'être convaincu ; mais, d'après les calculs que je fis plus tard, je suppose que la côte devait encore être éloignée de quinze à vingt lieues.

Pendant toute la journée, *la Crise* court la bordée de tribord. A l'approche de la nuit, elle vira de nouveau pour mettre l'avant à l'ouest. Vers le soir , le vent nous obligea de ferler les huniers, et ce ne fut

pas facile, car ils étaient en lambeaux. Au coucher du soleil , lorsque la nuit vint augmenter les ténèbres de ce jour sombre , le petit foc , arraché de la ralingue avec un fracas qui retentit dans tout le navire, disparut au milieu du brouillard comme un nuage des cieux. Le foc d'artimon aurait pris la même route si l'on ne s'était empressé de le haler bas, et même, après cette opération, il communiquait au bâtiment des secousses qui l'ébranlaient depuis la quille jusqu'aux marguillets.

C'était la première fois que je voyais une tempête en mer; j'avais essuyé de violentes rafales, mais c'était une circonstance , était aux grains ordinaires ce que ceux-ci sont à la brise. Les vagues étaient pour ainsi dire écrasées par la pression des courants d'air qui passaient en hurlant sur la surface de l'Océan ; à mesure qu'un monticule d'eau s'élevait, sa cime, tronquée par la bourrasque, s'éparpillait en écume, comme le bois se divise en copeaux sous la hache du bûcheron. Moins d'une heure après que le vent eut atteint son plus haut degré de violence, il n'y eut pas d'ondulations très-sensibles, relativement toutefois aux mouvements ordinaires de l'Océan, géant liquide dont la respiration n'est jamais calme. Le navire se maintint dans une position presque aussi stable que s'il eût été abattu en quille ; on eût dit qu'une force mécanique le retenait incliné, et les bras des basses vergues touchaient l'eau. Quelques-uns de nous s'aventurèrent jusqu'aux haubans de revers, pour consolider la voilure, mais il fut impossible de monter plus haut. Toutes les fois que j'étendais la main pour saisir un cordage, j'étais obligé de calculer mon mouvement, de manière à me laisser aller à la dérive; en montant, il était difficile de tenir le pied sur les enfléchures ; en descendant, il fallait les efforts les plus énergiques pour conserver son centre de gravité. Si j'étais parvenu jusqu'aux barres traversières des hunes, et j'avais été emporté par-dessus le bord , je ne serais tombé qu'à trente ou quarante vergues du bâtiment ; un épissoir aurait pu tomber de l'une des hunes sans danger pour aucun de ceux qui se trouvaient sur le pont.

Quand le jour revint, des lueurs sombres et indécises étaient répandues sur les eaux désertes ; les oiseaux de mer semblaient s'être réfugiés dans les cavernes des côtes, et ne reparurent point avec l'aurore ; l'air était rempli d'écume, et l'œil pouvait à peine distinguer les objets à un demi-mille à la ronde. Tout l'équipage, tenu en éveil par le danger, était réuni sur le pont ; quant à nous autres officiers , nous nous concertions sur le gaillard d'avant, car c'était le poste où le danger, s'il venait du côté de la terre, devait se faire sentir tout d'abord.

Il n'est pas facile de donner une idée de notre situation critique à ceux qui ne sont pas familiarisés avec la marine. Nous n'avions poinc fait d'observations depuis plusieurs jours. Nous marchions d'après la route estimée , avec un vent épouvantable, dans des parages où les marées brisent à la côte avec fureur. Quoique nos bossoirs fussent à moitié submergés, et nos voiles ferlées avec soin, *la Crise* lofait aussi près du vent que si elle eût porté des voiles à l'arrière. Marbre pensait qu'en dépit de nos efforts, elle dériverait vers la côte avant la fin du jour. — Jamais, me dit-il, l'eau n'est unie comme vous le voyez, que lorsque le vent et les courants suivent une même direction. Soyez donc sûr que nous sommes entraînés par un courant, plus diabolique encore que celui qui nous a jetés sur les récifs de Madagascar. Je ne répliquai point, mais , avec le capitaine et les deux autres lieutenants, je tins mes regards fixés du côté du bossoir du vent.

Soudain, comme si le rideau du brouillard se fût levé par enchantement, j'aperçus une plage d'une longue étendue, dont les noirs basfonds s'avançaient dans l'intérieur à une distance considérable. Elle était presque parallèle à notre route ; le navire semblait n'en être éloigné que d'un demi-nœud, et la longer avec une vitesse de six ou huit milles à l'heure.

Est-ce une illusion? me dis-je en regardant mes compagnons.
— C'est la terre, sans aucun doute, messieurs, dit le capitaine Williams.
— Rien de plus positif, reprit M. Marbre, avec cette fermeté qui donne parfois le désespoir : que devons-nous faire , capitaine?
— Que pouvons-nous faire, monsieur ? Nous n'avons pas assez de place pour virer, selon toute les apparences, il y a plus de mer devant nous que derrière.

C'était une vérité incontestable. La côte, basse, glacée, revêtue des teintes sombres du mois de novembre, après s'être présentée parallèlement à nous, s'écartait un peu vers le nord. Nous passâmes devant avec une rapidité due sans doute au flux , ou aux courants. La sonde nous donna six brasses. Comme il était probable que nous entrions dans un des canaux qui séparent les groupes d'îles de la Terre de Feu, le capitaine eut avec Marbre une conférence dont le résultat fut qu'il fallait chercher un mouillage. Heureusement pour nous, à l'instant où nous dérivions dans cette passe, la tempête enleva moins d'écume de la surface des eaux, et l'atmosphère s'éclaircit par degrés ; à dix heures nous pouvions voir à une lieue autour de nous. La terre était à tribord, et nous nous en éloignions, en la laissant sous notre vent. La force du courant nous prouvait que nous n'étions pas dans une baie. Vers onze heures nous trouvâmes un îlot trop plat et trop peu étendu pour nous abriter. D'ailleurs le fond ne nous parut point propre à jeter l'ancre, et nous continuâmes notre route. Au moment où le soleil descendait sous l'horizon, ses dernières clartés nous montr——t une île un peu plus grande, et nous nous en approchâmes avec précaution, la barre à tribord, et contrariés par la marée. On lofa près de la terre, dans une espèce de rade, et on jeta immédiatement les deux ancres de poste. On avait suffisamment amorti l'air du vaisseau, en le mettant aussi près du vent que possible, et les manœuvres s'effectuèrent sans difficulté. La sonde donna sept brasses à une portée de pistolet de rivage. Nous étions provisoirement en sûreté; mais il fallait encore savoir comment le navire éviterait un changement dans la marée, et jusqu'à quel point il fatiguerait sur ses câbles. A la satisfaction générale, le remous se fit peu sentir, et la côte nous garantit de l'impétuosité de la tempête. Une seule ancre nous suffisant, les matelots se mirent au guindeau, pour lever la seconde ancre; car la sonde nous avait indiqué des rochers sous-marins qui inspiraient des craintes au capitaine.

Pendant le souper de l'équipage, on mit en mer un petit canot où je descendis avec le capitaine et le troisième lieutenant afin d'examiner le fond plus attentivement. Le résultat de notre excursion fut satisfaisant, et nous revînmes au navire en ayant soin d'éviter les vents et les courants.

Le capitaine se chargea lui-même du quart de quatre à huit heures, et je descendis dans l'entre-pont. J'étais chargé du quart de diane; dix minutes avant l'heure où je devais le prendre, j'entendis le commandant crier : — En haut tout le monde! Le câble s'était rompu, et le navire dérivait à sec. Nous hissâmes les trois huniers au bas ris, les basses voiles de l'avant et un nouveau petit foc. Au lever du jour, pour la première fois depuis notre entrée dans cet étroit passage, le soleil se montra au milieu de sombres masses de nuages d'un aspect sinistre. Nous apercevions la terre dans tous les sens. Le canal où nous étions avait plusieurs lieues de large; et des montagnes hautes et escarpées, la plupart couvertes de neige, le bornaient principalement du côté du nord. Nous gouvernâmes sud-sud-ouest, sans savoir précisément où nous allions, rencontrant par intervalles des îles montueuses et creusées de profondes dentelures. Au coucher du soleil, nous n'étions pas encore en pleine mer. Plusieurs fois nous passâmes auprès d'écueils que nous eûmes le bonheur d'éviter. Au point du jour notre course fut embarrassée par un nombre d'îles encore plus considérable que celui qui l'avait entravée la veille. Vers les dix heures, nous doublâmes un cap et nous trouvâmes à l'ouest un passage qui nous conduisit à l'Océan. Tout l'équipage poussa trois hurras en signe de joie.

Le capitaine Williams nous commanda aussitôt de prendre nos quarts de cercle, et de mesurer la latitude. Il était d'avis que nous étions à l'est du cap Horn et à l'est du détroit de Lemaire. Marbre gardait le silence; mais il eut achevé le premier ses observations et ses calculs. Je le vis se gratter la tête, consulter la carte qui était sur le point d'échelle, puis il s'écria :

— Par saint Kennebunk! (C'était toujours par ce pieux personnage qu'il jurait dans ses moments de vive émotion.) Par saint Kennebunk, nous sommes dans la mer Pacifique; nous avons passé sans le savoir le détroit de Magellan.

CHAPITRE XII.

Levez l'ancre! larguez! par le ciel envoyée,
Une brise respire autour de nos vaisseaux.
Qu'ils sont impatients! la voile est déployée,
Et nous fendons les eaux.

PINKNEY.

La Crise avait, comme beaucoup de gens, fait une belle action sans s'en douter. Le navire, égaré au milieu des mers, s'était, à son insu, approché de sa destination. On comprendra aisément la joie que nous éprouvâmes en voyant devant nous l'Océan, dont les vagues roulaient régulièrement vers la côte en se succédant sans interruption comme des chaînes de montagnes éclairées par un soleil radieux. Jamais commandement ne nous fut plus agréable que celui que nous donna le capitaine de ranger du monde sur les vergues du vent. Le navire passa le dernier cap avec la rapidité d'un cheval de course. On mit les bonnettes dehors, et au coucher du soleil nous étions au large loin des parages orageux de la Terre de Feu.

Je ne décrirai pas en détail notre traversée le long de la côte occidentale de l'Amérique du Sud. En l'année 1800, la puissance de l'Espagne avait tout son ascendant, et interdisait à ses colonies tout commerce avec d'autres pays qu'avec sa mère-patrie. Aussi, malgré les gardes-côtes, la fraude s'exerçait sur une grande échelle. Le capitaine Williams avait décidé de la liberté du commerce, et quelques excursions à terre, et reçut bon nombre de dollars en échange d'articles de Londres. Quant à Marbre, il considérait la contrebande comme plus honorable que le commerce régulier, puisqu'elle exigeait plus d'habileté. Suivant le digne lieutenant, les côtes, les baies, les passes, les rades et les havres avaient été créés par la nature pour faciliter le débarquement des marchandises, partout où les prohibitions s'opposaient à ce qu'elles fussent transportées d'une manière légale.

Notre trafic ne s'effectua pas sans obstacle. Sept fois les gardes-côtes nous donnèrent la chasse, et nous eûmes avec eux trois légères escarmouches. Je remarquai que le capitaine Williams cherchait à épargner les agents du gouvernement espagnol, et qu'il nous ordonnait de viser seulement aux agrès. J'ai pensé depuis que sa modération provenait d'un principe assez généralement adopté, d'une espèce de compromis entre le bien et le mal, qui le poussait à faire la contrebande, mais qui lui inspirait une salutaire horreur pour l'effusion du sang.

Après avoir quitté la côte espagnole, nous nous dirigeâmes vers le nord, dans l'intention louable de convertir en fourrures précieuses des verroteries, de mauvais couteaux, des poêles à frire et autres ustensiles d'utilité domestique. A cette époque la côte nord occidentale n'était pas occupée par les blancs, et les naturels nous apportèrent des peaux aussitôt que nous eûmes jeté l'ancre. Nous nous avançâmes tout en commerçant jusqu'au 53e de latitude nord. Là, un pilote indigène, qui était venu à bord, nous indiqua une baie excellente. Il parlait passablement anglais, et nous dit que nous aurions presque pour rien des peaux de loutres marines. En effet, il nous quitta, et revint une heure après dans un canot chargé, jusqu'à la ligne de flottaison, de peaux magnifiques. Notre guide était accompagné de trois autres sauvages, à l'air farouche et cupide. Comme les noms de tous les Indiens de cette contrée sont affectés d'une prononciation barbare, nous désignâmes les quatre sauvages par des sobriquets; on donna au pilote celui du Canard, à cause de la manière dont il se précipitait à terre, lorsqu'il entendait un coup de fusil. Les trois autres furent gratifiés des surnoms de le Grand-Sec, Pot-d'Étain, Nez-Fendu. Ce n'étaient pas assurément des dénominations très-héroïques, mais les hommes auxquels elles s'appliquaient n'avaient rien d'héroïque eux-mêmes. J'ignore à quelle tribu ils appartenaient; je demandai des renseignements sur leur compte au capitaine. Tout ce qu'il savait c'est que les habitants de ces parages attachaient un grand prix aux couvertures, à la poudre, aux poêles à frire et à la ferraille, et qu'ils livraient au rabais les peaux de loutres de mer et les fourrures de divers autres animaux. J'interrogeai M. Marbre avec moins de succès encore. — Je ne connais point l'histoire naturelle, me dit-il. Malgré la dégradation de ces hommes, nous les trouvions assez civilisés pour désirer de faire des affaires avec eux. Le commerce, ainsi que la misère, rapproche souvent les distances.

J'avais souvent vu les Indiens des Etats-Unis abâtardis par la fréquentation des blancs et l'usage des liqueurs fortes; mais jamais je n'avais rencontré d'êtres aussi bas placés dans l'échelle de la race humaine. Ils me parurent être les Hottentots de l'Amérique. Au physique, ils avaient de la force et de l'activité; leurs yeux étincelaient d'une férocité mal déguisée par leur avarice et leur dissimulation. Il n'y avait dans leur costume, dans leurs usages, dans leur maintien, aucune trace de cet honneur chevaleresque qui compense la cruauté bien constatée des guerriers de mon pays natal. Ils connaissaient l'usage des armes à feu, et avaient eu trop de relations avec les blancs pour concevoir une crainte superstitieuse de leur puissance.

Le Canard et ses compagnons nous vendirent cent trente-trois peaux de loutres de mer dans la même journée, ce qui nous dédommagea des risques auxquels nous nous exposions en pénétrant dans une baie étroite, où les sauvages pouvaient aisément nous envelopper. Les vendeurs parurent aussi charmés que nous du résultat de leur trafic, et nous décidèrent à stationner dans ce lieu quelques jours encore, en nous promettant de nous apporter six ou huit fois autant de peaux. Dès qu'on leur eut annoncé notre résolution, ils exprimèrent une vive joie. Pot-d'Étain et Nez-Fendu allèrent annoncer la nouvelle aux habitants de l'intérieur, et le Grand-Sec et le Canard demeurèrent à bord dans les termes d'une bonne intelligence avec nous. Cependant, comme tous ces sauvages ont un penchant déterminé pour le vol, le capitaine ordonna de les surveiller de près, et de les fouetter vigoureusement s'ils cherchaient à exercer leur dextérité manuelle.

Marbre et moi nous remarquâmes que le canot sur lequel les messagers nous avaient quittés, au lieu de se diriger vers la mer, entra dans une petite anse qui communiquait avec le fond de la baie. Comme nous n'avions rien à faire à bord, nous demandâmes au capitaine la permission d'explorer le canot, et en même temps de faire un examen plus attentif de notre port. Nous partîmes pour cette expédition dans la yole, accompagnés de quatre matelots un bien armés. Le Grand-Sec, vieillard à la tête grise, dont les muscles ressemblaient à la corde à fouet, place seul sur le pont quand nous nous mîmes en mouvement il nous suivit des yeux, se glissa tranquillement le long des flancs du navire, et prit place dans la chambre du canot avec la dignité calme d'un capitaine. M. Marbre, grand observateur de la discipline, fut choqué de l'impudente familiarité de l'Indien.

— Qu'en dites-vous, Miles? demanda-t-il avec aigreur. Amènerons-nous à terre, avec nous, cet orang-outang desséché, ou essaierons-nous de le délayer un peu en le jetant à la mer?

— Laissons-le tranquille, monsieur Marbre; j'ose croire qu'il désire nous être utile; seulement il exprime mal ses intentions.

— Lui, utile? il ne vaut pas la carcasse d'une baleine qu'on a dépouillée de son huile; mais on n'aurait pas besoin de cabestan pour enlever le peu de chair qui lui reste.

Ces saillies mirent Marbre de bonne humeur, et il permit à l'Indien de rester. Les idées qui me passèrent alors à l'esprit sont encore fraîches comme si je les avais eues hier. En contemplant l'être assis en face de moi, je m'étonnais que la Providence l'eût doué d'une portion de l'ineffable nature divine. J'avais vu en cage des animaux qui m'avaient semblé aussi intelligents, et la famille variée des caricatures humaines, pas plus que celle des babouins et des singes, ne m'avait jamais offert un objet plus désagréable aux yeux. Le Grand-Sec paraissait presque dépourvu d'idées. Dans ses marchés, il s'en était rapporté entièrement au Canard, que nous supposions être son parent, et les objets qu'il avait reçus en échange de ses fourrures n'avaient éveillé aucun symptôme de plaisir sur son visage hébété. S'il avait jamais connu les émotions, il y avait longtemps qu'elles lui étaient devenues étrangères. Toutefois son apathie ne ressemblait point au stoïcisme de l'Indien d'Amérique. Il était complétement insensible, et ce personnage avait pourtant une âme, une étincelle de la flamme impérissable qui distingue l'homme de tous les êtres créés !!!

Visite de Miles à Londres, dans une maison à l'enseigne du Cheval noir.

Le bassin où reposait *la Crise* avait, par le travers de son entrée, une petite île qui brisait la force du vent du nord-est, et laissait de chaque côté deux passes assez commodes; il était de forme presque circulaire et bordé d'arbres; les branches s'arrondissaient en arceaux au-dessus de la surface des eaux, et, dans la saison des feuilles, couvraient l'intérieur du pays d'une barrière impénétrable. On ne voyait aucun indice d'habitation, et, en approchant du rivage, Marbre fit l'observation que les sauvages ne fréquentaient ces lieux que pour commercer avec les étrangers qu'ils y avaient amenés.

— Il n'y a point de wigwams aux environs, ajouta-t-il après avoir tourné la tête de tous côtés. C'est tout simplement un comptoir, et, heureusement pour nous, on n'y trouve pas de douaniers.

— En revanche, il ne manque pas de fraudeurs, monsieur Marbre, si l'on peut appeler ainsi les gens qui cherchent à s'approprier à son insu les biens d'autrui. Je n'ai jamais vu de voleur plus déterminé que le drôle que nous avons surnommé le Canard. Je crois qu'il avalerait nos cuillères de fer plutôt que de ne pas s'en emparer.

— C'est évident, répondit M. Marbre; quant au Grand-Sec, il n'a pas assez d'intelligence pour discerner sa propriété de celle d'autrui. Je suis sûr que je pourrais le laisser dans l'équipet au pain sans qu'il s'imaginât avoir autour de lui de quoi manger. Il est impossible de voir moins de cerveau dans une tête humaine. Il serait aussi facile au moindre blanc de le tromper qu'à un horloger ambulant de faire sonner ses horloges de bois.

Telle était l'opinion de M. Marbre sur le compte du Grand-Sec. Je la partageais en grande partie, et les matelots semblaient n'en avoir guère une meilleure; car ils riaient de nos observations. Il faut remarquer toutefois que les marins sont disposés à rire de toutes les saillies de leurs supérieurs. Cependant le canot avançait, et il atteignit bientôt l'embouchure de la petite anse. Nous la trouvâmes profonde, mais étroite et sinueuse. Les rivages, d'une douzaine de pieds de haut, étaient couronnés d'arbres et de buissons qui nous dérobaient la vue de la terre. En conséquence Marbre proposa de débarquer, et de suivre à pied les détours du ruisseau voisin, afin de pousser une reconnaissance. Nos dispositions furent bientôt faites. Marbre et l'un des matelots débarquèrent d'un côté de l'anse, et je descendis sur la rive opposée avec Nabuchodonosor. Les deux hommes qui restaient dans le bateau reçurent l'ordre de nous suivre pour nous recueillir à bord en cas de nécessité.

— Laissez ce Grand-Sec dans le canot, Miles, me dit le premier lieutenant au moment où je mettais pied à terre.

Je fis un signe au sauvage; mais quand j'atteignis la cime de l'escarpement, il était déjà à mes côtés; il était si difficile de s'en faire comprendre sans le secours des paroles, qu'après une pantomime inutile pour le renvoyer, je renonçai à mon projet. Nabuchodonosor me proposa de prendre le vieil Indien entre ses bras et de le porter dans la yole; mais je le jugeai prudent d'éviter toute violence.

Le spectacle qui s'offrit d'abord à nous n'avait rien qui pût exciter notre défiance. Nous étions au milieu d'une forêt vierge, déserte, humide, ombragée d'épais feuillages, encombrée d'arbres morts ou tombés. Il n'y avait aucune trace de pas humains. Nous avançâmes sur un terrain inégal jusqu'à ce que les matelots restés dans le canot nous eussent avertis que l'eau leur manquait. Nous descendîmes sur le rivage au même instant. Le Grand-Sec se glissa en même temps que nous dans la yole, en gardant toujours un profond silence.

— Je vous avais dit de laisser l'orang-outang derrière, dit Marbre en s'asseyant après avoir aidé à virer le bateau. J'aimerais mieux avoir un serpent à sonnettes à mes trousses que cet ours mal léché.

— Il n'est pas facile de s'en débarrasser. Il s'est collé à moi comme une sangsue.

— La promenade paraît lui avoir fait du bien. Jamais il n'a eu l'air aussi aimable qu'en ce moment.

En effet, pour la première fois, la physionomie du Grand-Sec exprimait quelque chose d'analogue à de la satisfaction.

— Peut-être a-t-il cru que nous voulions déserter, dis-je à M. Marbre. En ce cas il aurait été privé de souper; maintenant qu'il nous voit revenir, il a la douce perspective de ne pas se coucher l'estomac vide.

Marbre admit la probabilité de cette conjecture, et la conversation changea.

Nous étions étonnés de ne pas rencontrer de trace de la présence de l'homme. En descendant jusqu'à la baie, nous eûmes constamment l'œil au guet, sans découvrir l'empreinte d'un pas. Comme nous avions devant nous plusieurs heures du jour, nous fîmes en entier le tour de la baie, et Marbre proposa de visiter l'îlot qui était à l'entrée. Il eut l'idée que les sauvages y pouvaient avoir un campement, l'endroit étant plus favorable que tout autre pour avoir vue sur le large. Quand nous passâmes près du vaisseau, le capitaine nous héla. Nous lui expliquâmes le but de notre expédition actuelle, et il annonça l'intention de nous accompagner. Nous le prîmes à notre bord; et, pour éviter l'encombrement de la yole, il fit signe au Grand-Sec de sortir. C'était comme s'il eût parlé à un banc. Nous nous éloignâmes en riant de la stupidité ou de l'entêtement du sauvage, et nous ramâmes jusqu'à ce que notre quille frottât contre les rochers de l'îlot.

Le débarquement s'opéra sans difficulté, et Nabuchodonosor, qui marchait en avant, annonça par un cri qu'il avait fait quelque découverte. Nous apprêtâmes nos armes, en nous attendant à rencontrer un camp de sauvages; mais le nègre avait seulement remarqué les traces d'un bivouac récemment occupé. Elles couvraient la moitié de l'île, et un rideau de buissons formait à l'entour un rempart naturel. La plupart des arbres avaient été brûlés ou paraient plutôt qu'à dessein. La totalité du bivouac n'avait point servi depuis longues années; mais au centre était un cercle où des feux nombreux et des empreintes de pas indiquaient une installation de fraîche date. Nos recherches nous firent apercevoir divers objets qui ne nous causèrent pas médiocrement de surprise et d'inquiétude. Marbre vit d'abord le haut d'un gouvernail qui semblait avoir appartenu à un navire de trois cents tonneaux. Non loin de là, il y avait des fragments de planches, d'allonges de revers, et autres parties d'un navire, toutes plus ou moins brûlées et dépouillées de tout métal. On avait même arraché les clous; rien ne restait que le bois, que nous reconnûmes pour l'essence du chêne et du cèdre. C'était une preuve que ce malheureux navire avait été de quelque valeur.

Cette découverte nous absorba d'abord trop pour songer au Grand-Sec. Quand je me retournai pour l'observer, il était évident qu'il épiait nos démarches; mais ses émotions, s'il en éprouvait, étaient profondément cachées sous ce masque de l'imbécillité. Il nous vit tour à tour prendre, examiner et rejeter chaque débris avec une indifférence apparente. Enfin, comme s'il eût pris quelque intérêt à nos investigations, il nous apporta un morceau de bois à moitié consumé, et qui n'était qu'une branche d'arbre de la forêt. Ce fait nous prouva que le sauvage ne comprenait point les motifs de notre conduite, et qu'il ne savait rien du navire étranger.

En faisant le tour du camp désert, nous découvrîmes un sentier qui conduisait à un point de la rive qui n'était pas en vue de notre mouillâge, et qui donnait sur la passe opposée à celle que *la Crise* avait franchie. Sur une espèce de débarcadère étaient des débris plus considérables, qu'on n'avait pas transportés jusqu'au bûcher parce qu'ils ne contenaient point de métal. Rien n'annonçait la nature du désastre dont le navire avait été victime.

Fatigué de nos investigations, je m'assis sur une pierre plate qu'on avait posée sur la roche dans l'intention évidente de former un banc. Comme elle n'était point d'aplomb, j'essayai de la placer plus solidement, et en la dérangeant je trouvai dessous une tablette d'ardoise couverte de caractères lisibles. J'appelai aussitôt mes compagnons, et nous lûmes la triste relation suivante :

Le major Merton.

« *La Loutre de mer*, brick américain, capitaine John Squires, a été attirée dans cette baie le 9 juin 1797, et attaquée par les sauvages dans la matinée du 11. Le patron, le second lieutenant et sept hommes d'équipage ont été tués sur la place. Le brick a été déchargé, puis bélé ici, et brûlé jusqu'à la ligne de flottaison. Ceux qui survivent sont David King, premier lieutenant; Georges Zunt, Henri Webster, Stephen Stimpson et John Harris, matelots; Bill Flint, cuisinier; Peter Doolittle, mousse. Dieu sait quel sera notre sort. Je mets cette ardoise sous la pierre où je suis assis, dans l'espoir qu'un jour elle fera savoir à nos compatriotes ce qui s'est passé. »

Nous nous regardâmes les uns les autres avec stupéfaction. Le capitaine et Marbre se rappelèrent avoir entendu dire qu'un brick appelé *la Loutre de mer* n'avait point reparu, et cette découverte, pour ainsi dire miraculeuse, nous instruisait de sa destinée.

— Attirée dans cette baie! répéta le capitaine en parcourant de nouveau la tablette d'ardoise. Oui, je commence à tout comprendre. S'il y avait du vent, messieurs, je mettrais à la voile ce soir même.

— Ce serait inutile, capitaine Williams, répondit le premier lieutenant, puisque nous sommes sur nos gardes, et que les Indiens ne rôdent pas dans le voisinage. Jusqu'à présent, le Canard et ses amis ont montré de la probité dans leurs relations avec nous. Il est vraisemblable qu'ils ont encore des peaux à nous vendre. Le Grand-Sec prend les choses si froidement que j'ai peine à croire qu'il sache quelque chose de *la Loutre de mer*, qui peut avoir été attaquée par une autre bande.

Malgré la justesse de ces observations, le capitaine résolut de mettre le Grand-Sec à l'épreuve en lui montrant l'ardoise et en lui faisant subir un interrogatoire, autant qu'on pouvait le faire par gestes. Un spectateur indifférent aurait ri de nos vaines tentatives pour confondre l'Indien. Les signes, les grimaces, les cris, les jurons, tout fut inutile; le sauvage ne nous comprenait pas, ou feignait de ne pas nous comprendre, et l'interrogatoire fut clos par cette observation de M. Marbre :

— Cet animal ne sait rien de rien, encore moins ce qui concerne *la Loutre de mer.*

Nous revînmes au vaisseau en emportant l'ardoise; tout l'équipage fut convoqué et harangué par le capitaine. Il nous dit qu'un grand nombre de navires étaient perdus par la négligence de leur équipage. Il nous rappela que nous étions sur la côte nord-ouest, où des couvertures, de la poudre et des métaux avaient autant de valeur qu'en aurait la poudre d'or dans un port américain. Il nous recommanda la vigilance et la subordination, comme le seul moyen d'éviter le sort de l'équipage du brick dont nous venions de découvrir les déplorables restes.

J'avoue que je passai une mauvaise nuit. Un ennemi inconnu est toujours formidable, et j'aurais mieux aimé combattre les gardes-côtes que de rester à bord dans une baie unie comme un miroir, entourée de forêts aussi silencieuses qu'un désert. Cependant le navire était bien armé, et prêt à repousser les adversaires qui se présenteraient. Il ne s'en présenta point. Le Canard et le Grand-Sec soupèrent avec l'appétit de l'innocence calomniée, et dormirent comme des sabots. S'ils étaient coupables, ils étaient complétement privés de conscience. Quant à nous, nous fûmes sur le qui-vive jusqu'au matin, époque à laquelle l'éventualité du danger devait être plus grande. A la fin de la nuit, la fatigue accabla tous ceux qui veillaient comme ceux qui n'étaient point de quart; cependant tout resta tranquille. Le soleil revint à l'heure accoutumée, dora de ses rayons la cime des arbres, et illumina les eaux de notre petite baie. La douce joie qu'on éprouve ordinairement à la naissance du jour dissipa momentanément nos appréhensions atténuées déjà par les réflexions de la nuit. A notre réveil, le sort de la *Loutre* ne nous inspirait plus que la tristesse exigée par le décorum.

CHAPITRE XIII.

A toi la faculté de briser les entraves;
Le pouvoir directeur, l'art napoléonien,
Qui réunit les cœurs dans un même lien,
Et vers un même but les dirige en esclaves.

HALDECK, *la Veste rouge.*

Le Canard et le Grand-Sec se comportèrent d'une manière admirable pendant toute la journée. Toutes leurs pensées semblèrent ab-

Emilie Merton.

sorbées par le porc, le pain et le bœuf, ces grandes nécessités de l'existence, qui sont, au dire des Européens, le premier mobile de la vie en Amérique. Les sauvages passaient leur temps à manger et à dormir.

Honteux de surveiller de pareilles brutes, nous dirigeâmes notre attention vers d'autres objets. Le Canard nous apprit que nous n'aurions de nouvelles fourrures qu'au bout de quarante-huit heures, et le capitaine Williams, passant de l'excès de l'inquiétude à celui de la sécurité, résolut de profiter d'un beau jour pour décapeler les haubans. A neuf heures, l'équipage se mit à dégréer les mâts, et avant midi le navire était en *déshabillé*.

On conserva en haut les vergues des huniers moins leurs balancines, en les assujettissant avec des cordes de retenue; mais les mâts de hunes furent amenés aussi bas que possible. En un mot, nous dégarnîmes la mâture, sans toutefois encombrer le pont. La sûreté du port et la beauté du temps déterminèrent le capitaine à ce travail. Le soir on examina séparément toutes les manœuvres. On hissa de nouveau les agrès de la hune, et l'on replaça les têtes des mâts. L'équipage ayant besoin de repos après une journée si activement employée, la garde du navire fut confiée au capitaine et aux trois lieutenants.

Je pris le quart à minuit. Je trouvai sur le pont le troisième lieutenant, qui conversait de son mieux avec le Canard et le Grand-Sec. Les sauvages, qui avaient dormi toute la journée, semblaient vouloir passer la nuit à se promener.

— Y a-t-il longtemps que ces hommes sont ici? demandai-je au troisième lieutenant.

— Depuis la chute du jour; je les ai trouvés avec le capitaine, qui me les a transmis pour société. Si le Canard entendait le langage humain, ce pourrait être un compagnon agréable. Mais je suis las de lui faire des signes, ayant déjà rudement travaillé toute la journée.

J'étais armé et j'eus honte de témoigner des craintes au sujet d'hommes sans armes. D'ailleurs les Indiens ne se conduisaient pas à éveiller de nouveaux soupçons. Le Canard avait pris place sur le guindeau, et fumait avec une philosophie qui eût fait honneur au plus grave babouin. Quant au Grand-Sec, il ne semblait pas avoir assez d'intelligence pour fumer, occupation qui a du moins le mérite de donner un air de sagesse et de réflexion. J'ignore si les grands fumeurs sont plus aptes à méditer que le reste des hommes; mais on conviendra qu'ils ont souvent les apparences de la méditation.

Je me plaçai à mon poste avec des sentiments d'inquiétude, dont toutefois je cherchais inutilement les motifs. Je pouvais être assassiné et jeté à la mer par les deux sauvages. Mais pourquoi auraient-ils voulu me tuer, pour avoir ensuite tout l'équipage sur les bras? Les étoiles brillaient, et me permettaient de distinguer tout canot qui tenterait de s'approcher du vaisseau. Je passai un quart d'heure à réfléchir là-dessus, puis mes pensées changèrent d'objet. Dans ces mers lointaines, Clawbonny, Lucie, Grâce, Hardinge s'offraient aux yeux de mon imagination. J'étais rarement de quart pendant la nuit sans repasser les scènes de mon enfance, sans errer dans mes champs, accompagné par ma chère sœur et par mon amie. Que d'heures de félicité ces douces images m'ont procurées sur les solitudes de l'immense Océan! avec quelle facilité ma mémoire se présentait les qualités de mes aimables compagnes! Depuis mon voyage à Londres, Émilie Merton embellissait parfois le tableau, avec son esprit plus cultivé et ses manières plus distinguées. Pourtant elle n'occupait guère que la troisième place dans la hiérarchie de mon admiration.

Je fus bientôt tout entier à mes rêveries, qui embrassaient à la fois le passé et l'avenir. Quel est le jeune homme de vingt ans qui n'a jamais bâti des châteaux en Espagne : constructions imaginaires élevées par l'inexpérience avec des matériaux que l'espérance lui fournit? Mon imagination m'emporta au point de me montrer Rupert laborieux, suivant assidûment le barreau, dont il était le plus bel ornement. Les facultés humaines ne pouvaient guère aller au delà de cette conception.

Lucie avait une belle voix, et la touchante mélodie de ses chants me revenait par intervalles. Cette nuit je me souvins d'une de ses chansons, qui parlaient de tendresse et de bonheur domestique. Appuyé sur la balustrade, je fredonnai l'air en essayant de me rappeler non-seulement les paroles, mais encore la douce voix qui les rendait avec tant de sentiment. Je les avais chantées quelquefois à Clawbonny, quand Lucie me fermait la bouche avec sa petite main, et me disait en riant :

— Miles, vous gâtez ma voix avec une aussi jolie chanson; vous ne réussissez pas en musique. Appliquez-vous plutôt à votre latin. Je croyais l'entendre se glisser derrière moi; son souffle effleurait mon épaule, et mes souvenirs étaient si présents qu'il me sembla tout à coup sentir sa main se poser sur mes lèvres. C'était celle du Grand-Sec; s'élançant sur moi à l'improviste, il m'avait passé un bâillon entre les dents et le serrait avec force, pendant que le Canard m'attachait les bras derrière le dos. Cette attaque avait été si brusque et dirigée avec tant d'adresse, qu'un seul instant avait suffi pour faire de moi un prisonnier sans défense.

Il m'était aussi impossible de résister que de donner l'alarme. On me lia les pieds et les mains, et l'on me plaça dans un coin du vibord. Je ne devais probablement la vie qu'au désir qu'avait le Grand-Sec de me garder comme esclave.

Dès ce moment toute apparence de stupidité disparut sur le visage de cet homme; il devint l'âme, le chef de ses compagnons. Pour moi, je demeurai attaché à un espars, complètement incapable de me dégager, témoin involontaire de ce qui suivit, et plus sensible au déshon-

neur d'avoir été surpris pendant mon quart qu'à mon danger personnel.

Quand je fus désarmé, le Canard prit une lanterne dans l'habitacle, l'alluma et l'éleva au-dessus du couronnement. On répondit sans doute immédiatement à ce signal, car il éteignit la lumière et se promena sur le pont pour saisir les rôdeurs qui s'y présenteraient. Mais la fatigue enchaînait les matelots dans leurs hamacs, comme s'ils eussent été sous des verrous. Je m'attendais à voir les deux sauvages remplir la joie d'effets et s'enfuir, ne présumant point qu'ils eussent l'audace d'attaquer un si fort équipage. J'avais compté sans mon hôte. Dix minutes s'étaient à peine écoulées, lorsqu'une trentaine d'hommes gravirent sans bruit les flancs du navire avec tant de précaution qu'il fallut l'attention la plus vigilante de ma part pour remarquer leur arrivée. Tous étaient armés, chacun d'eux avait une espèce de poignard; les uns portaient des fusils, d'autres des haches de guerre ou tomahawks, des massues, des arcs et des flèches. A mon grand regret, j'en vis trois ou quatre se placer dans l'entre-deux des gaillards et autant à l'écoutille d'avant. Ainsi se trouvaient gardés les deux seuls passages par lesquels pouvaient monter les officiers et les matelots, s'ils essayaient de venir sur le pont. A la vérité, la grande écoutille et celle du logement des matelots étaient ouvertes pendant le jour, mais on les fermait le soir.

Le bâillon et les cordes qui liaient mes bras me causaient de vives souffrances, dont je m'apercevais à peine, tant ma curiosité était excitée. Les sauvages employèrent un quart d'heure à faire leurs dispositions. Le Grand-Sec, ce vieillard impassible et stupide, déployait non-seulement l'autorité, mais encore la présence d'esprit d'un chef expérimenté. Il plaça tous ses gens en embuscade, de manière à les dérober aux regards de ceux qui monteraient sur le pont. Un autre quart d'heure se passa, pendant lequel régna le plus profond silence. Je fermai les yeux et j'essayai de prier.

— Ohé, sur le pont! dit tout à coup une voix que je reconnus pour celle du capitaine. J'aurais voulu donner ma vie pour pouvoir l'avertir du danger, mais je réussis seulement à pousser un gémissement que le malheureux Williams entendit sans doute, car il s'avança en disant : — Monsieur Wallingford, où êtes-vous? Il était sans chapeau et à moitié vêtu, n'étant sorti que pour faire sa ronde, et je frémis encore en parlant du coup qui tomba sur sa tête nue. Ce coup aurait abattu un bœuf et terrassa le pauvre capitaine. Ses assassins eurent soin de le recevoir dans leurs bras, pour que le bruit de sa chute n'éveillât personne. Mais mes oreilles, qui saisissaient avidement tous les sons, furent frappées du clapotis de la mer entr'ouverte sous le poids du corps. Ainsi périt le capitaine Williams, homme doux et bienveillant, excellent marin, dont le principal défaut était l'imprudence.

Le Grand-Sec avait pris le plus de part à cette scène terrible. Lorsqu'elle fut terminée, il ordonna à ses complices de retourner à leurs postes. Je crus qu'on allait égorger de la même manière tous les hommes, à mesure qu'ils paraîtraient sur le pont. Pour moi, je crus que les sauvages préféraient les faire prisonniers en fermant le capot d'échelle et l'écoutille d'avant. Le bruit réveilla l'équipage. J'entendis les coups portés en dedans contre les portes de la cabine; mais elles étaient solidement assujetties.

Aussitôt que les sauvages eurent enfermé l'équipage, ils détachèrent les cordes qui attachaient mes bras, de manière à laisser mes mouvements plus libres, puis délièrent mes pieds et ôtèrent mon bâillon. On me conduisit ensuite dans l'entre-deux des gaillards, et on m'annonça par les ordres du Grand-Sec que s'effectua ma délivrance momentanée. Je compris qu'on voulait épargner ma vie, du moins pendant quelque temps, par des motifs que je ne pus déjouer sans pénétration. Aussitôt que j'entendis un mouvement sur l'échelle, je m'écriai :

— Est-ce vous, monsieur Marbre?

— Oui; vous êtes là, Wallingford?

— C'est moi, soyez prudent. Les sauvages sont maîtres du pont et je suis leur prisonnier. L'équipage est emprisonné, et on a mis une garde à l'écoutillon d'avant.

J'entendis derrière le capot d'échelle un long sifflement, par lequel le premier lieutenant exprimait sa stupéfaction. Pour moi, je jugeai toute dissimulation inutile, et résolus de m'expliquer franchement, au risque de faire connaître le fond de ma pensée à mes ravisseurs, dont plusieurs entendaient probablement un peu d'anglais.

— Le capitaine Williams n'est pas en bas, reprit M. Marbre. Savez-vous ce qu'il est devenu?

— Hélas! monsieur Marbre, le pauvre capitaine Williams ne peut plus nous être utile.

— Que lui est-il arrivé? demanda le premier lieutenant avec précipitation.

— On l'a tué d'un coup de massue, et on l'a jeté à la mer.

Un silence de mort suivit cette triste nouvelle.

— C'est donc à moi de décider ce que nous avons à faire! s'écria M. Marbre. Miles, êtes-vous libre? pouvez-vous me parler à cœur ouvert?

— Je suis ici sous la garde de deux sauvages. Cependant ils m'exhortent à parler; mais je crains d'être compris par eux.

— Écoutez, Miles, reprit M. Marbre après un moment de réflexion; nous-nous comprendrons facilement sans lâcher des paroles imprudentes. Quel âge avez-vous?

— Trente ans, monsieur Marbre. Trente bonnes années bien comptées.

— Avez-vous du salpêtre et des pilules, ou seulement des jouets d'enfants indiens?

— Peut-être une demi-douzaine de pilules.

Un coup de coude du Canard m'avertit de parler plus ouvertement, et me fit entendre qu'il nous avait compris, tant que nous nous étions exprimés sans allégorie.

— Diable, répondit M. Marbre d'un ton pensif, je vois qu'il faut être sur nos gardes. Croyez-vous qu'on songe à descendre?

— Pas encore, mais, ajoutai-je en appuyant sur le mot, la compréhension est plus générale que vous n'imaginez, et il ne faut rien dire de secret. Voici mon avis : sacrifiez des millions pour vous défendre, et n'accordez pas un centime de tribut.

Cette phrase était proverbiale en Amérique depuis le commencement de la guerre avec la France. J'étais convaincu qu'elle apprendrait à M. Marbre qu'il devait renoncer à toute capitulation. Il ne me fit aucune réponse, et l'on m'amena du vibord sur les cages à poulets, où l'on me permit de m'asseoir. L'obscurité était encore complète. Cependant, à la lueur des étoiles, je voyais les sauvages rôder sur le pont, et me jeter en passant des regards qui annonçaient les intentions les plus sinistres; mais un esprit supérieur dominait évidemment tous ces êtres féroces, contenait la turbulence de leur tempérament, et donnait à leurs actions un ensemble déterminé. C'était le Grand-Sec. De la voix et du geste il réglait les mouvements des Indiens, et, quoiqu'il parlât avec calme, on lui obéissait sans restriction, mais aussi sans marque visible de déférence. Je pouvais voir aussi que les sauvages considéraient leur victoire comme assurée, et s'inquiétaient peu de l'équipage emprisonné.

A la pointe du jour, des canots sortirent de la rivière, et amenèrent à bord un renfort de sauvages. Pendant qu'ils arrivaient, je n'eus aucune communication avec nos gens. J'étais toutefois convaincu qu'ils s'étaient réunis en enlevant les ballots légers qui composaient la cargaison et en abattant la cloison du gaillard d'avant. Il y avait même dans cette cloison un plancher à coulisse qui pouvait donner passage à un homme. M. Marbre avait donc sans doute rassemblé toutes ses forces, et avait assez d'armes et de munitions pour opposer une résistance vigoureuse. Je me demandais avec anxiété ce qu'il comptait faire. Une sortie eût été très-hasardeuse, et les mesures prises par le Grand-Sec et le Canard la rendaient même presque impraticable.

La manière dont mes ravisseurs me traitèrent excita ma surprise. Dès qu'il fut jour, ils me débarrassèrent de tous mes liens, et me laissèrent en long et en large sur le gaillard pour rétablir la circulation du sang. Une masse de sang et quelques cheveux marquaient la place où le pauvre capitaine était tombé. On me permit d'y jeter un seau d'eau pour faire disparaître les signes révoltants de ce meurtre. Une étrange insouciance s'était emparée de moi. Je me résignais à mon sort, et j'enviais parfois celui de M. Marbre, qui pouvait détruire d'un seul coup tous ses ennemis en mettant le feu au magasin à poudre. J'étais persuadé qu'il en viendrait à cette extrémité avant de se rendre à de pareils misérables. Le Grand-Sec et ses complices semblaient ne point prévoir ce danger, et leur plan habilement conçu avait jusque-là parfaitement réussi.

Dans la matinée, les sauvages se mirent en devoir de s'assurer du bâtiment, et je vis à la manière dont les deux chefs s'approchèrent de moi qu'ils étaient sur le point de commencer leurs opérations. Le Canard rangea tous les hommes sur deux files; puis, levant la main avec un geste significatif, il me cria : — Comptez! Je comptai les sauvages, qui étaient au nombre de cent huit.

— Dites-le en bas, grommela le Canard.

J'appelai M. Marbre, et, quand il fut arrivé au haut de l'échelle, il me demanda de quoi il s'agissait.

— On m'ordonne de vous dire, monsieur, que les Indiens sont au nombre de cent huit.

— Je voudrais qu'ils fussent mille, car nous allons les faire sauter avec le pont. Pensez-vous qu'ils me comprennent?

— Le Canard vous comprend, monsieur, quand vous parlez lentement et sans circonlocution. Il a peu près ce que vous voulez dire maintenant, à juger par sa physionomie.

— Il est donc près du capot d'échelle?

— Oui, il est à bâbord, un genou appuyé sur l'extrémité de la cage à poules.

— Miles? dit M. Marbre avec hésitation.

— Eh bien! monsieur Marbre?

— Si vous nous ouvriez l'écoutille, que vous arriverait-il?

— Je serais égorgé sans doute; mais j'en ai pris mon parti. En tout cas ce serait inutile, et, peut-être même nuisible ce moment. Ce que j'ai de mieux à faire, c'est de les épouvanter en les avertissant que vous voulez les faire sauter.

M. Marbre y consentit, et je parvins à expliquer ses intentions au Canard, qui les transmit au Grand-Sec. Le vieillard écouta gravement; mais, à l'idée d'être lancé en l'air par la poudre, il ne manifesta pas plus de crainte que si l'on fût venu lui dire que le feu était à sa cheminée, en admettant qu'il en eût possédé une. La crainte lui était étrangère, et d'ailleurs un homme habitué à une si misérable

condition n'attachait pas un grand prix à son existence. Sa physionomie sauvage exprima l'indifférence et l'incrédulité.

Je m'approchai pour rendre compte à M. Marbre du résultat de ma démarche; mais le silence avait succédé à l'agitation qui régnait d'abord sous le pont. Le Grand-Sec parut frappé de ce changement, et donna des ordres à quelques-uns des siens, sans doute pour leur recommander une surveillance plus active. Aussitôt après, avec l'aide du Canard, il fit jeter dans la yole des cordes, des drisses de bonnette et autres câbles; ensuite l'embarcation fut remorquée par des canots jusqu'à l'île. Là, les sauvages fabriquèrent un cap de remorque qu'ils attachèrent à un arbre, et qu'ils filèrent jusqu'au navire. Une vingtaine de sauvages sautèrent sur le câblot, et s'y balancèrent afin d'en essayer la force. Au péril de ma vie je résolus de communiquer à M. Marbre ces nouveaux mouvements.

— Les Indiens ont établi un cap de remorque jusqu'à l'île. Ils s'apprêtent à couper les câbles qui retiennent le navire, et se proposent sans doute de le touer jusqu'à l'endroit où nous avons trouvé la Loutre de mer.

— Laissez-les faire, répondit M. Marbre. Nous serons prêts en temps opportun.

J'ignore à quoi attribuer l'apathie que témoignèrent les sauvages en m'écoutant. Peut-être croyait-il dans leur vue que l'équipage fût instruit de leur dessein. Ils mettaient dans tous leurs mouvements autant de tranquillité que si le navire leur eût appartenu, et leurs canots tournaient sans crainte autour de la Crise. Ils trouvèrent le merlin du cuisinier caché dans la chaloupe, et les coups qui tombèrent pesamment sur les câbles annonçaient les intentions de l'ennemi.

— Miles, me dit le premier lieutenant, ces coups me vont au cœur. Les coquins sont donc à la besogne?

— Ils ont déjà coupé le câble de l'ancre de bâbord, et travaillent maintenant à tribord. Ils ont fini! Le navire n'est plus retenu que par le cap de remorque.

— Y a-t-il du vent, mon ami?

— Pas dans la baie; mais je remarque en mer une légère ondulation.

— Où en est la marée?

— A la fin du jusant, et, pour amener le vaisseau jusqu'au roc où ils ont fait échouer la Loutre de mer, il faut que l'eau monte de dix à douze pieds.

— Dieu en soit loué! C'est un événement important pour nous.

— Pourtant, monsieur Marbre, le navire s'avance rapidement vers l'île. Il n'y a plus d'espoir pour nous!

— Ne perdons pas courage, Miles, et tâchons de faire quelque tentative pour nous tirer de là. Si je ne craignais pour vous, il y a une demi-heure que j'aurais joué à ces gredins un tour de ma façon.

— Ne vous inquiétez pas de moi, monsieur. Le malheur est arrivé par ma faute, j'en dois subir les conséquences; faites ce que le devoir et la prudence vous commanderont.

Au bout d'une minute d'attente, j'entendis une détonation qui me fit supposer d'abord qu'on avait essayé de faire sauter le pont; mais les cris et les gémissements qui succédèrent au bruit de l'explosion m'apprirent le véritable état des choses. Une décharge de mousqueterie avait été tirée par les fenêtres de la cabine, et avait tué ou blessé mortellement onze sauvages qui passaient dans un canot. Les Indiens, irrités, m'auraient immédiatement mis à mort sans l'intervention du Grand-Sec, dont le ton d'autorité imposa le respect aux assaillants. Il était évident que le vieillard me réservait pour quelque raison cachée.

La plus grande partie des sauvages se précipitèrent dans les canots pour secourir les blessés; mais, n'osant passer sous le feu meurtrier de l'équipage, ils attendirent que le navire eût fait du chemin en avant. La Crise se trouva donc isolée des canots, et n'ayant à bord que la moitié des agresseurs. Ceux qui restaient sur le navire, faute d'ennemis à combattre, employèrent toute leur force pour peser sur le cap de remorque, et finirent par le briser.

J'étais appuyé sur la roue du gouvernail quand cet accident arriva. Le reflux se retirait avec une certaine violence, et le navire entrait dans l'étroite passe qui séparait l'île de l'un des côtés du continent. Il se dirigeait vers l'arbre auquel le câblot de remorque avait été attaché. Mais, par un mouvement instinctif plutôt que par réflexion, j'écartai la barre de manière à mettre la Crise au milieu de la passe. Le Canard dirigeait alors l'enlèvement des blessés, que l'on débarquait au fond de la crique, et, quand même il eût voulu suivre la manière, il aurait été tenu en respect par le feu des fenêtres de la cabine. Je demeurai donc pendant cinq minutes maître du gouvernail, et j'en profitai pour entrer en mer.

Cette situation nouvelle nous laissait une lueur d'espoir. J'observai que les sauvages ne concevaient pas pourquoi la Crise était descendue jusqu'à l'Océan, au lieu de porter contre les rocs. Ce changement de direction, inexplicable pour eux, produisit une terreur panique, et une trentaine se jetèrent à la mer et se mirent à nager du côté de l'île. Je crus un moment que ceux qui allaient suivre le même chemin; mais je m'aperçus plus tard que les autres ne savaient pas nager, et qu'ils restaient à bord moins volontairement que par nécessité. Le Grand-Sec ne jugea pas à propos de lâcher sa proie.

Je crus le moment favorable : je marchai vers le capot d'échelle, et j'allais l'ouvrir quand le Grand-Sec me porta un coup violent en faisant luire à mes yeux la lame de son couteau. L'affaire n'était donc pas encore terminée. Le chef sauvage ne se laissait pas déconcerter avec autant de facilité que je me l'étais figuré, malgré son extérieur de singe. Il avait un esprit fait pour les grandes entreprises, et, placé dans d'autres conditions, il eût pu devenir un héros. Il m'apprit à ne pas me fier aux apparences.

CHAPITRE XIV.

COURT.

Frère Jean Bates, n'est-ce pas l'aurore qui éclaire l'horizon?

BATES.

Je crois que oui; mais nous n'avons pas de motifs pour en désirer le retour.

WILLIAMS.

Nous voyons le commencement du jour, mais je pense que nous n'en verrons jamais la fin.

SHAKSPERE, *Henri V.*

Quand nous eûmes passé la pointe de l'île, nous sentîmes une douce brise du sud, et, en mettant la barre au vent, il me fut possible de maintenir le cap du côté de la plaine mer. La marée favorisa les mouvements de *la Crise*, qui s'éloigna de la côte avec une vitesse d'environ deux nœuds à l'heure. C'était une marche lente, mais il fallait aux canots quinze ou vingt minutes pour revenir du fond de la baie et faire le tour de l'île par l'autre passe. Pendant ce temps nous pouvions faire près d'un demi-mille.

Le Grand-Sec était embarrassé, car il n'avait aucune idée de l'action du gouvernail. Toutefois, voyant que *la Crise* continuait à gagner au large, il s'approcha de moi avec un air farouche qui me démontra qu'une sympathie naturelle n'avait pas été le motif de sa modération précédente. Il brandit son couteau, et l'appuya deux fois sur ma poitrine en me faisant signe de rentrer au port. Je crus que ma dernière heure était proche; mais je montrai les mâts pour indiquer au sauvage que le navire ne portait pas ses agrès accoutumés. Il me comprit et m'indiqua un paquet de voiles en murmurant des menaces. Il ramassa la voile de brigantine, qui était auprès de lui, et m'ordonna par gestes de la déployer.

Il est inutile de dire que j'obéis avec une feinte joie. Détachant les cargues, j'indiquai à une douzaine de sauvages ce qu'il y avait à faire, en mettant moi-même la main à l'œuvre. En peu de temps, je hissai le baume, la trinquette, la grande voile d'étai et le foc d'artimon. Comme on n'avait point passé la clef dans les mâts de hunes, je ne pouvais utiliser que ces quatre voiles. Elles ajoutèrent un nœud de plus à la marche du navire, et le portèrent sur un point où il se sentait toute la force du vent qui soufflait du sud-est.

Le Grand-Sec me suivit avec le regard pénétrant d'un faucon. Comme j'avais obéi à ses ordres en faisant voile, il ne pouvait se plaindre de moi, et les résultats de la manœuvre le surprenaient. Voyant que le navire continuait à s'éloigner de la baie, il me menaça de nouveau, en me faisant signe de mettre le cap sur la terre. Je lui demandai un peu de place; puis je décrivis un long cercle sur le pont, et lui montrai les quatre voiles, pour lui expliquer qu'avec notre voilure actuelle il était indispensable de faire un grand détour. J'ajoutai qu'en mettant les huniers nous parviendrions plus vite au point désiré. Les sauvages me comprirent, et s'offrirent à m'aider. Il était clair qu'ils avaient conservé ma vie uniquement pour m'employer à la direction du navire; et, comme ils ne pouvaient rien sans moi; mon importance augmentait à mesure que nous avancions en mer. Quand le mâtereau eût été hâlé assez haut, je montai dans les agrès pour passer la clef. Du haut de la hune, j'aperçus les canots qui tournaient autour de l'île, et je jugeai à leur marche qu'ils devaient nous rejoindre dans un espace de vingt minutes. Il était important de posséder leur arrivée. En possession de la confiance des sauvages, je réclamai leur assistance afin de hisser le grand foc. J'examinai ensuite les canots avec une lunette. Ils avaient cessé de pagayer, et s'étaient rapprochés les uns des autres, sans doute pour tenir conseil. Quand le mâtereau s'aperçut de l'aspect de la voilure, ils se figurèrent que nous avions repris *la Crise*, et je cherchai des moyens de les confirmer dans cette opinion. J'avais donné au Grand-Sec un cigare pour le mettre de bonne humeur, et j'avais pris la liberté d'en allumer un pour moi. La veille au soir nos canons avaient été amorcés, alignés et débarrassés de leurs tampons. Il suffisait d'enlever la platine du canon de l'arrière pour qu'il fût prêt à faire feu. Je mis la barre tout au vent, jusqu'à ce que notre bordée portât sur les canots; puis j'appliquai le cigare à l'amorce, m'élançai à la roue et mis la barre dessous. L'explosion produisit une stupéfaction générale. Le Grand-Sec s'avança sur moi, le couteau levé; mais je lui fis remarquer que le vaisseau louffait avec rapidité, et je tâchai de lui faire comprendre par signes que l'emploi du canon avait une influence sensible sur le changement qu'il remarquait, ... navire continuant à virer, le

chef indien crut à la vérité de mes explications, et ce fut avec un air de triomphe qu'il fit observer à ses compagnons la nouvelle marche de *la Crise.* Quant aux canots, effrayés du sifflement de la mitraille, ils pagayèrent vers le fond de la baie dans la ferme persuasion que nous avions encore reconquis le navire.

Ainsi le succès dépassait mon attente. Si je parvenais à perdre la terre de vue, mes services devenaient tellement nécessaires que ma vie cesserait d'être en danger. La côte était basse, le vent fraîchissait, *la Crise* filait quatre nœuds à l'heure, et en maintenant le cap dans la direction convenable, je pouvais, en moins de sept heures, parcourir une vingtaine de milles. Il était temps d'avoir une conférence avec Marbre. Pour éloigner les soupçons, j'appelai le Grand-Sec auprès du capot d'échelle, afin qu'il fût témoin de l'entretien, quoique je fusse bien convaincu que pas un des sauvages présents à bord n'entendait un seul mot d'anglais.

— Eh bien, Miles, me demanda le premier lieutenant, qu'y a-t-il? que veut dire ce coup de canon?

— C'est moi qui l'ai tiré, monsieur, pour écarter les canots, et j'ai complétement réussi.

— Je le sais; j'avais mis la tête à la fenêtre de la cabine. J'ai vu le boulet tomber à vingt brasses des canots, dont quelques-uns ont été atteints par des éclats de mitraille. Mais que comptez-vous faire? nous sommes à plus d'une demi-lieue de la terre. Qu'en doit penser le Grand-Sec?

J'expliquai au premier lieutenant notre situation, notre voilure, le nombre de sauvages que nous avions à bord, et les idées qu'ils avaient sur la manière de virer. Le Grand-Sec, pendant cet entretien, m'écoutait avec une attention soutenue, et gesticulait par intervalles pour m'inviter à tourner l'avant vers la côte; car *la Crise*, ayant le vent par son travers, avait repris la route de la pleine mer. Il fallait nécessairement rassurer les sauvages, et en même temps raffermir le grand hunier, qui, sous l'action de la houle de terre, menaçait de consentir au chouquet. Je m'approchai du Grand-Sec, et je vis avec satisfaction qu'il commençait à donner des symptômes du mal de mer, ainsi que plusieurs de ses compagnons. Je lui montrai les mâts et les vergues, et j'essayai de lui persuader, par une pantomime énergique, qu'il m'était impossible de virer le navire sans le secours de quelques matelots. Le vieillard secoua la tête, prit un air grave, et finit par prononcer les noms de Nab et de Joé. Ce dernier était le cuisinier nègre, et il avait partagé avec mon domestique l'honneur d'attirer spécialement l'attention des sauvages. Le Grand-Sec supposait sans doute, en cas de lutte, qu'il trouverait dans les noirs des alliés plutôt que des ennemis; mais j'étais sûr de la fidélité de mon serviteur, et je savais que le cuisinier avait autant d'attachement pour son pavillon que le plus blanc des Américains.

J'indiquai au chef indien les moyens de transporter les nègres sur le pont, sans relâcher le reste des prisonniers. On descendit une corde du canot de l'arrière jusqu'aux fenêtres de la cabine. J'avertis le premier lieutenant, et les deux nègres furent hélés tour à tour sur le plat-bord du canot, où ils furent reçus par les sauvages. Avant de les laisser monter sur le pont, le Grand-Sec leur fit un discours entremêlé de gestes significatifs, dans le but de les prévenir du sort qui les attendait s'ils se conduisaient mal.

J'envoyai les deux nègres à la hune, et bientôt toutes les voiles furent dans une position favorable. Les ennemis, voyant s'enfler, nos sauvages poussèrent des cris d'allégresse, sans se douter que nous nous écartions de plus en plus du continent. Cependant le Grand-Sec insista de nouveau sur la nécessité de virer de bord. La disparition de la terre l'inquiétait, et, malgré les nausées du mal de mer, il continuait à me surveiller de près. Pour le calmer, je virai vent devant, avec l'assistance des sauvages, qui exécutèrent mes ordres mieux que je ne me le serais imaginé. Dès qu'ils se virent sur la route de la terre, ils manifestèrent une joie qui tenait du délire. J'eus peine à éviter que leur chef ne me serrât dans ses bras. La nouvelle marche du navire eut pour effet de diminuer l'active surveillance de nos ennemis, qui, se croyant près d'échapper au danger, cessèrent de résister à leurs souffrances physiques. Je postai Nabuchodonosor au gouvernail, et, en penchant sur le couronnement, je parvins à attirer Marbre à l'une des fenêtres de la cabine, sans alarmer le chef indien. J'avais observé que les Indiens évitaient de se tenir sur la gaillard d'avant, à cause des secousses que le tangage imprimait à cette partie du vaisseau. Je dis au premier lieutenant de concentrer toutes ses forces, puis je m'éloignai, et feignis de m'occuper entièrement de la manœuvre. Le sauvage qui gardait l'écoutille de l'avant était dans un état pitoyable, et rendait son tribut à la mer avec des efforts convulsifs. L'écoutille n'était maintenue que par une barre de fer passée dans le crochet, et il n'était pas difficile de l'ouvrir.

Ce fut l'affaire d'un instant. L'équipage, conduit par Marbre, se précipita sur le pont en criant: — Vengeons le capitaine! Quand je voulus suivre mes compagnons, la sentinelle de l'écoutille me barra le passage. Le sauvage était armé des pistolets qu'on m'avait enlevés; mais peu accoutumé à s'en servir, il n'eut pas le temps d'en faire usage. Je l'étreignis dans mes bras, nous roulâmes tous deux sur le pont, et je me rendis bientôt maître de lui. Pendant que j'attachais avec le câble qui servait à hâler bas le grand foc, nos matelots, sans tirer un seul coup de fusil, frappaient les sauvages de leurs piques ou les jetaient à la mer. Au moment où j'arrivai au pied du grand mât, le navire était en notre pouvoir, et, de tous les sauvages, il ne restait plus que le Grand-Sec. Au commencement de l'attaque, Nabuchodonosor, abandonnant le gouvernail, avait passé les bras autour du corps de l'Indien, et le tenait comme dans un étau.

— A la mer, ce misérable ! s'écria le premier lieutenant en fureur.

— Epargnez-le, monsieur Marbre : il m'a sauvé la vie.

Le nègre avait toujours eu pour mes ordres plus de déférence que pour ceux du capitaine même; autrement le Grand-Sec eût suivi ses compagnons dans les abîmes de l'Océan. Marbre, qui n'était pas naturellement cruel, dédaigna de frapper un prisonnier sans défense, et se contenta d'ordonner qu'on le gardât à vue. Satisfait d'avoir réussi, je courus à l'avant pour y prendre l'homme que j'avais attaché, mais il était trop tard. Des matelots s'étaient emparés de ce malheureux, et j'arrivai pour le voir disparaître par le sabord du bossoir. Pendant cette lutte de quelques minutes, *la Crise* avait suivi sa route, pareille à la terre qui se meut dans son orbite, indifférente aux luttes des nations dont les dissensions ensanglantent sa surface. Du haut du couronnement, nous vîmes dans notre sillage les bras et les têtes des Indiens qui se débattaient au milieu des flots. Par une impulsion involontaire, je fis observer à Marbre que nous pourrions en sauver quelques-uns.

— Laissez-les se noyer ! et allez au diable, répondit le premier lieutenant.

— M. Marbre a raison, ajouta Nabuchodonosor. On ne peut rien attendre de bon des Indiens. Ils vous noieront, soyez-en sûr, si vous ne les noyez pas.

Je jugeai que toutes mes instances seraient inutiles, et toutes les victimes disparurent successivement. Le Grand-Sec les suivit des yeux, et l'expression de sa physionomie me prouva que, malgré son endurcissement, il était profondément touché du désastre insettndu qui décimait sa tribu. Peut-être avait-il des fils et des petits-fils parmi ces infortunés qu'il regardait pour la dernière fois. Néanmoins il se roidissait contre la douleur. Au moment où la dernière tête s'enfonça, je le vis frémir. Un gémissement étouffé lui échappa, puis il baissa la tête et demeura immobile comme un arbre de ses forêts natales. Je demandai à Marbre la permission de délier les bras du vieillard. Il me l'accorda non sans proférer quelques jurons à l'adresse du chef indien.

On mit le navire en panne à un mille de la passe méridionale qui conduisait dans la baie. En passant devant l'île nous tirâmes notre bordée de bâbord au milieu des buissons et des arbres, et nous jugeâmes par les cris que nous entendîmes que Marbre ne s'était pas trompé sur la position de l'ennemi. Je descendis dans la chaloupe avec des matelots armés et un pierrier que je tirai pour protéger mon débarquement. Je trouvai le bivouac de l'île abandonné. On y avait laissé notre yole et quelques canots; et, comme pour nous indemniser de nos malheurs, les sauvages avaient abandonné six cents peaux de loutres de mer qu'ils avaient apportées pour trafiquer avec nous, en attendant une occasion favorable d'exécuter leur complot. Je ne vis dans l'île qu'un seul homme, blessé d'un éclat de mitraille et dans les dernières convulsions de l'agonie.

A mon retour, le capitaine Marbre résolut de gagner le large avant la fin du jour; mais il déclara qu'avant de quitter ces parages il était indispensable de pendre le Grand-Sec en vue de son pays. Nous passâmes la nuit en panne; et, le lendemain matin, après avoir levé l'ancre, Marbre ordonna d'attacher une corde au bras de la vergue de misaine.

J'étais sur le gaillard d'arrière quand cet ordre fut donné. L'attitude sévère et le ton d'autorité du capitaine Marbre m'empêchèrent d'intercéder en faveur du condamné.

— Emparez-vous de cet assassin ! dit Marbre quand tout fut prêt. Attachez-lui les mains derrière le dos, placez-le sur le troisième canon et attendez mes ordres.

Personne n'osa désobéir. Cependant je crus remarquer que quelques matelots manifestaient de la répugnance. Je hasardai une observation à voix basse :

— Avez-vous bien réfléchi, monsieur Marbre?

— Capitaine Marbre, s'il vous plaît, M. Wallingford. Je suis maintenant le patron de *la Crise*, dont vous êtes le premier lieutenant. J'ai l'intention de pendre votre ami le Grand-Sec, pour faire un exemple. Ces bois sont remplis d'hommes qui nous observent, et la vue de ce supplice leur fera plus de bien que quarante missionnaires et cinquante ans de prédications. Voilà comme il faut agir avec les Indiens !

Le condamné semblait avoir la conscience de sa fin prochaine; mais il lui était impossible de comprendre le genre de supplice qu'on lui réservait Je m'approchai de lui et lui serrai la main en lui montrant le ciel comme pour lui dire qu'il n'avait plus d'espoir que dans le Grand-Esprit. Dès ce moment, il prit une attitude calme et digne. Il ne voyait sans doute rien d'extraordinaire à sa destinée; car il avait dû sacrifier plus d'un prisonnier dans des circonstances où les représailles étaient beaucoup moins légitimes.

— Que deux nègres passent la corde au cou de cet homme, dit Marbre, qui avait une trop haute opinion de la dignité des matelots blancs pour leur confier les fonctions de bourreau. Le cuisinier Joë

et un autre noir furent chargés de ces sinistres préparatifs, et pour la première fois le Grand-Sec, levant les yeux en l'air, sembla comprendre le genre de mort qui l'attendait. Le principe de vie profondément enraciné en lui, prit un moment le dessus. Une ombre de regret passa sur sa physionomie si sombre et minée par la souffrance. Il regarda fixement notre nouveau capitaine. Mais celui-ci était convaincu qu'il accomplissait un grand acte de justice.

— Hisse ! s'écria-t-il, et le Grand-Sec se balança aux bras de vergue. La douleur lui arracha un frissonnement; puis il demeura immobile comme un morceau de bois. Il cessa bientôt de donner des signes de vie. Au bout d'un quart d'heure un homme monta dans les agrès pour couper la corde, et le cadavre fut englouti dans l'Océan. Plus tard les détails de cette affaire furent consignés dans les journaux américains. Quelques moralistes essayèrent de jeter quelques doutes sur la légalité de la conduite de Marbre. Mais la nécessité d'assurer le salut de nos navires est un motif trop puissant pour être renversé par les paisibles arguments de la froide raison. Vainement on représenta combien il serait injuste que chaque partie intéressée se constituât à la fois législateur, juge et bourreau. Les besoins du commerce, l'amour de l'or, l'emportèrent sur toute autre considération. Cependant je sais que Marbre s'était repenti quand il n'était plus temps. Les avertissements secrets que Dieu fait entendre à notre conscience ne peuvent être étouffés par l'absolution qu'on se donne, alors même qu'on prend son propre intérêt pour mesure du bien et du mal.

CHAPITRE XV.

PREMIER SEIGNEUR.

Throca moronsas, cargo, cargo, cargo.

TOUS.

Cargo, cargo, villianda per corbo, cargo!

PAROLES.

Étrangers, acceptez de moi une rançon; ne me bandez pas les yeux.

PREMIER SOLDAT.

Boskos thromulgo boskos.

PAROLES.

Oui, je sais que vous êtes de la troupe de Muskos, et je perdrai la vie, parce que je ne puis me faire comprendre.

SHAKSPEARE, *Tout est bien qui finit bien*, act. IV, sc. 3.

La Crise vira de bord aussitôt que le cadavre du Grand-Sec eut disparu, et l'équipage sortit du petit havre dans un sombre silence. A voir la tristesse des matelots, on eût dit des hommes en deuil qui s'éloignaient d'un tombeau sur lequel on entendait encore retomber la terre. Marbre me dit ensuite qu'il avait eu l'intention d'attendre que le corps du capitaine Williams vînt à flotter; mais la crainte d'être obligé d'engager une lutte avec les naturels l'engagea à quitter ces lieux sans rendre les derniers devoirs à notre digne commandant. Je pense toutefois que nous aurions pu rester encore un mois dans la baie sans recevoir la visite d'un seul Indien.

Il était midi quand le navire se trouva sur le vaste sein de la mer Pacifique. Le vent venait du sud-est et soufflait avec constance. Lorsque nous fûmes à douze milles au large, nous déployâmes les bonnettes de bâbord, et nous gouvernâmes au sud-ouest toutes voiles dehors. L'intention de Marbre était donc de quitter la côte. Il me manda dans la cabine, où je le trouvai occupé à consulter divers papiers et le portefeuille du capitaine Williams.

— Prenez un siége, monsieur Wallingford, dit le nouveau capitaine avec une dignité analogue à la circonstance. Je viens de parcourir les instructions que le défunt avait reçues des armateurs, et je vois que je m'y suis conformé sans le savoir. En tout cas, notre voyage a été productif. Il y a dans la cale soixante-sept mille trois cent soixante-dix dollars espagnols, et nos marchandises peuvent être estimées vingt-six mille deux cent quarante dollars. Or, n'ayant à payer ni droit ni commission, et possédant la somme nette, nous pouvons nous flatter d'avoir fait une excellente opération. Ensuite, notre passage dans le détroit de Magellan nous a fait gagner un mois, et si je croyais rencontrer les Français à l'ouest du cap Horn, je profiterais de mon avance pour tenter une croisière de cinq ou six semaines. Toute réflexion faite, nous avons une longue route devant nous; il vaut mieux gouverner vers la première relâche indiquée par les armateurs.

Après ce discours, le capitaine Marbre me montra une note marginale où l'on donnait au capitaine Williams des instructions supplémentaires, dans le cas où il ne pourrait atteindre complétement le but de son voyage. Je savais que le défunt les aurait négligées, et qu'il comptait aller chercher du bois de sandal aux îles Sandwich, suivant l'usage de tous les navires qui fréquentent cette côte. Conformément au nt jet placé en marge, ou devait toucher à la dernière des îles Sandwich, et se mettre à la recherche de certaines îles où l'on pensait pouvoir établir des pêcheries de perles. Je dis à Marble que notre navire était trop grand, et qu'il avait trop de valeur pour être exposé dans une expédition aussi hasardeuse. Mais le capitaine avait une prédilection particulière pour la pêche des perles. C'était son idée fixe; quoique cette entreprise ne fût qu'accessoire dans les instructions, il était disposé à la regarder comme le but principal de son voyage.

Marble avait d'excellentes qualités, mais il n'était pas propre à commander un vaisseau. Personne n'était plus capable de l'arrimer, de le gréer, de le conduire dans les temps les plus contraires, mais il manquait du jugement nécessaire à l'administration d'une propriété importante. Il ne s'entendait pas plus à l'économie commerciale que s'il n'eût jamais navigué sur des navires marchands : aussi avait-il végété dans un grade subalterne ; l'instinct mercantile, l'un des plus vifs que signalent les études physiologiques, avertissait les armateurs qu'il occupait le poste auquel il était destiné par ses facultés naturelles et ses connaissances acquises. Les hommes les plus obtus acquièrent un merveilleux degré de perspicacité lorsqu'il s'agit d'intérêt pécuniaire.

Bien que je n'eusse que dix-neuf ans, je me permis de contre-carrer le capitaine. Les circonstances prévues par la note marginale n'avaient pas eu lieu, et nous devions nous conformer au vœu des armateurs, en prenant du bois de santal aux îles Sandwich, et nous rendant de là en Chine pour y embarquer des thés. Marble fut ébranlé par mes arguments, mais il persista. J'ignore quel eût été le résultat de sa détermination, si le hasard n'avait favorisé nos vues respectives.

Avant d'arriver aux îles Sandwich, Talcott fut promu au grade de troisième lieutenant, à ma vive satisfaction, car notre commun voyage à bord de la Dame de Nantes avait consolidé une liaison basée sur la conformité d'âge et d'éducation. Les îles Sandwich, où nous jetâmes l'ancre, avaient fait quelques progrès depuis le capitaine Cook; mais on n'y trouvait pas comme aujourd'hui des églises, des tavernes, des billards, des maisons de pierre ; les habitants ne se convertissaient pas encore à la religion chrétienne, et ne possédaient pas ce mélange d'aisance, de sécurité, de lois et de vices qui constituent la civilisation. Les sauvages qui vinrent nous rendre visite étaient peu supérieurs à ceux de la côte nord-occidentale. Parmi eux était le patron d'un brick de Boston, dont le navire s'était brisé sur un écueil. Il se proposait de tenter des moyens de sauvetage ; mais il voulait se débarrasser d'une quantité considérable de bois de santal qui était encore à bord, et que la première tempête pouvait enlever. Il désirait obtenir en échange des marchandises susceptibles d'être vendues sur place avec avantage, et comptait attendre, pour s'embarquer, un autre navire appartenant aux mêmes armateurs. Le capitaine Marble se frotta les mains de contentement après avoir visité le navire naufragé.

— La chance est pour nous, maître Miles, me dit-il, nous partirons la semaine prochaine pour les pêcheries de perles. J'ai acheté pour rien le bois de santal du navire échoué. Ce soir même nous en enlèverons la cargaison. Le fond est excellent en dedans de l'écueil, et nous pouvons procéder sans risque à notre opération.

Le résultat répondit à l'attente de Marble, et au bout d'une semaine nous appareillâmes pour l'Eldorado de perles de Marble. Nous passâmes la ligne par le 170° de longitude ouest. Un mois après notre départ d'Owyhee ou Hawii, par une belle nuit étoilée, le capitaine vint nous trouver sur le pont en se frottant les mains, comme il avait l'habitude de le faire quand il était de bonne humeur.

— En vérité, me dit-il, la Providence nous tient en réserve pour de grands événements. Voyez ce qui nous arrive depuis trois ans. D'abord nous faisons naufrage sur la côte de Madagascar, puis nous traversons les mers dans un canot. Nous rencontrons un corsaire de la Guadeloupe, nous finissons par nous en emparer. Ce n'est pas tout. Après avoir passé hardiment le détroit de Magellan, nous perdons le capitaine Williams, mais en arrivant aux îles Sandwich, nous avons le bonheur de trouver une magnifique cargaison de bois de santal. Pour mettre le comble à nos aventures, il ne nous faut plus que la découverte d'une île.

— A quoi bon? répondis-je. Il y a tant d'armateurs qui ont des prétentions sur des îles inconnues, que nous ne gagnerions guère à en trouver une.

— Peu m'importe. Nous aurons du moins l'avantage de baptiser notre découverte. Voyez-vous déjà figurer sur les cartes l'île de Marble, la baie de Wallingford, les montagnes de Talcott, le cap de la Crise? Quel honneur pour nous!

— Terre! s'écria la vigie sur le gaillard d'avant.

— Par saint Georges, voici notre île, dit Marble en se précipitant à l'avant. Il y a une demi-heure que j'ai consulté la carte, et elle n'indique aucune terre à six cents milles autour de nous.

C'était en effet une terre, beaucoup plus voisine de nous qu'on n'aurait pu le désirer, car nous entendions le bruit des vagues qui déferlaient sur un des bancs de corail si nombreux dans ces parages : la lune nous donnait une vive lumière. La nuit était douce et embaumée, mais la brise nous portait directement sur les écueils où nous avions à craindre des courants. On sonda sans trouver le fond. Marble commanda de courir une bordée pour nous écarter du rivage.

— Je connais ces bancs de corail, dit-il. Vous ne rencontrez pas le

fond, et une seconde après vous êtes tout étonné de toucher. Si nous parvenions à jeter l'ancre, le grelin se trouverait au milieu de pointes anguleuses, comme un homme qui dort dans un hamac hérissé de rasoirs ouverts.

La brise était si faible que, malgré notre manœuvre, le navire ne put s'éloigner de la côte sur laquelle il s'affalait. C'était un de ces moments où Marble se montrait dans toute sa supériorité. Il se tint sur le couronnement, et donna des ordres avec un sang-froid et une précision admirables. Je me plaçai dans les chaînes pour surveiller les matelots qui jetaient la sonde, et nous ne fûmes pas surpris de ne point trouver le fond, car nous savions que ces récifs étaient toujours perpendiculaires du côté de la pleine mer. Je proposai d'explorer dans la yole la place où nous étions, et, avec le consentement de Marble, je quittai le navire, et gouvernai sous le bossoir du vent. Je me tenais dans la chambre du canot, et je me servais de temps en temps du petit plomb de sonde. En avançant, je vis distinctement une solide barrière de rochers battus par une houle formidable qui s'éparpillait en écume après les avoir franchis. Dans ce périlleux instant, où je n'aurais pas échangé le moindre champ de Clawbonny contre la propriété de la Crise, je remarquai sous le vent un point dont la surface était moins agitée. Je redoublai d'efforts pour m'en approcher. A peine y étais-je entré que le courant entraîna la yole avec une vitesse irrésistible. Je n'eus qu'une fois le temps de jeter la sonde, et je trouvai six brasses de profondeur.

Je remis le cap du côté du navire, qui était heureusement à la portée de la voix, et je le hélai avec force.

— Qu'y a-t-il, monsieur Wallingford? demanda Marble avec autant de calme que s'il eût été à l'ancre dans le port de New-York.

— Voyez-vous la yole, monsieur?

— Parfaitement.

— La Crise a-t-elle un bon sillage, capitaine?

— Elle gouverne passablement.

— Alors ne m'adressez point de questions; mais tâchez de suivre la yole, c'est notre seul espoir, et nous pouvons réussir.

Sans me répondre, Marble commanda de mettre la barre au vent et de ranger du monde au bras du vent. Je respirais à peine en voyant les bossoirs du navire faire leur abattée. La Crise entra rapidement dans l'étroit goulet, et quand elle approcha de l'endroit où j'avais trouvé six brasses, je m'écriai : — Dépêche, et jette l'ancre le plus tôt possible! — On ne me répondit point; mais les basses voiles et les perroquets furent déployés. On descendit le grand foc, et le navire vint au lof. J'entendis avec joie le bruit strident et prolongé de l'ancre de poste qui s'enfonçait profondément dans l'eau. Le navire prit sa tournée de câble sans difficulté, et mouilla un instant après.

— Nous l'avons échappé belle, monsieur Wallingford, me dit Marble en me serrant la main avec effusion dès que je parus à bord. Je vous remercie de nous avoir pilotés. N'est-ce pas la terre que j'aperçois sous le vent?

— Oui, monsieur, je distingue même des arbres sur le rivage.

— C'est une découverte, jeune homme, une découverte qui nous immortalisera. Dès ce moment, j'appelle ce chenal la passe de Miles, et je donne à ce banc le nom d'écueil de la Yole.

La vanité de Marble ne me fit même pas sourire, tout préoccupé que j'étais du salut de la Crise. Le temps était doux, la nuit belle, la baie unie, mais le grelin pouvait raguer. Il était essentiel de s'assurer de notre véritable situation. Je demandai au capitaine la permission de pousser une reconnaissance du côté de la terre, et en me l'accordant, il m'enjoignit de prendre de l'eau et des provisions, attendu que mon devoir pouvait me retenir jusqu'au lendemain matin.

Entre les écueils et l'île régnait un intervalle d'environ une lieue de large, dont la profondeur, mesurée par nos sondages, était constamment de dix brasses. Les rochers contre lesquels la mer se brisait formaient en quelque sorte un ouvrage avancé, construit par les infatigables polypes, comme pour défendre la yole par leurs ancêtres avaient probablement élevée deux siècles auparavant des profondeurs de la mer. Tous les navigateurs connaissent les travaux gigantesques accomplis par ces petits insectes aquatiques, dont l'action lente, mais continue, modifie certaines parties de la surface du globe.

Je trouvai la terre de facile accès, basse, couverte de bois et sans aucune trace d'habitation. Je m'aventurai dans l'intérieur, et après avoir fait plus d'un mille au milieu de cocotiers et de bananiers, j'arrivai au bassin qu'on rencontre d'ordinaire dans les îles de formation polypeuse. Le temps était peu éloigné du jour, j'ordonnai d'y conduire la yole. Le petit bras de mer qui y aboutissait avait ainsi que la baie une profondeur de dix brasses et partout un fond sablonneux. J'aurais continué mes explorations jusqu'au lendemain, si je n'avais aperçu la Crise qui dérivait vers la terre. Je me hâtai de retourner à bord. Ainsi que je l'avais prévu, le câble avait ragué, et Marble avait mis à la voile pour chercher un nouveau mouillage. Je lui parlai du lac situé au centre de l'île en lui certifiant qu'il y avait assez d'eau pour y pénétrer. La tâche n'était pas difficile, et bientôt la Crise fut en sûreté dans ce bassin naturel, où elle pouvait défier la plus rude tempête. Certains de n'avoir rien à craindre, nous carguâmes les voiles, et nous mîmes pour garder un seul homme sur le pont. Jamais, depuis que j'étais dans la marine, je n'avais regagné mon hamac avec plus de satisfaction. J'avouerai franchement que j'étais content de moi : c'était par ma vigilance que le navire avait été sauvé, car, même après avoir évité les bancs de corail, il eût donné à la dérive contre les rochers, si je n'avais découvert ce bassin en temps opportun. Au milieu de la mer Pacifique, dans une île déserte, loin des douaniers et des gardes-côtes, rien ne pouvait troubler notre sommeil. Je me serais endormi de suite sans les discours que le capitaine m'adressa de sa chambre, dont la porte était entr'ouverte.

— Généralisons, me dit-il. C'était une de ses expressions favorites, et il l'employait sans en connaître la véritable portée. Nous aurons d'abord l'île de Marbre, la baie de Wallingford, l'écueil de la Yole et le mouillage de Miles. Comme nous l'avons vu, ce mouillage n'était pas fameux, mon ami ; mais en ce monde de misère chacun doit avoir sa part de bien et de mal.

Je murmurai une réponse insignifiante en envoyant au diable celui qui troublait mon sommeil.

— Notre fortune est faite ! continua M. Marbre. Le monde généralise en fait de découvertes, et n'établit guère de distinction entre les Colomb, les Cook et les Marbre. Une île est une île, et celui qui la découvre prend place au nombre des navigateurs illustres. Pauvre capitaine Williams ! il eût navigué pendant cent ans sans rien découvrir.

— Excepté le détroit de Magellan.

— Ah ! nous avons eu du mal à le passer ! Sans nous, le navire n'aurait jamais accompli un si bel exploit. Nous sommes les favoris de la fortune, n'est-ce pas, Miles ?

— Oui, monsieur... Arrive tout la barre tout au vent !...

— Il rêve, reprit le capitaine. Encore un mot, mon ami, avant de couper court à nos réflexions. Ne serait-ce une idée sublime que celle de mêler un peu de patriotisme à nos dénominations ? Le patriotisme est à l'ordre du jour dans notre hémisphère. La partie supérieure de l'écueil pourrait s'appeler le rocher du Congrès, et l'on nommerait la plage de Washington le débarcadère dont vous m'avez parlé. Washington aurait sa part du gâteau.

— Oui, oui, monsieur.

— Je vois que vous êtes parti ! Je vais tâcher de vous suivre, quoiqu'il soit difficile de dormir quand on a fait une grande découverte. Bonsoir, Miles.

— Oui, oui, monsieur.

Durant toute la nuit, le navire fut aussi silencieux qu'une église pendant la semaine. Pour ma part, je perdis toute connaissance, et les rayons du soleil avaient pénétré par les fenêtres de la cabine quand un violent coup sur l'épaule me réveilla. La transition subite des ténèbres à la lumière m'empêcha d'abord de reconnaître le capitaine Marbre, qui me dit d'un ton grave :

— Miles, il y a une révolte à bord ; entendez-vous, monsieur Wallingford ?

— Une révolte ! capitaine, vous vous méprenez. Les matelots n'ont aucun sujet de mécontentement. Je n'entends aucun bruit, et le navire est à la place où nous l'avons laissé.

— Je suis sûr de mon fait, reprit Marbre, il y a dix minutes, quand j'ai voulu monter sur le pont pour respirer le frais, j'ai trouvé le capot d'échelle fermé à la façon du Grand-Sec. Vous reconnaîtrez sans doute que l'équipage ne se serait pas permis d'emprisonner ses officiers, s'ils n'avaient l'intention de s'emparer du navire.

— C'est très extraordinaire. Avez-vous appelé, monsieur ?

— J'ai frappé comme un amiral ; mais pour toute réponse j'ai entendu un éclat de rire mal réprimé. Vous conviendrez que des matelots qui se rient de leurs officiers sont en état de flagrante rébellion.

— Je commence à le croire, monsieur. Armons-nous d'abord.

— Vous trouverez des pistolets dans ma chambre.

Un moment après, les deux autres lieutenants et moi nous fûmes prêts à combattre. Talcott alla réveiller le maître d'hôtel, qui reposait dans l'antichambre, et nous nous dirigeâmes vers le gaillard d'avant. Parvenus à la cloison qui nous séparait du logement des matelots, nous fûmes surpris de n'entendre que des roulements sur tous les tons imaginables de la gamme de Morphée. Il y avait dans la cloison une porte de communication ; Marbre l'ouvrit brusquement, et entra le pistolet au poing. Tous les matelots étaient endormis ; la fatigue, l'habitude d'attendre des ordres avaient prolongé leur sommeil. Contrairement à ce qui se pratique dans les climats ardents, l'écoutille était fermée, et nous acquîmes bientôt la conviction qu'elle était barrée en dehors.

— En généralisant, m'écria le capitaine, je conclus que nous avons été surpris par les sauvages. Etes-vous sûr que l'île de Marbre soit inhabitée ?

— Je ne l'ai pas visitée dans toutes ses parties ; mais les bancs de corail sont ordinairement déserts.

— Malheureusement les armes sont sur le pont, dans le coffre d'armes. Réveillons nos gens, et voyons ceux qui manquent à l'appel.

On fit passer tous les matelots dans la cabine, qui était mieux éclairée que leur logement. Ils étaient présents, à l'exception de Harris, que nous avions placé sur le pont. Marbre les réunit, et tenta un assaut sur la porte de la cabine.

— Ho ! ho ! dit une voix sur le pont, que signifie tout ce vacarme ?

— Qui diable êtes-vous ? demanda Marbre en frappant plus fort que jamais. Ouvrez, ou je vais enfoncer la porte et vous jeter à la mer.

— *Monsieur*, reprit une autre voix, *tenez*, vous êtes *prisonniers ; comprenez-vous ? prisonniers* [1] !

— Ce sont des Français, capitaine Marbre, m'écriai-je, et nous sommes entre les mains de l'ennemi !

C'était une nouvelle tellement surprenante que nous nous refusions à y croire.

Quelques instants d'entretien éclaircirent nos doutes. Les vainqueurs entrèrent en arrangement avec nous. Il fut convenu que j'irais m'assurer de l'état des choses pendant que Marbre resterait en bas. Le traité conclu la porte s'ouvrit ; je m'élançai sur le pont, et j'eus peine à en croire mes yeux en voyant cinquante hommes armés se grouper autour de moi, et me regarder avec autant de curiosité que j'en manifestais moi-même. Tous étaient Français, à en juger par leur extérieur et leur langage. Au milieu d'eux était Harris, qui s'approchait de moi d'un air triste et embarrassé.

— Je sais que je mérite la mort, monsieur Wallingford, me dit-il ; mais j'ai succombé à la fatigue, et, quand je me suis réveillé, j'ai trouvé ces gens à bord et maîtres du navire.

— Mais d'où diable sortent-ils ? Y a-t-il un navire français près de la côte ?

— D'après ce que j'ai pu voir, c'est l'équipage d'un bâtiment naufragé, et, trouvant une bonne occasion de quitter l'île et de faire une riche capture, il s'est emparé de la pauvre *Crise*. Elle est maintenant sous le pavillon français.

En effet, je regardai le pic, et j'y vis flotter le pavillon tricolore !

CHAPITRE XVI.

> La brise du matin souffle tout embaumée ;
> Sous la main de la nuit la vague s'est calmée ;
> Les oiseaux de la mer tourbillonnent joyeux.
> Mais sous un lourd chagrin quand son âme se brise,
> Les clartés du matin, les flots, la fraîche brise
> N'ont pas de charmes à ses yeux.
>
> DANA.

La vérité est souvent plus étrange que la fiction ; les circonstances qui nous mirent entre les mains de nos ennemis le démontreront complétement. *La Pauline*, commandée par M. Le Compte, était un bâtiment de six cents tonneaux qui avait des lettres de marque du gouvernement français. Elle appareilla de France quelques semaines après notre départ de Londres, relâcha d'abord à l'île de France, puis aux îles Philippines, et captura dans la traversée deux navires marchands, l'un anglais, l'autre américain, qu'elle coula bas après avoir déchargé la meilleure partie de la cargaison. De Manille, *la Pauline* partit pour la côte de l'Amérique du sud pour y échanger ses marchandises avec les Espagnols. Ayant fait avec succès la contrebande, M. Le Compte doubla le cap Horn, et chercha les navires ennemis dans la mer Pacifique. Il y avait juste trois mois et un jour qu'il avait touché sur le banc de Corail. Toute sa cargaison avait été transportée dans l'île, et, à la faveur d'un beau temps, les débris du navire avaient été dépecés pour être employés à la construction d'un schooner d'environ quatre-vingt-dix tonneaux. Il était déjà en plein lancé le soir où nous arrivâmes de la manière que j'ai rapportée. Les Français, qui entretenaient constamment des sentinelles sur la côte, nous avaient aperçus au coucher du soleil. A l'aide d'une bonne lunette de nuit, ils avaient suivi nos mouvements ; ils se proposaient même d'envoyer un canot pour nous avertir du danger quand *la Crise* franchit l'écueil du Corail. Le capitaine Le Compte savait qu'il y avait vingt chances pour une que nous fussions d'une nation ennemie Il demeura caché en attendant que nous eussions jeté l'ancre. Dès que le silence régna, il monta dans sa gigue avec quelques hommes, ayant eu la précaution de mettre des paillets aux avirons. N'entendant aucun mouvement, il s'aventura dans les chaînes de l'avant, et s'empara de Harris, qui dormait appuyé contre l'affût d'un canon, pendant que trois matelots français verrouillaient les écoutilles. Le canot fut envoyé pour demander des renforts, et plusieurs heures avant notre réveil *la Crise* avait subi sa première couche de peinture.

Tels furent les renseignements que j'obtins dans mes conversations subséquentes avec les Français. Mes propres yeux m'apprirent aussi l'histoire de leur colonisation de trois mois. L'île s'élevait au-dessus du niveau de la mer à une hauteur qui variait de dix à trente pieds. Elle renfermait plusieurs sources d'eau douce qui entretenaient la fraîcheur d'un magnifique gazon. Les Français, dont on connaît l'activité et la gastronomie, avaient semé des salades et des petits pois qui étaient déjà en pleine croissance. Leurs tentes s'étendaient en ligne sous des arbres touffus, et le schooner, qu'on appelait la *Petite Pauline*, recevait en ce moment sa première couche de peinture.

---

[1] Tous les mots en italique sont en français dans l'original.

(Note du traducteur.)

M. Le Compte me parut un philosophe plein de bon sens et de bonne humeur, résigné lui-même aux malheurs, et prêt à tout faire pour alléger ceux d'autrui. Il invita Marbre à venir sur le pont, et nous entamâmes des négociations dans notre langue maternelle, ce qui nous fut assez facile; car M. Le Compte, tous ses officiers et quelques-uns de ses gens avaient été plusieurs fois prisonniers en Angleterre.

— *Votre bâtiment* deviendra français, dit-il , *bien entendu*, avec sa cargaison et *tout cela. Bien* , c'est convenu. Je ne mettrai pas de *rigueur dans mes conditions*. Si vous parvenez à reprendre votre vaisseau *à nous autres Français, d'accord*; tout homme est pour lui *et sa nation*. Voici le *pavillon français*, et nous le défendrons de toutes nos

Le Grand-Sec,

forces. La prise nous a peu coûté; *mais* , *parole d'honneur*, nous la vendrons très-cher, *entendez-vous? Bien*. Maintenant, monsieur, je vous débarquerai avec vos gens dans l'île, où vous prendrez notre place pendant que nous prendrons la vôtre. Nous garderons les armes jusqu'à notre départ, mais nous vous laisserons *fusils, poudre* et *tout cela*.

Tel fut presque littéralement le programme de la capitulation que M. Le Compte nous proposa. Il n'était pas dans la nature de M. Marbre d'accepter un arrangement de cette espèce sans discussion. Mais je lui fis comprendre que toute résistance était inutile, et il adhéra aux conditions d'aussi bonne grâce qu'un homme qui se soumet à l'amputation d'une jambe sans avoir été magnétisé préalablement.

Dès que tout fut réglé, on délivra nos gens et on les transporta à terre dans les canots. Leur coffre et leurs effets furent arrimés dans les embarcations avec la plus honorable délicatesse. Jamais un plus triste cortége ne prit possession d'une contrée récemment découverte. M. Marbre affectait de siffler, et fredonnait sur le même air diverses chansons. Mais il était secrètement furieux de la *nonchalance* du capitaine Le Compte. Quant à moi, je regardais cet événement comme un épisode ordinaire de la guerre.

— *Voilà* , messieurs l s'écria M. Le Compte en nous montrant l'île d'un geste majestueux, comme s'il nous eût fait un cadeau magnifique. Vous serez les maîtres ici dès que nous aurons emporté nos petits bagages.

— Quelle diablesse de générosité! murmura Marbre. Il nous laisse l'île, les bancs de corail, les noix de coco, et il emmène notre navire avec sa cargaison. Je parierais mon pesant d'or qu'il va remorquer encore son maudit schooner.

— Il est inutile de se plaindre, monsieur, répondis-je ; ce que nous avons de mieux à faire, c'est de rester en bonne intelligence avec les Français.

Le capitaine Le Compte nous invita à partager son déjeuner, pendant que des matelots français transportaient sur le schooner le peu d'objets qu'ils comptaient emporter , dans l'intention généreuse de laisser leurs tentes à la disposition des prisonniers.

— C'est la *fortune de la guerre* , messieurs, dit le capitaine Le Compte en faisant tourner artistement le moussoir d'une chocolatière. *Bon , c'est excellent, Antoine.*

Antoine nous apparut sous la forme d'un mousse bronzé par le soleil.

— Prenez ce chocolat, lui dit M. Le Compte, présentez mes compliments à *mademoiselle*, et dites-lui que nous partirons bientôt, et que dans vingt mois nous reverrons *la belle France*.

Ces paroles furent prononcées en français avec l'emphase d'un sentiment profond. Mais je savais assez de français pour les comprendre.

— Je suppose, dit Marbre, qu'il généralise sur nos malheurs dans son affreux baragouin; mais qu'il prenne garde! Il n'est pas encore en France.

Le déjeuner terminé, M. Le Compte me prit à part, et se promena avec moi sous les arbres. Il me fit comprendre qu'il avait remarqué la mauvaise humeur de mon capitaine, et qu'il désirait s'entretenir avec moi, d'autant plus que j'entendais un peu le français. Il m'annonça qu'on allait lancer le schooner le soir même, et que nous y trouverions des mâts, des agrès et des voiles. Le capitaine annonça l'intention de faire débarquer une partie de nos provisions, comme convenant mieux que celles de *la Pauline* à notre régime habituel; et, par la même raison , une partie des vivres du bâtiment français devait être transférée sur *la Crise*.

— Enfin, ajouta M. Le Compte, vous n'aurez plus qu'à mâter le schooner, à le gréer , à arrimer la cale, et vous pourrez partir dans une quinzaine. Vous ferez bien d'aller à Canton. Ce port n'est pas plus éloigné que l'Amérique du sud, et vous y trouverez beaucoup de vos *compatriotes*... Ainsi vous vous rendrez chez vous *avec toute facilité. Oui* , cet arrangement est admirable.

J'étais loin de partager l'admiration du capitaine, et j'avoue que j'aurais préféré rester à bord de *la Crise*, sauf à passer de nouveau le détroit de Magellan.

Arrivée des sauvages à bord de *la Crise*.

— *Allons*, dit brusquement M. Le Compte, nous sommes près de la tente de *mademoiselle*; demandons-lui comment elle se porte ce beau matin.

A cinquante vergues de nous étaient deux petites tentes de toile neuve, dressées avec soin et placées dans la partie la plus touffue du bois. La première des tentes était garnie de tapis et de différents meubles qui en faisaient une agréable habitation. Le capitaine français, qui avait encore bonne mine, malgré ses quarante ans, composa son maintien de la manière la plus gracieuse en s'approchant de la porte, et toussa respectueusement pour avertir de sa présence. Un domestique vint le recevoir. Aussitôt que j'aperçus cette femme, je crus la reconnaître, sans me rappeler à quelle époque je l'avais rencontrée. Je réfléchissais encore à cette singulière circonstance quand je me trouvai à l'improviste, dans la tente, face à face avec Emilie Merton et son père.

Au grand étonnement de M. Le Compte, nous nous saluâmes avec effusion. Emilie avait perdu en partie l'éclat de sa beauté, mais elle était toujours jolie. Elle et son père étaient en deuil, et, ne voyant pas paraître la mère, je devinai la mort prématurée de madame Merton, qui était souffrante à l'époque où je l'avais connue.

Le capitaine Le Compte parut fâché de l'accueil cordial qu'on me faisait. Toutefois il ne perdit rien de ses bonnes manières, et annonça l'intention de me laisser avec mes amis tandis qu'il vaquerait à ses occupations. En prenant congé, il baisa la main d'Emilie avec une galanterie qui me causa une jalousie involontaire. Dès qu'il fut parti, la jeune fille se tourna vers moi en rougissant.

— Nous sommes à sa merci, me dit-elle. Je suis obligée de le ménager, monsieur Wallingford ; mais jamais je n'épouserai un étranger.

— Ce n'est guère encourageant pour Wallingford, dit M. Merton en riant.

Emilie eut l'air embarrassée, et je remarquai avec une satisfaction intérieure qu'elle semblait se repentir de ce qu'elle avait dit. Elle reprit avec une précipitation qui m'enchanta :

— Je ne parle point pour M. Wallingford. Il ne m'obsède point de ses assiduités comme ce vilain Français, qui me traite plutôt en esclave qu'en femme digne de respect. D'ailleurs...

— Eh bien, miss Merton? demandai-je en la voyant hésiter.

— D'ailleurs les Américains ne sont pas des étrangers pour nous ; car nous avons des parents aux Etats-Unis.

— C'est vrai, ma chère, dit M. Merton, et si mon père s'était établi dans le pays où il s'est marié, nous serions citoyens de l'Amérique. Mais M. Le Compte nous a donné un moment pour nous expliquer, et il importe d'en profiter si nous ne voulons être interrompus.

Emilie me pressa de commencer mon récit, et je l'eus bientôt terminé. Il fut abrégé par le désir que j'avais de savoir comment mes deux amis se trouvaient dans l'île de Marbre.

— Quand vous nous avez quittés à Londres, dit M. Merton, j'étais sur le point de faire voile pour les Grandes-Indes ; mais on m'offrit une place avantageuse à Bombay, et comme il fallait partir le plus tôt possible, je m'embarquai à bord d'un navire qui n'était pas en état de se défendre, et qui fut facilement capturé par la Pauline. Je croyais d'abord que le capitaine Le Compte me rendrait ma liberté sur parole. Mais à Manille, où la Pauline relâcha, j'eus le malheur de perdre ma femme, et M. Le Compte devint amoureux d'Emilie. Maintenant je n'ai plus aucun espoir de délivrance tant qu'il pourra inventer des prétextes pour me retenir auprès de lui.

— J'ose croire qu'il n'abuse pas de son pouvoir pour accabler miss Merton d'importunités.

Emilie me récompensa de la chaleur avec laquelle je parlais par un doux sourire et une légère rougeur.

— M. Le Compte est plein de délicatesse, reprit le major Merton ; pendant la traversée, il a mis la cabine à notre disposition. A Manille, il nous a laissés nous promener à terre, en se contentant de notre parole. Cependant Emilie est trop jeune pour un homme de quarante ans, trop Anglaise pour un époux étranger, et trop bien née pour accueillir les hommages d'un patron de navire marchand qui n'a rien, et qui n'est quelque chose que par son bâtiment.

Je compris les distinctions qu'établissait M. Merton. Il voyait une grande différence entre le propriétaire de Clawbonny, entraîné loin de son domaine par ses inclinations, et un simple aventurier. — Je m'figure aisément, répondis-je, que miss Merton peut prétendre à un meilleur parti que celui du capitaine Le Compte, et j'ose espérer qu'il renoncera à sa recherche.

— Vous ne connaissez pas le caractère des Français, monsieur Wallingford, reprit Emilie. Il est très-difficile de leur persuader qu'ils ne sont pas adorables.

— Les marins ne partagent pas cette faiblesse nationale, répondis-je en riant. En tout cas, vous serez libre à votre arrivée en France.

— Peut-être plus tôt, répliqua le père. Ces Français sont maîtres absolus dans ces parages déserts ; mais une fois que nous serons dans l'océan Atlantique, nous rencontrerons sans doute des croisières anglaises.

Cette probabilité fut pendant quelque temps le sujet de notre entretien ; puis je crus prudent de m'éloigner, et je marchai le long de la plage en réfléchissant sur cet étrange événement.

Il est curieux d'étudier les moyens qu'emploie la nature pour former des îles au milieu de la mer Pacifique. Des écueils découverts il y a soixante ans sont aujourd'hui garnis de végétations, et par la suite une partie de cette vaste mer se transformera sans doute en continent. Le capitaine Beechey, dans la relation de son voyage, raconte qu'il fit naufrage sur un banc en 1792, et qu'en 1826 il trouva à la même place une île de trois lieues de long, ombragée de grands arbres. Si une seule famille d'insectes peut construire une île semblable dans l'espace de trente-quatre ans, les travaux de plusieurs familles réunies suffiraient pour poser sur l'Océan une sorte de plancher, et, à la longue, un chemin de fer joindrait l'Amérique avec l'ancien monde.

Tout en rêvant à cette théorie géologique, j'atteignis un rocher de corail sur lequel était assis M. Marbre, les bras croisés et dans une attitude mélancolique. En face était la Pauline, plus maltraitée par les Français que par les éléments. Elle avait touché sous le sable de l'île, et, dans cette mer paisible, il eût fallu des années pour en disperser les débris. Les charpentiers avaient enlevé toutes les œuvres mortes et une partie des varangues. On avait utilisé pour le schooner toutes les basses vergues, mais les mâts majeurs étaient encore debout.

Quelques instants se passèrent avant que M. Marbre tournât la tête de mon côté. Il parut satisfait de me rencontrer seul.

— Je viens de généraliser sur notre condition, me dit-il, et je la trouve déplorable en tous points. J'aimais ce vaisseau, monsieur Wallingford, comme on aime ses parents, et l'idée qu'il est tombé entre les mains des Français me réduit au désespoir.

— Rappelez-vous, pour vous consoler, capitaine Marbre, que le navire a été surpris comme nous avions surpris la Dame de Nantes.

— Voilà un principe général ; quelles conséquences ,comptez-vous en déduire ? C'est que ceux qui surprennent ne doivent pas être surpris eux-mêmes. J'aurais évité ce malheur en mettant des hommes de quart sur le pont. Mais le moyen de prévoir ce qui nous attendait dans une île inhabitée et dans une position aussi sûre !

Le capitaine était tellement ému, qu'il se couvrit la figure de ses deux mains calleuses pour cacher les larmes qui coulaient de ses yeux. J'essayai de le consoler en lui disant que nous pourrions prendre notre revanche. Puis j'allai rejoindre Emilie et son père, auxquels je présentai M. Marbre. J'appris que le capitaine Le Compte se proposait de lancer le schooner dans la soirée et de mettre à la voile le lendemain matin. Je compris de suite la cause secrète de cette brusque décision. Le jaloux voulait éloigner Emilie le plus tôt possible, et lui

Départ de la Crise emmenée par les Français.

Français remuaient ciel et terre pour exécuter les ordres de leur capitaine.

M. Marbre emmena le major sous les arbres, et je pus avoir une demi-heure de tête-à-tête avec Emilie. Pendant que je causais familièrement avec elle, M. Le Compte parut; mais il eut assez de tact pour témoigner une généreuse confiance, plus susceptible de captiver la jeune fille que des actes de rigueur. Il nous invita tous à dîner et nous traita merveilleusement. On nous donna de la tortue, du champagne et du bordeaux. A cinq heures on nous pria d'assister à la mise en mer du schooner. Emilie prit son chapeau et son parasol, et accepta mon bras jusqu'au chantier. M. Marbre et moi nous étions passablement échauffés. Je lui suggérai l'idée d'attaquer les Français pendant la cérémonie; mais M. Le Compte avait eu la prudence de placer sur *la Crise* la moitié de son équipage.

Les ouvriers français avaient montré une véritable habileté dans la construction de *la petite Pauline*. C'était un navire sûr et commode, qui promettait d'être fin voilier.

Le capitaine Le Compte avait dirigé les travaux. Le navire où la famille Merton s'était embarquée pour Bombay portait le cuivre nécessaire à la construction d'une frégate et d'un sloop de guerre, et, avant de brûler la prise, on en avait transféré le métal sur *la Pauline*. Ainsi on avait pu doubler le schooner en cuivre, et le capitaine français comptait sans doute surprendre ses compatriotes à Marseille en leur montrant ce que pouvaient faire des marins industrieux naufragés sur une île de l'Océanie.

Lorsque nous fûmes placés, M. Le Compte se posta à l'avant du schooner, fit un profond salut à Emilie, et donna le signal. On enleva les étançons, et le petit bâtiment glissa dans la baie sans obstacle. En ce moment le capitaine lança une bouteille vide contre le tillac et s'écria de toutes ses forces :

— *Succès à la Belle-Emilie!*

Je me tournai du côté de ma jeune compagne, et je vis à sa rougeur qu'elle entendait le français. En même temps elle fit une moue qui me prouva que le compliment n'était pas favorablement accueilli. Bientôt après le capitaine Le Compte débarqua, et nous déclara que nous étions dorénavant maîtres du schooner.

— Nous nous séparerons bons amis, dit-il, mais si nous nous rencontrons et que nos *deux républiques* soient toujours en guerre, alors chacun combattra pour son pavillon.

La famille Merton s'embarqua immédiatement, et je crus remarquer qu'Emilie entrait dans le canot avec répugnance. Le major me dit en partant :

— Nous nous retrouverons, messieurs; notre rencontre a été providentielle. Adieu, au revoir.

Les Français avaient déjà transporté à bord de *la Crise* tous les objets qui composaient leur cargaison, et à la chute du jour ils cessèrent de communiquer avec la terre. Quand le capitaine Le Compte prit congé de nous, je ne pus que le remercier de sa politesse. Il avait eu certainement des égards pour nous; mais je persistais à attribuer son départ subit, qui laissait entre nos mains différents objets précieux pour nous, au désir d'interrompre mes relations avec Emilie Merton.

Le lendemain, au point du jour, Nabuchodonosor vint nous annoncer que *la Crise* levait l'ancre. Il y avait environ un mille depuis les tentes des officiers jusqu'à la passe, et j'arrivai sur la plage au moment où le navire appareillait. Emilie et son père étaient appuyés sur les bastingages du gaillard d'arrière. La belle jeune fille était à une si faible distance, que je pus lire dans ses yeux une expression de tendre intérêt. Le major cria : — Que Dieu vous bénisse, mon cher Wallingford! Puis le navire s'éloigna, et une demi-heure après il flottait au milieu de l'Océan.

CHAPITRE XVII.

Prenez, prenez mes jours, mais laissez-moi l'honneur,
J'affronterai la mort sans peur et sans faiblesse;
Dans ma chair seulement votre glaive me blesse,
Mais l'humiliation pénètre dans mon cœur.

SHAKSPERE.

Entre la passe et le chantier, je trouvai M. Marbre, les bras croisés, les yeux fixés sur le navire qui disparaissait à l'horizon. L'animation de la fierté avait remplacé sur son visage l'abattement de la tristesse.

— Allez au diable! dit-il en faisant un geste menaçant au pavillon français. Vous dansez aujourd'hui sur l'eau comme un de vos fashionables aux ailes de pigeon; mais le jour de la vengeance arrivera. Miles, ce Français a osé me dire en face que nous pourrions être prêts dans une quinzaine; je veux lui montrer que les Américains peuvent gréer en trois jours un navire tout maudit schooner, tout en se réservant des heures de récréation.

M. Marbre était un homme expéditif. Bientôt, sous sa direction, nos quarante hommes furent à l'œuvre, et il leur fallut à peine une journée pour mâter le bâtiment, gréer la misaine, placer le bâton de foc et la vergue de civadière. A la vérité, les Français avaient tout préparé: aussi, après le dîner, l'on transporta la cargaison à bord, et nous eûmes l'espoir de pouvoir appareiller le lendemain au soir. Le travail s'accomplit avec ordre et en silence. Napoléon disait qu'on avait fait plus de bruit sur le petit schooner qui l'avait transporté de l'Orient à Ajaccio que sur le vaisseau de ligne qui l'avait conduit à Sainte-Hélène. Depuis cette époque mémorable, les Français ont appris à garder le silence à bord, et l'avenir prouvera ce qu'ils y ont gagné.

Dans la soirée, je *généralisai* avec M. Marbre sur nos projets. M. le Compte nous avait laissé un baril de poudre et des balles, mais il avait emporté les coutelas et les piques d'abordage. Il avait habilement concilié notre intérêt avec celui de ses compatriotes, un coffre mettait à même de nous défendre sans qu'il nous fût possible de prendre l'offensive.

Le lendemain matin je fus debout dès le point du jour, et, comme j'avais souffert considérablement de la chaleur, je cherchai un endroit convenable et me plongeai dans les flots. Tout en nageant, je découvris un banc d'huîtres dont je détachai successivement une cinquantaine. Je les reconnus de suite pour des huîtres perlières, et j'envoyai Nabuchodonosor les porter à M. Marbre, qui employa à les recueillir plusieurs matelots indigènes qu'il avait amenés des îles Sandwich. Pendant le cours de leurs occupations, ces hommes découvrirent au fond du bassin, à l'endroit où *la Crise* avait mouillé, un coffre d'armes qui avait sans doute été coulé bas par les Français. Ils le retirèrent de l'eau, et nous y trouvâmes des coutelas, des pistolets, un sac de balles et de la poudre avariée par l'humidité. Les armes furent essuyées avec soin, imprégnées d'huile et remises dans le coffre, qui sécha jusqu'au soir aux rayons d'un soleil ardent.

La journée fut encore employée à l'arrimage de la cargaison. Nous fûmes obligés d'abandonner des objets précieux, principalement du cuivre; mais M. Marbre décida sagement qu'il ne fallait pas charger le schooner de manière à en ralentir la marche. A la fin du jour, M. Marbre donna subitement l'ordre de s'embarquer et de détacher les amarres. Nous prîmes le large par un bon vent, et trente-huit heures après le départ de *la Crise* nous étions déjà sur ses traces. Nous savions qu'elle s'était dirigée vers la côte occidentale de l'Amérique du Sud, et nous avions remarqué qu'elle avait disparu du côté du nord. La distance que nous parcourûmes pendant la nuit nous donna une idée favorable du talent de construction de M. Le Compte, car le schooner fit cent six milles en douze heures, tandis que *la Crise* n'en aurait guère fait que quatre-vingt-dix dans le même espace de temps. Enchanté de son succès, M. Marbre demanda dès le matin une bouteille de rhum, réunit tout l'équipage sur le gaillard d'avant et leur adressa un discours.

— Mes amis, dit-il, durant ce voyage des chances tour à tour favorables et contraires. Mais, *en généralisant*, il est facile de voir que le bien l'emporte sur le mal. Ce coquin de Grand-Sec et ses complices ont fendu la tête au pauvre capitaine Williams; mais nous avons eu le bonheur de reprendre notre navire. Les Français nous ont joué un mauvais tour; mais nous laissent un schooner qui va plus vite que *la Crise*, et peut nous servir à la rattraper. Provisoirement je ne veux point naviguer sur un navire qui porte un nom étranger. Comment Le Compte a-t-il appelé le schooner, monsieur Wallingford?

— *La Belle-Emilie*, répondis-je.

— Eh bien! je le rebaptise : tant que Moïse Marbre restera à bord, il se nommera *la Polly*.

A partir de ce jour, *la Belle-Emilie* perdit sa première dénomination. D'après nos calculs, elle faisait un nœud à l'heure de plus que *la Crise*, et comme ce dernier bâtiment avait trente-huit heures d'avance sur nous et filait sept nœuds, il nous fallait dix jours pour le rejoindre. Pour ma part, je n'avais aucun désir de le rencontrer en mer, car nous n'étions pas en forces suffisantes pour l'attaquer. Mais le capitaine était déterminé à tenter l'aventure, et nous avait remis plus de poudre qu'il n'en fallait pour charger nos pistolets une demi-douzaine de fois.

Cinq jours après notre départ, nous examinâmes les huîtres que nous avions recueillies, et qui commençaient à se décomposer. Le capitaine en fit lui-même le partagement, et je trouvai dans celles qui m'échurent cent quatre-vingt-sept grosses perles de la plus belle eau, qui pouvaient avoir une valeur de dix-huit mille dollars. Le capitaine examina dans la journée environ deux cent cinquante huîtres, après avoir eu soin de se boucher le nez avec de l'étoupe; mais il ne put obtenir trente-six perles. Je serrai précieusement les miennes pour les offrir en temps utile à mes chères amies. En regardant ces joyaux brillants sans tache, arrachés à la putréfaction, je les comparais à des âmes qui viennent de quitter leur maison d'argile pour jouir d'une pureté inaltérable.

Le matin du onzième jour, la vigie placée à la vergue du petit hunier cria : — Une voile !... M. Marbre et moi montâmes les les agrès, et nous distinguâmes à vingt milles de distance, par notre hanche du vent, les grandes voiles, les perroquets et les kakatoë d'un navire. Je déclarai sur-le-champ être un des baleiniers qui abordent dans ces parages. Mais M. Marbre me demanda si j'avais jamais vu un baleinier porter des perroquets volants, et assura que c'était *la Crise*. Il ordonna de lui donner la chasse, dans l'espoir de l'atteindre pendant la nuit. Une heure après nous rencontrâmes un canot baleinier qui flottait à la dérive. Il était de construction américaine, muni de ses avirons, et contenait un baril d'eau. Il paraissait avoir été remorqué, et les trois demi-clefs qui l'amarraient s'étaient détachées pendant la nuit. M. Marbre descendit dans ce canot avec quatre indigènes des îles Sandwich qui avaient servi sur des embarcations baleinières. Il prit l'avance sur le schooner, après m'avoir ordonné de le suivre et de virer de bord quand je verrais une lumière sur le canot, afin de courir parallèlement au navire signalé. Vers les neuf heures, M. Marbre me fit le signal convenu, auquel je répondis immédiatement. Je virai, et je pus apercevoir le bâtiment étranger par notre travers du côté du vent. A dix heures le vent se leva, et nous eûmes à l'improviste un gros temps qui nous obligea de prendre des ris à la misaine et de diminuer de voiles. Le capitaine, avant de nous quitter, n'avait point prévu cette tempête, et il était de la plus grande importance qu'il revînt à bord pour en éviter les effets. Je me hâtai d'allumer des signaux pour l'aider à rejoindre le schooner; mais la pluie vint à tomber par torrents, et avec tant de force qu'on n'aurait pas distingué la lueur d'un feu de joie à cent vergues de distance. Les lieutenants tinrent conseil sur le gaillard d'arrière, et décidèrent que le meilleur moyen de retrouver M. Marbre était de se maintenir autant que possible à la place où il nous avait vus en dernier lieu. Nous virâmes donc plusieurs fois pendant la nuit; les vents mugissaient autour de nous avec des accents funèbres, et la pluie continuait à tomber en si grande abondance, qu'elle se confondait avec les vagues, et nous enveloppait dans un linceul liquide.

La bourrasque se calma à la pointe du jour, et nous permit de mettre de nouveau toutes voiles dehors. Tous les officiers montèrent dans les agrès pour chercher le canot baleinier, mais il avait disparu. Ce qui était encore plus extraordinaire, c'est que nous n'apercevions pas le navire étranger. Nous nous tînmes pendant toute la journée en croisière dans les environs; mais toutes nos recherches furent inutiles.

Ainsi, après avoir quitté le bord un an auparavant en qualité de troisième lieutenant, je me trouvais actuellement à la tête d'un équipage de quarante hommes, et je n'avais pas encore vingt ans!

Au coucher du soleil, perdant tout espoir de retrouver le canot baleinier, nous poursuivîmes notre route. Les matelots se montrèrent disposés à m'obéir, car je m'étais toujours conduit de manière à mériter leur confiance. Tout le monde regretta M. Marbre, excellent marin, navigateur par instinct, dévoué à son pavillon et d'une bravoure à l'épreuve. Quant aux indigènes des îles Sandwich, on ne songea pas à leur sort. Nous étions habitués à les regarder comme des êtres étranges, sortis de l'Océan où ils venaient de rentrer si brusquement.

Quinze jours après la disparition de M. Marbre, nous aperçûmes les sommités des Andes, à quelques degrés au sud de l'équateur. Je me souviens que le capitaine Le Compte avait manifesté l'intention de relâcher à Guayaquil. En conséquence, je me dirigeai vers le même point. Pendant notre voyage, je m'étais familiarisé avec les baies et les rades de cette côte, et nous y avions des connaissances qui pouvaient nous être utiles. Dans la soirée du vingt-neuvième jour, le schooner entra dans une rade où nous commerçâmes environ huit mois auparavant. A peine avions-nous jeté l'ancre, qu'un certain don Pédro nous aborda pour nous demander ce que nous voulions. Je le reconnus pour lui avoir livré de mes propres mains trois charges de marchandises qu'il m'avait payées en doublons. Quelques mots échangés tant en anglais qu'en espagnol suffirent pour renouer nos relations, et je lui donnai à entendre que nous cherchions notre navire, dont nous étions séparés pour accomplir une mission particulière. Après avoir battu les buissons pour tâcher de lever quelque gibier, don Pédro m'apprit que, dans l'après-midi, un navire avait doublé une île située à dix milles au sud, et qu'il aurait pris ce navire pour la Crise, s'il n'avait vu le pavillon français à la corne d'artimon.

J'étais suffisamment éclairé. Je me procurai aussitôt un pilote. J'appareillai dès dix heures du soir, et j'entrai à minuit dans le détroit qui séparait l'île du continent. Je m'avançai dans une embarcation pour pousser une reconnaissance, et j'aperçus la Crise à l'abri derrière un morne élevé. Je débarquai, je gravis le coteau et je pus examiner à mon aise la position du navire. A mon retour sur la Polly, je trouvai tous mes gens armés et pleins d'ardeur que j'eus peine à comprimer leurs cris belliqueux. Je leur fis part du résultat de mes observations, et on diminua de voiles pour nous séparer de la Crise par le morne, qui formait un cap dans la mer. Pour éviter de tomber sous le vent, ce qui eût donné aux Français le temps de se reconnaître, je réduisis la voilure à la misaine, tout en tenant les autres voiles larguées, afin de m'en servir au besoin. Mon projet était d'aborder la Crise par le bossoir de tribord. Toutes mes dispositions prises, je dis à l'homme qui tenait la barre de faire porter, et je serrai la terre en doublant le cap. Le pilote m'avait dit que l'eau avait tout le long de la côte la profondeur nécessaire.

Dès que le navire fut en vue, j'ordonnai de carguer la misaine, et au moment où les Français, avertis de notre présence par le battement de la voile sur le mât, se préparaient à nous héler, nos bossoirs se heurtèrent avec fracas contre ceux de la Crise. Nous nous élançâmes sur le pont avec la précipitation d'une meute de lévriers qui, d'un seul bond, franchissent une haie. On nous opposa une vive résistance;

des coups de feu furent échangés, mais la surprise nous assura la victoire. Les Français s'étaient crus d'abord attaqués par un garde-côte, et, lorsqu'ils nous eurent reconnus, je les entendis lâcher des jurons énergiques qu'il est inutile de reproduire.

Dans cette chaude escarmouche nous ne perdîmes que Harris; mais nous eûmes neuf blessés, et je fus moi-même du nombre. Le matelot, dont la négligence nous avait coûté la perte du navire, avait voulu réparer ses torts, et il succomba victime de son zèle. Au moment de l'abordage, avant de jouer des couteaux, nous avions fait une décharge, en vertu du principe que la chance du combat est pour ceux qui portent les premiers coups. Les Français n'eurent pas moins de seize morts. Le pauvre M. Le Compte fut frappé d'une balle au front au moment où il sortait en chemise de sa cabine.

CHAPITRE XVIII.

Salut!   PREMIÈRE SORCIÈRE.

Salut!   DEUXIÈME SORCIÈRE.

Salut!   TROISIÈME SORCIÈRE.

PREMIÈRE SORCIÈRE.
Moindre que Macbeth, mais plus grand.

DEUXIÈME SORCIÈRE.
Pas si heureux, et pourtant beaucoup plus heureux.

SHAKSPERE, *Macbeth.*

J'aurais été parfaitement satisfait d'avoir reconquis la Crise, si M. Marbre avait été là pour partager mon triomphe. J'eus une courte entrevue avec le major Merton, et je lui donnai tous les détails nécessaires pour calmer les alarmes d'Emilie; puis, je me hâtai de virer afin d'éluder les représentations qu'auraient pu me faire les autorités espagnoles au sujet de la violation d'un territoire neutre. A la pointe du jour, la Crise et le schooner étaient à quatre lieues de la côte sur la grande route de tous les pays, qui, soit dit en passant, était alors infestée par un bon nombre de voleurs. La cérémonie des funérailles eut lieu au lever du soleil. Je vis avec regret disparaître le pauvre Le Compte, et, en me rappelant ses espérances récentes, sa générosité, sa tendresse pour Emilie, je réfléchis à la fragilité de la vie humaine.

Il était nécessaire de prendre un parti au sujet de notre route. Notre cargaison se trouva augmentée de toutes les marchandises que les Français s'étaient proposé de débiter sur la côte de l'Amérique du Sud. C'étaient des soieries, des nouveautés et des vins, et, comme ces objets avaient autant de valeur à New-York que dans les colonies espagnoles, je renonçai à l'idée de faire la contrebande. Je résolus d'abord de retourner à l'île de Marbre pour y prendre du cuivre et des ballots qui y avaient été abandonnés sous une tente. Pendant que je discutais ce projet avec Talcott et le nouveau premier lieutenant, la vigie signala une voile. C'était un navire espagnol de grande dimension et fortement armé. Toutefois nous ne fîmes aucune tentative pour l'éviter. Dès que les étrangers virent le pavillon américain, ils témoignèrent le désir de communiquer avec nous. Je me rendis à leur bord, et, pendant la conversation que j'eus avec le capitaine, il me remit des journaux américains, où je trouvai le traité de paix entre les Etats-Unis et la France. Ainsi, d'après les articles de cette convention, la reprise de la Crise aurait été illégale si elle avait eu lieu quelques heures plus tard. Le navire espagnol devait relâcher à Valparaiso pour y renforcer son équipage, qui avait été décimé par la petite vérole. Comme l'Espagne était alors en guerre avec l'Angleterre, il croyait dangereux de doubler le cap sans avoir des moyens de défense suffisants. L'idée m'en frappa, et je proposai au capitaine de prendre à son bord les Français, qu'il serait facile plus tard de renvoyer de Cadix à Marseille. Ma proposition fut agréée, et à mon retour à bord de la Crise, j'en fis part à mes prisonniers, en leur apprenant que la France et l'Espagne étaient alliées contre un ennemi commun. Ils acceptèrent avec joie une occasion si favorable de retourner dans leur patrie, et se transportèrent immédiatement sur le navire espagnol. Je le laissai continuer sa route vers la côte, confiai au nouveau premier lieutenant le commandement de la Polly, et gardai Talcott à bord de la Crise en qualité de premier officier.

Le soir même j'eus une entrevue avec Emilie. Elle était pâle, et, quoiqu'elle s'estimât heureuse d'avoir recouvré sa liberté, la mort de Le Compte lui causait une mélancolie insurmontable; car les femmes ont toujours une sympathie involontaire pour quiconque se soumet à l'influence de leurs charmes. Je me réjouis avec elle de notre victoire, et j'appris à ma grande disparition de M. Marbre. D'après les renseignements qu'il me donna sur la marche de la Crise, je m'assurai que ce n'était pas elle que nous avions aperçue au commencement de la tempête.

Je dois signaler ici une galanterie du pauvre Le Compte. Il avait fait construire sur le gaillard d'arrière de *la Crise* deux petites cabines élégantes, qui avaient été meublées avec l'habileté et le goût caractéristiques des Français. J'étais étonné que le défunt, qui avait à combattre la plus formidable marine du monde, eût fait bâtir sur la dunette des logements qui gênaient les manœuvres. Mais comme nous étions en paix, je me déterminai à les laisser, du moins tant que miss Merton resterait à bord. J'y installai le major et sa fille, et, imitant la politesse du capitaine français, je leur donnai une table séparée. En reconnaissance, le major, qui savait un peu de chirurgie, pansa la blessure que j'avais reçue à l'épaule, et Emilie me prodigua ces douces et séduisantes attentions dont les femmes seules ont le secret. Pendant notre traversée, j'eus peu d'occupations. Le navire, bonnettes dehors, à la faveur des vents alizés, faisait de cent vingt à deux cents milles dans vingt-quatre heures. Les lieutenants commandaient le quart, et j'eus le loisir de passer d'agréables instants avec le major et sa fille. Tantôt j'écoutais Emilie toucher du piano; car le sien, transporté du navire de Bombay sur *la Pauline*, avait échappé à toutes les catastrophes; tantôt nous lisions à haute voix dans quelques-uns des trois cents volumes qui composaient sa bibliothèque. A cette époque on aimait encore à lire Pope, Young, Milton et Shakspere, quoique les romans d'Anne Radcliff, ceux de miss Burney et *le Moine de Lewis* fissent concurrence aux auteurs classiques. La bibliothèque de la jeune personne contenait encore des livres plus utiles, et je les parcourus presque tous avant la fin du voyage. Dans un bâtiment bien ordonné, les officiers et l'équipage ont assez fréquemment des moments de repos, et l'on ne devrait jamais oublier de comprendre des livres dans la cargaison.

Le temps passa rapidement dans une société si pleine de charmes. Je pensais souvent à Emilie quand elle n'était pas présente à mes yeux; néanmoins je ne puis pas dire que j'en fusse amoureux. Il m'arrivait parfois d'établir des comparaisons entre elle et Lucie. Emilie avait des connaissances plus variées, mais aussi plus superficielles. L'une avait plus d'usage du monde, plus de délicatesse de sentiments et de manières; l'autre plus de naturel et d'élévation. Sous le rapport physique, la jeune Anglaise avait un teint et des yeux remarquables; mais l'Américaine l'emportait par la douceur de ses sourires et la pureté de ses contours. Toutes deux avaient un charme commun, que je persiste à regarder comme l'apanage presque exclusif de la race anglo-saxonne, quoique je l'aie trouvé au plus haut degré dans une Italienne. Je veux parler de cette expression angélique qui reflète si vivement la pureté et la tendresse féminines. Les deux jeunes filles la devaient surtout au bleu céleste de leurs yeux, et j'ai remarqué qu'elle se rencontrait rarement dans les yeux noirs ou bruns, dont on ne saurait toutefois contester le vif éclat. Cette expression chez Emilie était l'effet naturel de la nuance des prunelles; tandis que Lucie la possédait à un plus haut degré, mais seulement dans les moments d'émotion.

Il y avait une quinzaine que nous étions en mer, quand je me rappelai ma pêche de perles. Un ouvrier bijoutier, qui se trouvait à bord, en avait fait un collier qu'il avait garni d'un fermoir. Il avait placé la plus grosse perle au milieu, et séparé celles de seconde grandeur par plusieurs autres plus petites, de manière à former un collier assez grand pour moi, et qui, par conséquent, devait tomber avec grâce sur le sein d'une femme. Lorsque je lui montrai ce joyau magnifique, Emilie n'essaya point de cacher son admiration.

Quoique les Américains de la classe aisée connaissent toutes les ressources du bien-être, ils sont en général d'une singulière ignorance sur la valeur des pierres précieuses. Je doute que sur vingt citoyens des Etats-Unis, on trouvât, même à l'époque actuelle, un seul homme capable de distinguer un saphir d'une améthyste, une turquoise d'un grenat. J'étais sous ce rapport un véritable Américain, et ce fut avec la plus vive surprise que j'entendis le major Merton dire, après un examen attentif:

— Ce collier, entre les mains d'un joaillier de Londres, vaudrait mille livres sterling.

— Que dites-vous, mon père? s'écria Emilie.

— Je suis convaincu de ce que j'avance. Ces perles sont moins remarquables encore par leur grosseur que par la beauté de leur eau. Je persiste à croire, Wallingford, qu'en envoyant ce collier à Londres, vous en pourriez tirer au moins huit cents livres.

— Je n'ai pas l'intention de le vendre, monsieur, répondis-je.

Je vis Emilie me regarder avec une émotion que je ne pouvais m'expliquer.

— Vous n'avez pas l'intention de le vendre? répéta le major. Mais alors vous comptez-vous faire d'un pareil bijou?

— Le garder. Il m'appartient en toute propriété. Je l'ai tiré du fond de la mer; j'ai enlevé ces perles à leur séjour natal; elles ont pour moi plus de prix que l'argent qu'on pourrait m'en offrir.

— Vous avez des goûts coûteux, Wallingford. Dites-moi, je vous prie, quel est le taux de l'intérêt dans votre partie du monde?

— Environ six pour cent à New-York.

— Et combien valent soixante livres sterling en dollars?

— Nous comptons ordinairement cinq dollars par livre sterling; mais ce n'est pas exact.

— Eh bien! reprit le major, sacrifier un revenu de soixante livres

ou de deux cent soixante-dix dollars, c'est payer cher le plaisir d'avoir un collier qui vous sera complètement inutile.

— Je vous ferai remarquer, répliquai-je, qu'il ne m'a rien coûté. D'ailleurs, je puis le donner à ma sœur, et si je me marie, en faire présent à ma femme.

Je vis le major réprimer un léger sourire; il semblait trouver ridicule qu'une femme portât à son cou deux années de son revenu, ou qu'elle mît dans une seule partie de toilette un luxe qui n'était pas d'accord avec son genre de vie. Je ne fus point tout d'abord frappé de cette idée. Nous riions de voir des chefs d'Indiens demi-nus porter des habits d'uniforme et des chapeaux à plumes; mais nous ne remarquons pas dans nos mœurs des inconséquences presque aussi absurdes. Il était, selon moi, tout simple que madame Wallingford portât un collier qui appartenait légitimement à son époux.

Emilie continuait à tenir le collier dans ses mains blanches et potelées, dont les perles rehaussaient la beauté; je la priai de le mettre à son cou; elle obéit en rougissant.

— Sur ma parole, s'écria le père, enchanté, je commence à perdre mes préjugés, et à croire qu'un pareil ornement ne messied à aucune femme.

Ce compliment était mérité. Telles étaient l'éblouissante blancheur de miss Merton et la perfection de ses épaules, qu'il eût été difficile de dire si les perles ajoutaient de nouveaux charmes à la jeune fille ou si ses propres charmes rehaussaient l'éclat des perles. L'émotion du plaisir communiquait à son teint un coloris charmant, et pour prolonger notre satisfaction mutuelle, je l'invitai à garder les perles jusqu'à la fin du jour. Le soir, en me présentant sur la dunette, je trouvai Emilie Merton occupée à admirer le collier à la lueur d'une lampe. Ses yeux étaient aussi doux et aussi limpides que les perles elles-mêmes. Jamais elle n'avait été aussi séduisante; mais sa physionomie, à laquelle on pouvait reprocher l'absence d'expression intellectuelle, me parut cette fois pleine d'idées et de réflexion. — Elle pense à toi, murmura l'amour-propre à mes oreilles; elle songe au bonheur futur de madame Miles Wallingford.

— J'allais vous envoyer chercher, capitaine Wallingford, me dit-elle aussitôt qu'elle m'aperçut, pour vous remettre votre trésor.

— Vous auriez pu en rester dépositaire jusqu'à demain.

— Ma responsabilité eût été trop grande. D'ailleurs, vous le savez, c'est un honneur réservé à madame Wallingford.

Ces paroles furent proférées en souriant avec une intention bienveillante, et cependant j'y crus remarquer un ton *équivoque* qui s'éloignait du naturel auquel Grâce et Lucie m'avaient habitué. Je pris le collier, je serrai la main de la jeune fille suivant mon usage, je saluai le père et je me retirai.

Pendant que j'étais à ma toilette, le lendemain matin, Nabuchodonosor se précipita dans ma chambre en criant: — Maître Miles! maître Miles! le bateau!

— Eh bien! qu'est-ce? Quelqu'un est-il tombé à la mer?

— C'est le baleinier, le pauvre capitaine Marbre!

— Je vous comprends, Nab. Allez sur le pont, et dites à l'officier de quart de mettre en panne. Je vais monter de suite.

Je m'attendais à trouver les débris du malheureux canot baleinier. Quand je montai sur le pont, tout l'équipage était en mouvement. La grande vergue avait été changée vivement, et l'on avait mis le vent sur les voiles. La matinée était brumeuse; mais au moyen de ma lunette d'approche, j'aperçus le canot baleinier signalé par Nabuchodonosor. En même temps je vis: — Une voile! et nous distinguâmes sous le vent un navire qui semblait chercher à rejoindre son canot dont il avait été séparé par la nuit et par le brouillard. C'était donc simplement un baleinier et son canot. Ce qui le démontrait encore davantage, c'était la présence d'une baleine morte à un mille au vent du canot.

Je dis à Talcott: — Le canot est probablement américain; le capitaine y est sans doute, et il vient nous apporter des nouvelles de New-York.

Au même instant Talcott poussa une exclamation de joie et cria à l'équipage: — Trois hourras, mes enfants! je vois le capitaine Marbre!

Il y eut une explosion de joie générale. Tout l'équipage s'empressa du côté vers lequel se dirigeait le canot, et trois minutes après, Marbre était sur le pont de son vieux bâtiment. Quant à moi, j'étais incapable de parler; le pauvre Marbre n'était pas plus maître de lui, quoiqu'il se fût précipité à cette entrevue, et il pleurait comme un enfant.

— Je vous ai reconnu, Miles, me dit-il, j'ai reconnu cette maudite Polly. Dieu merci! *la Crise* est à nous; les Français n'ont pu la garder, je suis aussi heureux que si je l'avais reprise de mes propres mains. Les matelots vinrent tour à tour féliciter Marbre et lui donner des poignées de main, et il y eut un quart d'heure de tumulte avant qu'il pût maîtriser ses émotions et raconter ses aventures.

— Vous savez, ajouta-t-il après s'être essuyé les yeux et les joues, vous savez comment je vous ai quittés. Une demi-heure avant la tempête, j'étais près du navire auquel appartenait le canot, et, pensant vous retrouver le lendemain matin, j'ai jugé à propos de l'aborder, plutôt que de courir après le schooner dans les ténèbres. J'ai trouvé dans le capitaine baleinier un ancien camarade, et il a été enchanté de revoir son canot qu'il croyait perdu. Nous n'avions pas le temps d'échanger des compliments. On fit porter le navire pour vous héler d'abord, et puis ensuite pour échapper à la rafale. Pendant que M. Wallingford serrait le vent pour me chercher, nous courions vent arrière en fuyant devant le temps. Voilà pourquoi nous ne nous sommes pas retrouvés; car je n'ai pas eu un seul instant l'idée que vous m'aviez laissé au milieu de l'Océan...

— Nous avons croisé à la même place pendant tout un jour! m'écriai-je avec animation.

— Oui, oui, capitaine Marbre! dirent tous les matelots à la fois.

— Je le savais. Vos protestations sont inutiles. Eh bien! voilà toute mon histoire. Naturellement je suis resté à bord du baleinier, n'ayant d'autre alternative que de m'y attacher ou de sauter à la mer. Grâce au ciel, nous sommes réunis enfin, quoique à cinq cents milles de l'endroit où nous nous sommes séparés.

Après ce discours, j'emmenai Marbre en bas, et lui racontai ce qui s'était passé. Il m'écouta avec le plus profond intérêt, et ne témoigna de mauvaise humeur qu'en disant, lorsque j'eus terminé :

— Qui a mis cette maudite dunette sur *la Crise*?

— C'est le capitaine français.

— Je le reconnais là. C'est bien digne de lui de gâter, par une cabine surnuméraire, le plus beau gaillard d'arrière qui soit sur l'Océan.

— Eh bien! maintenant vous êtes maintenant le maître, et vous pouvez la faire abattre si vous le jugez convenable.

— Moi, la faire abattre! Moi, enlever le commandement du navire à un homme qui l'a si bien mérité !

— Capitaine Marbre, vous m'étonnez; mais votre bon sens l'emportera sans doute sur ce premier mouvement, et vous vous rappellerez les obligations que vous avez contractées envers vos armateurs.

— Vous vous méprenez sur mes intentions, monsieur Miles Wallingford, répondit Marbre d'un ton sévère. Mon parti a été pris aussitôt que j'ai aperçu le navire. Je n'aurai pas la bassesse de vous arracher le fruit de votre courage et de votre habileté. D'ailleurs, je n'ai aucun droit sur *la Crise*; elle a été plus de vingt-quatre heures entre les mains de l'ennemi, et on doit lui faire application des lois de reprise et de sauvetage.

— Cependant, capitaine Marbre, il y a une cargaison à prendre à Canton, et des intérêts considérables sont en jeu.

— Raison de plus pour que je persiste. Ils seront mieux dans vos mains que dans les miennes. Tant qu'il s'agit de conduire un vaisseau et de trouver mon chemin à travers l'Océan, je puis dire que je ne crains point de concurrent; mais je perds mes avantages dès qu'il faut en venir aux chiffres et aux calculs.

— J'étais loin de m'attendre à tant d'abnégation. Songez qu'en reprenant *la Crise*, je n'ai fait qu'exécuter un plan que vous aviez tracé.

— Voilà ce que je n'admets pas. Si, conformément à mes idées, nous avions attaqué les Français en mer, nous aurions été infailliblement battus; votre projet était beaucoup mieux imaginé. Ainsi, qu'il n'en soit plus question. Vous comptez sans doute relâcher à l'île, et de là faire route pour Canton ?

— Précisément. Je vois avec plaisir que vous entrez dans mes vues.

— Eh bien! vous chargerez le schooner des marchandises dont vous ne pourrez trouver le débouché en Chine, et je les transporterai à New-York.

Mes arguments ne purent détourner M. Marbre de sa résolution, et il prit le commandement de *la Polly* avec notre ancien second lieutenant pour second.

CHAPITRE XIX.

Cherchez le banc de sable, et tentez la fortune
A l'heure où l'esturgeon se joue au clair de lune.

DRAKE.

Nous débarquâmes à bon port dans l'île; et dès que les vaisseaux furent à l'ancre, l'équipage se répandit sous les arbres ou le long de la plage. Les uns cueillirent des cocos, d'autres se mirent à pêcher à la ligne ou à la seine, d'autres ramassèrent des coquillages, dont j'achetai quelques-uns pour Clawbonny. Je les conserve encore en mémoire des aventures de ma jeunesse.

Émilie et son père prirent possession de leur ancienne tente. J'ordonnai de débarquer les meubles qui leur étaient indispensables. Comptant passer une dizaine de jours à l'île de Marbre, nous nous y établîmes commodément, et les matelots obtinrent la permission d'apporter à terre une partie de leurs effets. Le lendemain de notre arrivée, Nabuchodonosor vint inviter à déjeuner de la part du major Merton le capitaine Wallingford et le capitaine Marbre.

— Nous voici tous les deux sur la même ligne, me dit le vieux marin. J'espère que nous naviguerons longtemps ensemble.

— Quand il y a deux capitaines, répondis-je, le plus âgé occupe un rang supérieur, et l'on devrait vous appeler le commodore Marbre.

— Pas de plaisanteries, Miles, répliqua Marbre d'un ton sévère. C'est grâce à vous que je commande ce petit schooner sang mêlé, moitié français, moitié américain. C'est probablement le dernier navire que je commanderai. Plus je *généralise* ma vie, et plus je me persuade que le Seigneur ne m'a point créé pour le premier rang. Quand la nature a sur un homme des vues particulières, elle ne le jette pas à la dérive, au milieu des êtres humains.

— Je ne vous comprends pas. C'est, je le suppose, parce que j'ignore les détails de votre histoire.

— Miles, rendez-moi un service essentiel. Supprimez le monsieur, et appelez-moi Marbre ou Moïse, parce que vous appelle Miles.

— J'y consens volontiers; mais permettez-moi de vous rappeler que depuis deux ans vous me promettez toujours de me conter vos aventures.

— Mon récit ne sera pas long, et porte avec lui d'utiles enseignements. La vie d'un homme, convenablement *généralisée*, vaut souvent mieux que la plupart des sermons. Vous savez probablement à qui je dois les noms que je porte ?

— Non, je suppose que c'est à vos parrains, ainsi que le commun des hommes.

— Vous êtes plus près de la vérité que vous ne vous l'imaginez. On m'a trouvé à l'âge de huit jours couché dans un panier, à bord d'un cutter de New-York. Ce bâtiment était chargé de pierres, et mon berceau avait été placé sur un morceau de marbre destiné à un monument sépulcral.

— Et voilà tout ce que vous savez de votre origine, mon cher Marbre ?

— Je n'en veux pas savoir davantage. On ne désire jamais faire la connaissance de parents qui craignent de vous reconnaître. Vous avez sans doute, mon cher Miles, connu, aimé et respecté votre mère. Quant à moi, on m'a lancé au hasard dans le courant, où je n'ai cessé de dériver depuis, avec des vents qui n'étaient pas toujours favorables. On n'a pas même eu l'attention délicate d'attacher une étiquette à mes langes. Le marbrier qui me trouva m'envoya aux Enfants-Trouvés, où je fus inscrit sous le numéro dix-neuf. On me donna le prénom de Moïse, parce qu'une personne du même nom avait, à ce qu'il paraît, été exposée comme moi, à une époque très-reculée. Il fut d'abord question de me donner le nom de celui qui m'avait trouvé, mais il s'appelait Zollickoffer, et comme on le trouva d'une prononciation trop difficile, je pris celui de Marbre à l'âge de quinze jours.

— Etes-vous resté longtemps aux Enfants-Trouvés ?

— Jusqu'à huit ans; et je profitai d'un temps brumeux pour me soustraire à la charité publique. Je pris du service à bord d'un vaisseau anglais, et en 1775 j'étais gabier de la hune de misaine à bord du *Romeny*, de cinquante canons. Je passai de là sur le *Carnatis*, de soixante-quatorze canons. Dans les premières affaires de la révolution, je désertai et pris du service sur un sloop américain. Fait prisonnier et délivré après la guerre, j'ai toujours servi depuis dans la marine marchande.

— Et pendant tout ce temps, mon bon ami, vous avez été seul au monde ?

— Précisément, et que de fois, au milieu des rues de New-York, je me suis dit : Au milieu de tous ces hommes, il n'y en a pas un seul que je puisse appeler mon parent !

Marbre prononça ces mots avec une sensibilité que je n'aurais pas supposé cachée sous sa rude écorce. J'étais jeune alors, mais je suis vieux aujourd'hui, et les années m'ont appris à me défier des apparences. Tant de passions si dissimulées sous les dehors de l'indifférence, tant de souffrances réelles revêtent le masque d'une gaieté forcée, que j'ai cessé de m'en rapporter à la superficie mensongère des choses. L'extérieur est rarement un miroir fidèle des pensées de l'âme, et c'est par une flagrante injustice que le monde juge, d'après de vaines conjectures, des causes qu'il ne se donne pas la peine d'examiner à fond, et qu'il rend des arrêts sans appel, quand il n'a même pas les moyens d'arriver à une connaissance positive de la vérité.

— Nous sommes tous de la même famille, mon ami, repris-je avec une intention bienveillante, mais le temps et les circonstances nous éloignent les uns des autres.

— Ma famille, c'est moi; je suis à la fois ma souche et ma postérité; je suis plus important dans ma famille que Bonaparte dans la sienne.

— C'est votre faute si vous ne laissez pas d'héritier; pourquoi ne vous mariez-vous pas ?

— Parce que mes parents ne m'en ont pas donné l'exemple. Allons, Miles, le major et sa fille nous ont invités, il ne faut pas les faire attendre. Mais à propos de mariage, Miles, je suis une fille qui vous convient sous tous les rapports. On peut dire que c'est le sort qui la jette dans vos bras.

— Je n'en suis pas certain, Marbre. En premier lieu, le major Merton n'accorderait pas volontiers sa fille à un marin des États-Unis.

— Pourquoi pas? Vous m'avez dit que vous possédiez votre domaine de Clawbonny depuis quatre générations, et, comme dit un proverbe espagnol, il faut trois générations pour faire un gentilhomme.

— Je crois, répliquai-je, que miss Merton s'inquiétera peu de mes ancêtres, si la génération présente ne parvient pas à lui plaire.

— Ce sera votre faute. Vous êtes seul avec elle au milieu de l'océan Pacifique, et si vous ne pouvez la convaincre par vos paroles, vous ne justifiez pas la bonne opinion que j'ai conçue de vous.

Ce qui doit paraître étrange au lecteur, c'est que l'idée d'épouser Emilie se présentait pour la première fois à mon esprit. A Londres, je l'avais regardée comme une connaissance agréable, seulement nos relations avaient revêtu cette teinte romanesque et sentimentale qui est inhérente à la jeunesse. Depuis un mois que j'avais retrouvé Emilie, je la regardais uniquement comme une amie. Ses manières aimables, sa beauté, ses dix-neuf ans ne m'inspiraient qu'une affection fraternelle; et je ne sais quel vague sentiment dont je ne me rendais pas compte m'empêchait de devenir amoureux d'elle. Néanmoins la suggestion de Marbre ne me fut pas désagréable.

Nos hôtes nous reçurent affectueusement. Ils semblaient se rappeler le début de notre connaissance toutes les fois qu'ils me revoyaient avec Marbre. Le déjeuner se ressentit de notre présence à terre; car le jardin de M. Le Compte produisait encore quelques laitues, poirées, radis, etc. Quelques poules avaient été laissées dans l'île, et Nabuchodonosor nous avait procuré des œufs frais.

— Nous sommes ici installés comme d'anciens habitants, nous dit le major, et je passerais volontiers le reste de mes jours dans cette île charmante s'il ne fallait songer à ma pauvre fille, qui se contenterait difficilement de la société de son vieux père.

— Eh bien! major, dit Marbre; vous avez l'embarras du choix. Notre premier lieutenant Talcott est un homme bien élevé et de bonne famille, et quant au capitaine Wallingford, ici présent, je gagerais qu'il donnerait son Clawbonny pour partager la souveraineté de cette île avec une reine aussi gracieuse.

J'aurais souhaité que Marbre se fût abstenu de cette sortie, qui fit rougir Emilie Merton. Le major poursuivit s'ans s'émouvoir.

— Sans doute, sans doute, le romanesque plaît toujours aux jeunes gens, et ce lieu est propre à le développer, même chez les hommes d'un âge mûr; car l'idée que je viens d'émettre m'obsède depuis que je suis ici.

— Il est heureux, dit Emilie en riant, que vos désirs n'aient pas été assez forts pour que vous en fissiez l'objet de propositions directes.

— Vous êtes un obstacle à mes vœux; car je ferais-je avec une jeune fille qui aime les bals, les théâtres et les amusements du monde?

— Que feriez-vous vous-même, major Merton, avec celui que vous auriez choisi pour compagnon, sans livres, sans société, sans occupations?

— Je réfléchirais au passé, et je prendrais des mesures pour l'avenir. J'aurais les livres de la bibliothèque d'Emilie. Je goûterais le plaisir de créer tout de mes propres mains. Il y aurait une maison à construire, le débris du naufrage à recueillir, et la basse-cour à soigner. Oh! je vivrais comme un prince.

— Oui, mais vous n'auriez pas de sujets, et vous ne tarderiez pas à vouloir abdiquer.

— Peut-être, Miles. Toutefois cette chimère me sourit. Je n'ai plus que des parents éloignés; fils d'un cadet de famille, je n'ai jamais possédé un pouce de terre, et il me serait doux d'avoir un domaine d'une assez grande étendue. Mais Emilie paraît effrayée de la perspective de devenir héritière de cette vaste propriété foncière. Ainsi je n'en dirai donc pas d'avantage.

La conversation changea d'objet, et, après le déjeuner, le major et Marbre se promenèrent sous les arbres en se dirigeant du côté du navire échoué. J'engageai Emilie à prendre son chapeau et à faire un tour du côté opposé.

— Mon père a une singulière idée, me dit ma belle compagne après un moment de rêverie; ce n'est pas la première fois qu'il en parle.

— Le plan conviendrait à deux amants bien épris l'un de l'autre, répliquai-je en riant. Je me figure que deux jeunes gens unis par un attachement sincère passeraient une année et même deux ans dans cette île sans avoir envie de se pendre. Mais je crois que leur amour diminuerait par degrés, et qu'ils s'empresseraient de fuir ils se mettraient à construire une embarcation.

— Vous n'êtes pas très-romanesque, monsieur Wallingford, répondit Emilie avec un léger accent de reproche. Quant à moi, je vivrais aussi heureuse ici qu'à Londres si j'étais entourée de mes plus chers amis.

— Cela changerait la thèse. Que j'aie ici votre père, vous, l'honnête Marbre, ce bon M. Hardinge, Rupert, ma chère Grâce, Lucie, Nabuchodonosor et quelques autres de mes noirs, et je ne désirerais pas d'autre domicile. L'île a des qualités rares, de frais ombrages, des fruits délicieux et un sol qu'il serait facile de cultiver.

— Et quelles sont, monsieur Wallingford, les personnes dont la présence vous rendrait l'île agréable?

— D'abord le major Merton est un officier retraité au service de l'Angleterre, qui remplirait parfaitement les fonctions de juge et de chancelier. Il a une fille...

— Passez, passez, je la connais mieux que vous; mais qu'est-ce que Lucie, Rupert et cette chère Grâce!

— Cette chère Grâce est ma sœur, Rupert est mon ami d'enfance, M. Hardinge est mon tuteur. Quant à Nab, vous pouvez le voir là-bas; il donne à manger aux poulets. Lucie est la sœur de Rupert et la fille de M. Hardinge, vieil ecclésiastique qui officierait les dimanches, et célébrerait au besoin les cérémonies du mariage.

— Il n'en aurait guère l'occasion dans votre île déserte, dit précipitamment miss Merton.

Si certaines jeunes personnes montrent une exquise délicatesse quand on parle de mariage, c'est sans doute parce qu'elles sont éclairées sur ce sujet. La naïve Lucie n'aurait pas manqué de répondre à un propos de ce genre : — Oh! oui certainement : peut-être aurait-elle rougi; mais elle se serait gardée d'émettre l'opinion ridicule qu'on ne se marierait pas dans l'île de Marbre aussi bien qu'à Clawbonny ou à New-York. Quoi qu'il en soit, miss Merton jugea convenable de changer de conversation, et nous nous entretînmes de la santé de son père. En exprimant ses craintes à ce sujet, elle montra du naturel et une affection véritable. Les climats chauds ne convenaient pas au major, qui avait ressenti aux grandes Indes les atteintes d'une maladie de foie dont il était à peine rétabli. Emilie, en me quittant, me fit promettre de faire diligence pour arriver le plus tôt possible à des latitudes plus élevées.

Je retrouvai Marbre sous les arbres, dans un sentier que les pas du pauvre capitaine Le Compte avaient tracé.

— Ce major Merton est un homme sensé, me dit le vieux marin. C'est un véritable philosophe, et j'approuve fort son idée d'achever ici son voyage sans travailler jour et nuit à monter quelques échelons de l'échelle sociale pour faire ensuite la culbute. A vrai dire, Miles, ce projet me va, et je suis tenté de vous laisser partir sans moi.

Je regardai Marbre avec stupéfaction. Je le connaissais trop bien pour douter qu'il parlât sérieusement, et j'avais trop d'expérience de son caractère pour ne pas prévoir qu'il serait difficile de le détourner de son dessein. Le malheur qui le poursuivait depuis qu'il avait succédé au capitaine Williams était le véritable motif de cette étrange résolution.

— Vous n'avez pas assez réfléchi là-dessus, mon ami, répondis-je d'une manière évasive. La nuit vous portera conseil.

— Je ne crois pas, Miles. Il y a tout ce dont j'ai besoin, ajouta-t-il quand vous aurez emporté les objets qui peuvent être utiles au navire.

— Je ne parle point des vivres; mais songez à la solitude, à l'isolement, aux chances de maladie, à la mort horrible qui vous surprendrait sans assistance.

— J'ai songé à tout cela; vivant en ermite, je serai parfaitement dans ma sphère. Sans doute j'aimerais à vous avoir avec moi, ainsi que Talcott ou le major; mais, puisque votre devoir vous appelle ailleurs, il vaut mieux n'avoir aucune société que d'en avoir une mauvaise. J'avais pensé à garder auprès de moi les matelots sandwichiens; mais il serait difficile de les maintenir dans l'obéissance après le départ du vaisseau. Je resterai donc seul. Vous annoncerez notre découverte à votre retour. Il viendra des navires me visiter de temps en temps, et j'aurai ainsi de vos nouvelles.

— Mon Dieu, Marbre! pouvez-vous envisager sérieusement un projet aussi insensé?

— Regardez ma situation, Miles. Tous les lieux de la terre doivent m'être indifférents, excepté celui-ci, que je puis regarder comme à moi. Personne ne peut désirer mon retour dans ma patrie. D'ailleurs cette patrie est ici. Cette contrée appartient à l'Amérique, et j'y planterai le pavillon des Etats-Unis, sous lequel je navigue depuis 1777, et que je n'abandonnerai jamais.

— Je serais sans excuse si je vous abandonnais ici.

— Eh bien, je me déroberai à votre vigilance, et votre responsabilité sera à couvert.

— Et que dirai-je à vos connaissances quand elles me demanderont ce que vous êtes devenu?

— Vous leur direz, répondit Marbre avec amertume, que l'homme que l'on avait retrouvé autrefois est perdu de nouveau; mais vous attachez trop d'importance à ma personne. Mon aventure fournira tout au plus la matière d'un article de journal; elle aura, pour les abonnés, le même intérêt qu'un assassinat ou un empoisonnement.

— En y réfléchissant, repris-je d'un air inquiet, je ne sais si vous trouverez ici des provisions suffisantes.

— N'ai-je pas mon fusil de chasse? Vous me laisserez des munitions, et les navires qui passeront renouvelleront mes subsistances. J'ai des porcs et de la volaille, des tonneaux de sucre et des légumes secs. Je puis planter, pêcher, chasser, faire des haies avec les cordages du navire échoué. Il vous reste un boisseau de blé de Turquie dont je puis ensemencer la plaine entre les bois. Je possède un coffre d'outils, et j'ai acquis en naviguant quelques talents dans l'art du charpentier et du serrurier. Je ne vois pas ce qui me manque. Loin d'être à plaindre, je suis digne d'envie. Il y a à Londres des milliers de malheureux qui échapperaient volontiers leurs rues populeuses et leur misère contre mon opulente solitude.

Je pensai qu'il était inutile de raisonner avec Marbre, et je confiai au temps le soin de lui ouvrir les yeux sur ses véritables intérêts. Néanmoins il persista, et annonça à l'équipage l'intention de se fixer dans l'île qu'il avait découverte.

Au bout d'une semaine nous eûmes embarqué sur le schooner toutes les marchandises dont on pouvait trouver le débit en Amérique. Sur le refus de Marbre, j'en confiai le commandement à notre ancien troisième lieutenant; j'écrivis aux armateurs, et j'ordonnai au capitaine du schooner de mettre à la voile et de retourner à New-York par la route du cap Horn. Cependant *la Crise* avait été arrimée. Avant d'appareiller, je tentai un dernier effort pour ramener Marbre à de meilleurs sentiments. Je mis en avant le major Merton, qui malheureusement avait employé trop d'arguments en faveur du projet de colonisation solitaire pour être écouté quand il se prononçait dans un sens contraire. Tout fut inutile, et il me fallut céder à la bizarre fantaisie de Marbre.

CHAPITRE XX.

Le monde „ obéissant aux volontés divines,
Sème sa route de ruines,
Et, dans son cours déterminé,
Nous laisse seulement ce qu'il n'a pas donné.

LUNT.

La résolution de mon vieil ami étant inébranlable, il fallait du moins songer à son bien-être et à sa sûreté. Avec les planches qui restaient dans le chantier, nous lui bâtîmes une cabane solide, et propre à lui offrir un abri contre les orages des tropiques. On donna à cette construction douze pieds de large sur six de long. On y perça trois fenêtres et une porte, qui fut assujettie par des gonds. La chaleur du climat rendait une cheminée inutile; mais, à peu de distance de la cabane, nous plaçâmes tous une auvent la cambuse de *la Pauline*. Nous entourâmes aussi de pieux et de cordages un terrain de deux acres d'étendue, dont le sol était fertile et en plein soleil. Marbre savait un peu de jardinage. J'eus le triste plaisir de le voir houer son potager, et de l'ensemencer de mes mains avant de mettre à la voile. On y mit du blé, des pommes de terre, des pois, des haricots et des radis, et d'autres légumes dont on trouva les graines dans le jardin français. Nous transportâmes divers objets de *la Pauline* auprès de la maison de Marbre. Il se plaignait de ce que nous ne lui laisserions rien à faire, mais il ne pouvait s'empêcher d'être touché de l'intérêt que nous lui témoignions.

Les Français avaient abandonné leur chaloupe, qui était grande, doublée en cuivre, et gréée en lougre. Je la mis en état de naviguer sur cette mer tranquille et de transporter Marbre dans une autre île, s'il avait envie d'abandonner sa solitude. J'y plaçai deux mâts avec deux voiles, des vergues et des écoutes. A quelques pouces au-dessous du plat-bord, je fis clouer solidement une corde qui faisait le tour de la frêle embarcation. J'y attachai des garants, garnis d'œillets à leur extrémité; un câble passait dans ces œillets et dans ceux de plusieurs épontilles fixées sur les bancs. Je complétai ces mesures de précautions avec des prélarts goudronnés, de sorte qu'une vague pouvait déferler sur la chaloupe sans la submerger.

Pendant que je m'occupais de ces préparatifs, Marbre me surveillait attentivement. La veille de mon départ, au soir, il me prit le bras d'une main tremblante, et m'emmena à l'écart. Le voyant attendri, je conçus l'espérance qu'il allait m'annoncer un changement de résolution.

— Dieu vous garde, Miles! me dit-il d'une voix entrecoupée. Vous seul me feriez regretter le monde, et j'aurai un grand plaisir à recevoir de vos nouvelles.

— Et comment, mon cher ami?

— C'est vrai, les communications sont difficiles entre New-York et cette île. Je sais que, lorsque vous aurez disparu, je serai séparé du reste du monde probablement pour toujours; mais, qu'importe! je n'ai plus beaucoup de temps à passer sur cette terre. Hier, miss Merton m'a donné la Bible, et, à ma prière, elle m'a montré le passage où il est question de Moïse. Je comprends maintenant pourquoi l'on m'a donné ce nom.

— Mais Moïse n'a pas jugé nécessaire de se réfugier dans une île inhabitée, uniquement parce que ses parents l'avaient abandonné.

— Ce Moïse n'avait aucun motif pour rougir de ses parents C'était réellement pour craindre qu'on l'eût exposé; et puis il n'avait pas laissé surprendre par les Français un gros navire comme *la Crise*, monté par quarante hommes d'équipage.

— Allons, Marbre, vous avez trop de bon sens pour parler ainsi. Heureusement il n'est pas encore trop tard pour vous faire changer d'avis.

Tel fut le début de l'effort que je tentai pour convaincre mon ami; mais il y résista avec opiniâtreté. En le quittant, je lui rappelai la nécessité de profiter du vent pour mettre à la voile le lendemain matin.

— Je le sais; répondit-il. Il est inutile de me le répéter. Vos gens sont déjà à l'œuvre. Voici Nab qui vient vous annoncer que le canot va partir. Je vais passer une première nuit à terre; demain vous voudrez sans doute serrer pour la dernière fois la main d'un vieux camarade, et vous me trouverez sur le rivage. Bonsoir. Mais, avant de nous séparer, je veux vous remercier des effets que vous avez fait porter dans ma hutte. Je n'en avais pas besoin; car j'ai assez de fil et d'aiguilles pour remplir une boutique de fripier, et la vieille toile qu'ont laissée les Français me fournira des vêtements pour le reste de mes jours. Bonsoir, mon cher enfant, que Dieu vous bénisse!

Malgré l'obscurité, je vis que les yeux de M. Marbre étaient humides, et je sentis ses mains trembler dans les miennes. Je le quittai convaincu qu'une nuit passée dans la solitude lui ferait passer le goût de la vie d'anachorète.

A mon retour sur *la Crise*, je donnai des ordres pour désafourcher à la pointe du jour. J'avais investi Talcott du grade de premier lieutenant, et pris pour second lieutenant un Philadelphien, dont l'unique défaut était un goût prononcé pour les boissons alcooliques. Avant de démarrer, je me rendis à terre. Les poules et les cochons étaient déjà rassemblés près de la porte de la hutte; mais M. Marbre n'était pas là pour leur donner leur nourriture accoutumée. Sa cabane était vide!... Je supposai qu'après une nuit d'insomnie il était sorti pour jouir de la fraîcheur réparatrice du matin. Je le cherchai dans le bois voisin, le long du rivage, dans tous les lieux qu'il fréquentait; mais je ne vis nulle part la trace de ses pas. En jetant par hasard les yeux sur le lac, je remarquai que la chaloupe n'y était plus, quoique je l'eusse laissée la veille amarrée avec un grappin assez solidement pour qu'elle ne pût être dérangée par un homme seul. Je retournai promptement à bord, et commandai une revue générale. Tous les matelots étaient à leur poste. Ainsi M. Marbre avait seul détaché et emmené la chaloupe. Je montai dans les hunes, et du haut des barres traversières du grand hunier je promenai mes regards sur toute l'étendue de l'île, et des eaux qui l'entouraient. Je n'aperçus ni M. Marbre ni la chaloupe. Peut-être l'avait-il cachée derrière les débris de *la Pauline;* mais, en ce cas, il avait dû préalablement amener les mâts.

Cependant on avait levé notre dernière ancre, et *la Crise* avait le cap vers le goulet. Tout en surveillant le pilote, je continuai à chercher des yeux le solitaire et son embarcation. J'envoyai inutilement un canot près du navire échoué. Après de vaines recherches et une conférence avec Talcott, je demeurai presque convaincu que notre ami, se repentant de sa résolution, mais retenu loin de nous par une fausse honte, s'était aventuré en mer pour gagner une île voisine. Cependant nous ne pouvions distinguer au large rien qui ressemblât à une embarcation. Une seule fois, du haut de la vergue de kakatoès, je distinguai sur l'Océan, droit au vent, un point obscur qui avait quelque analogie avec la voile d'une chaloupe. Mais il y avait tant d'oiseaux de mer qui voltigeaient aux rayons du soleil que je fus forcé d'admettre malgré moi que ce pouvait être l'un d'eux, et je fus forcé de m'arrêter à cette supposition.

A midi, malgré mes justes inquiétudes, je donnai l'ordre de brasser carré et de continuer notre voyage. La navire s'éloigna rapidement de la côte, et à deux heures la ligne de cocotiers qui bornait l'horizon s'enfonça complètement sous l'extrême limite des vagues tumultueuses. Dès ce moment je renonçai à tout espoir de revoir M. Moïse Marbre; mais cette circonstance répandit parmi nous une mélancolie qui dura plusieurs jours.

— Il est fâcheux, me dit à table le major Merton, que l'orgueil ait empêché M. Marbre de reconnaître son erreur; nous l'aurions conduit à Canton, où il aurait pu vous quitter et passer à bord d'un autre navire.

— Comme nous comptons le faire, ajouta Émilie avec une intention marquée. Il est temps d'épargner au capitaine Wallingford les embarras que lui cause notre présence.

— Quoi! miss Merton, répliquai-je précipitamment, votre charmante société peut-elle être un embarras pour moi? Puisque M. Le Compte vous a réservé un logement commode et que vous ne manquez de rien, je n'ai pas de motif pour me priver du plaisir de votre compagnie.

Émilie parut enchantée de ce compliment, et son père reprit d'un ton pensif :

— Je vous dois certainement mille excuses pour la peine que nous vous donnons; et je suis d'autant plus reconnaissant que vous avez manifesté l'intention de n'accepter aucune indemnité. Aussitôt que nous serons en Chine, je m'empresserai de m'embarquer sur le premier navire anglais qui voudra bien nous recevoir.

Cette déclaration parut attrister Émilie; mais, quoique je protestasse contre les intentions du major, je ne pouvais m'y opposer, puisque ni l'Angleterre ni l'Inde ne se trouvaient sur notre route. Je voulus au moins profiter des moments que j'avais encore à passer dans la société des Merton. Le major, quoique très brillant, avait l'esprit cultivé, et mes rapports avec Émilie me faisaient perdre cette rudesse particulière aux marins, pour y substituer quelques-unes des qualités de l'homme du monde. C'est grâce à elle que j'ai acquis un certain *aplomb*, et que j'ai cessé d'être timide dans la société des femmes.

Je débarquai mes passagers à Wampoa en leur faisant promettre de me revoir avant mon départ. Je vendis facilement mes peaux de loutres et mon bois de sandal à des conditions très-avantageuses. J'achetai des thés, des nankins, des porcelaines et autres objets indiqués dans les instructions du capitaine Williams. Je fis aussi pour mon propre compte des acquisitions que je destinai par anticipation à la future maîtresse de Clawbonny. Les marchandises indigènes se trouvaient à bas prix, de sorte que je devais recueillir l'honneur qui s'attache à un voyage fructueux.

Quand j'eus terminé mes opérations, après deux mois d'un travail assidu, je me hâtai d'aller prendre congé du major et de sa fille. Je trouvai Emilie seule, et, quand je lui annonçai mon prochain départ, elle en fut sensiblement affectée.

— Dieu sait, miss Merton, si nous nous reverrons jamais! lui dis-je avec émotion.

Je ferai observer à mes lecteurs que je suis maintenant un vieillard, et que la vanité a perdu sur moi tout son empire. Ainsi, quand je rapporte les impressions favorables que j'ai produites sur les autres, je puis me dire affranchi des faiblesses de l'humanité. Emilie tressaillit et devint pâle lorsque je lui parlai de la durée probable de notre séparation. Sa jolie main trembla au point qu'elle essayait en vain de manier l'aiguille. D'ordinaire si calme et si maîtresse d'elle-même, la

M. Le Comte capitaine de *la Pauline.*

charmante fille était en proie à une agitation inusitée. Ce n'est qu'aujourd'hui que je me rends compte des motifs qui m'empêchèrent de me jeter à ses pieds pour la supplier de me suivre en Amérique; mais, en réfléchissant froidement à cette scène quelques jours après, je fus émerveillé de mon stoïcisme. Je n'affirmerai pas que j'attribuasse à moi seul le trouble d'Emilie; cependant j'avoue que je ne pouvais l'expliquer d'aucune autre manière aussi agréable pour moi.

L'arrivée du major Merton nous rappela la nécessité de paraître calmes. Il avait l'air tellement inquiet que je lui demandai s'il éprouvait quelque indisposition.

— Je souffre toujours, répondit-il, et mon médecin m'a dit franchement que, si je ne passais pas au plus vite dans un climat froid, je n'avais pas six mois à vivre.

— Eh bien! m'écriai-je avec un empressement qui prouvait ma sincérité, partez avec moi! Grâce au ciel, il n'est pas trop tard pour vous le proposer; je mets à la voile demain matin.

— On me défend d'aller à Bombay, poursuivit le major. Il faut que je renonce à ma place.

— Tant mieux, monsieur! Dans quatre ou cinq mois je vous débarquerai à New-York, où vous trouverez une température assez froide pour vous guérir de toutes sortes de maladies. Vous serez à bord à titre d'hôte et non de passager.

— Je vous remercie de votre générosité; mais peut-être ne sera-t-elle pas du goût de vos armateurs.

— Ils n'ont rien à m'objecter. D'après le contrat passé avec eux,

l'argent payé par les passagers me revient. On retient seulement une faible somme pour les vivres et l'eau du navire; mais, dans le cas où ils l'exigeraient, vous la leur donnerez. Elle s'élèvera tout au plus à cent dollars.

— A cette condition, j'accepte votre offre; seulement, comme je désire arriver au plus vite en Angleterre, je vous prie de me dire si vous relâcherez à Sainte-Hélène.

— Rien n'est plus facile si vous le désirez. Cette relâche sera même utile à la santé de l'équipage.

— En ce cas, Miles, notre marché est conclu; je serai prêt demain matin.

Cet arrangement rendit à Emilie toute sa sérénité. Moi-même je me sentis soulagé d'un fardeau; car la fille du major occupait, sinon mon cœur, du moins mon imagination. Talcott lui-même enchanté que moi d'apprendre que nous jouirions encore de la société des Merton. Nous mîmes à la voile à l'heure convenue, et l'on conçoit aisément que nous passâmes sur la dunette la plus grande partie de ce voyage long et monotone. Je jouais passablement du violon et de la flûte; Talcott connaissait ce dernier instrument, et nous fîmes des trios délicieux.

Dans le détroit de la Sonde, je recommandai aux matelots une surveillance assidue; car ces parages étaient toujours infestés de pirates. Je supposais avec raison qu'il nous serait impossible de les éviter. Effectivement Talcott vint me réveiller un matin, et me cria : — Levezvous, capitaine Wallingford, les coquins se pressent autour de nous comme des corbeaux autour d'une proie, et malheureusement le vent accalmit. Je me précipitai sur le pont, où tout l'équipage était déjà rassemblé. Le major Merton avait braqué sa lunette sur les ennemis, et les deux lieutenants détachaient les canons. L'Océan semblait couvert d'agresseurs, et le major me dit qu'il n'avait pas compté moins de vingt-huit praux, dont quelques-uns avaient de l'artillerie. Tous mes gens, pleins de confiance dans la force de *la Crise*, se préparaient à une vigoureuse résistance. Nabuchodonosor montrait un visage radieux, et semblait regarder comme une plaisanterie le combat qui allait s'engager; et pourtant ce nègre n'osait pas visiter pendant la nuit certaines localités de Clawbonny. Je suis même convaincu qu'aucun motif n'aurait pu le déterminer à traverser un cimetière, même en plein midi : mélange bizarre de courage héroïque et de crainte superstitieuse!

La flottille agissait de concert, et douze pièces de canon, qui furent dirigées à la fois contre *la Crise*, nous firent éprouver quelques avaries. Comme pour nous barrer le passage, le plus grand nombre des praux s'était placé à notre avant. Ceux qui étaient à l'arrière et par notre hanche formaient une ligne de bataille beaucoup moins serrée. J'ordonnai de carguer la grande voile et de mettre du monde aux cargues de la voile de brigantine. Les matelots employés à cette manœuvre furent pris exclusivement dans la batterie de tribord. Quand tout fut prêt, je mis la barre au vent; *la Crise* vira sur sa quille et bonlina facilement. En même temps la bordée de bâbord, chargée à mitraille, fut dirigée sur le gros des embarcations ennemies. Aussitôt qu'on eut orienté et changé les amures, nous ouvrîmes le feu à bâbord et à tribord pour forcer les praux qui étaient à l'avant à abandonner leur position. Au bout de vingt minutes, tous les pirates étaient réunis à l'ouest, et c'était un grand avantage pour nous; car nous pouvions les foudroyer d'une seule bordée. J'ai oublié de dire que le vent venait du sud.

La Crise déploya les basses voiles et les kakatoës, afin de gagner au vent. Six des praux résolurent de nous en empêcher en serrant le vent, et essayèrent de passer devant nos bossoirs. Le navire continua sa route comme pour les séparer du reste de la flottille. Puis tout à coup il s'écarta d'environ trois points, et porta au centre même des forces ennemies. Les pirates, surpris de notre manœuvre, nous livrèrent passage, et nous traversâmes la flottille en la couvrant de mitraille et de charges en grappes. Trois ou quatre praux s'approchèrent de nous et firent mine de nous accoster; mais, pour les repousser, je ne jugeai pas à propos de déranger les canonniers, qui chargeaient et tiraient avec autant d'ardeur que de succès. Les pirates ne tentèrent pas de nous suivre. Quand la fumée se dissipa, je les vis à quelque distance à l'arrière, et dans un désordre qu'avaient causé les effets de notre artillerie. L'une des embarcations avait été coulée bas, et cinq ou six autres étaient réunies autour d'elle pour recueillir l'équipage; trois autres avaient reçu des boulets dans leurs mâts. J'ai appris dans un voyage ultérieur que les assaillants avaient perdu quarante-sept hommes. Un de nos matelots mourut au Cap, moins par suite de ses blessures que faute d'un bon traitement chirurgical. Nabuchodonosor fut aussi blessé, mais assez légèrement pour être rétabli à notre arrivée à Sainte-Hélène.

Il n'y avait point de vaisseau anglais dans ce port, et mes passagers durent se résigner à nous accompagner jusqu'à New-York. Tout le monde fut ravi de garder à bord Emilie, qui avait montré le plus grand sang-froid dans notre échauffourée avec les pirates. Les matelots prétendirent qu'elle nous portait bonheur, oubliant que la pauvre enfant avait été amenée par une suite de chances contraires à la situation où elle se trouvait.

CHAPITRE XXI.

A quoi bon des vœux superflus?
A quoi bon regretter la jeunesse ou la gloire?
Puisque nos amis ne sont plus,
Buvons du moins à leur mémoire.

Nous arrivâmes à New-York par un beau jour du mois de juin 1802. En entrant dans le port de New-York, que quelques Américains enthousiastes ont comparé à la baie de Naples, j'étudiai avec intérêt la

Promenade du major Merton et de sa fille dans l'île de Marbre.

physionomie de mes compagnons; car j'éprouvais un désir juvénil de connaître l'opinion des étrangers sur ma patrie. Le major ne sembla pas frappé de la beauté du paysage; mais, soit par une satisfaction réelle, soit pour plaire à son hôte, Emilie fit éclater de vifs transports. Le navire était à la hauteur de Bedlow, et le pilote commençait à diminuer de voiles quand un schooner vint à passer devant nous. Au même instant j'entendis une exclamation de Nabuchodonosor, qui était occupé à ferler les perroquets volants.

— Qu'avez-vous à crier ainsi? lui dis-je avec emportement. Faites silence, monsieur, ou je vous apprendrai à vous taire.

— Monsieur Miles, s'écria le nègre en montrant avec vivacité le schooner, voici la Polly!

C'était en effet le navire construit par M. Le Compte, et je le hélai immédiatement.

— Obé, la Polly!

— Ohé!

— Où allez-vous? Quand êtes-vous revenu de la mer Pacifique?

— Nous sommes en charge pour la Martinique. Il y a six mois que la Polly est arrivée des mers du Sud. Nous avons fait depuis deux voyages aux Grandes-Indes.

J'avais donc la certitude que les armateurs avaient reçu de mes nouvelles. En effet, dès que la Crise fut entrée dans l'Hudson, deux des principaux membres de notre maison de commerce vinrent à bord dans un canot. Si l'amiral Nelson, après la bataille d'Aboukir, avait pu annoncer lui-même sa victoire au roi d'Angleterre, il n'aurait pas reçu un accueil plus flatteur que celui qui me fut fait par les deux armateurs. A chaque phrase on me donnait du capitaine; on m'adressait à la fois des éloges et des questions sur la valeur du cargaison, si bien que je ne savais à quoi répondre. Les deux négociants m'invitèrent en même temps à dîner pour le lendemain, et comme je m'excusais sur mes occupations, ils renvoyèrent l'invitation de jour en jour jusqu'à

ce que j'eusse accepté. Quand on apporte de l'or, on e t toujours le bienvenu.

Je donnai à l'équipage la permission d'aller passer la n it à terre, et mes gens débarquèrent au milieu d'un cercle d'aubergist s prévenants et empressés. Le matelot qui a devant lui trois années de paye est une espèce de Rothschild dans la banque maritime. Quoiqu nos hommes n'eussent encore reçu un dollar vaillant, toutes les ha pies qui les assaillaient savaient que leurs avances étaient hypothéqué es sur la cargaison.

L'Angleterre et les Anglais avaient alors une influenc remarquable dans toute l'Amérique, principalement à New-York, où un major anglais retraité était une sorte de gentilhomme au milieu d s classes élevées. J'ai vu beaucoup de ces quasi-lords dont les titre de noblesse n'étaient que des commissions de capitaines ou de lieut nants signées par le roi de la Grande-Bretagne. Il n'est donc pas éto nnant que le major Merton et Emilie fussent parfaitement reçus à leu arrivée, d'autant plus que leurs aventures avaient quelque chose de romanesque. L'un des armateurs leur offrit un logement convenable avec un empressement qui s'explique par l'importance qu'avait conservée notre ancienne métropole parmi cette élite de la société, qui avait soutenu la couronne pendant la guerre de l'indépendance. Je m'habillai, et je me rendis à terre, suivi de Nabuchodonosor. Mon proje t était de passer au bureau de mes armateurs pour y recevoir des lettre s, y répondre, et envoyer le nègre à Clawbonny avec la nouvelle du mon retour. L'heure à laquelle je passai près la batterie était celle de la promenade, et il y avait assez de jolies femmes pour me reten r un moment. J'errai quelque temps sous les arbres en regardant à droite et à gauche, suivi de Nabuchodonosor, qui poussait des cris d'admiration à la vue des Vénus noires occupées à promener les enfants de leurs maîtres. Je remarquai dans la foule deux jeunes gens vêtus simplement, mais avec un goût qui indiquait la classe aisée. Le jeune homme n'avait rien de remarquable, sauf une bruyante vivacité qui ne paraissait pas déplaire

André Drewett était l'adorateur avoué de Lucie Hardinge.

à sa belle compagne, à en juger par la manière dont ses dents éclatantes comme les perles de mon collier scintillaient entre les lèvres de corail. Un mélange de délicatesse féminine et de santé florissante, une démarche légère et gracieuse, un extérieur où se peignaient le bonheur et la bienveillance, tout contribuait à faire de cette femme une charmante créature... Elle avait cette distinction qui est autant le résultat des sentiments naturels que le fruit de l'art et des rapports sociaux. Je ne pouvais deviner ce que son cavalier lui disait, mais je les pris pour deux amants dont aucun nuage ne troublait la félicité. Mon nègre lui-même les remarqua, et pour mieux les examiner il cessa de regarder les Vénus au teint d'ébène.

Je ne pouvais pas bien distinguer les traits de l'aimable jeune femme; j'avais vu seulement qu'elle avait des yeux d'un bleu foncé, dont le regard rapide me fascina quand je passai auprès d'elle. Tout à coup j'entendis une voix dont le son me fit tressaillir. Ce seul mot : — Miles! prononcé avec une expression pénétrante, suffit pour me faire reconnaître Lucie Hardinge. Tremblante, incertaine, pâlissant et rougissant tour à tour, elle ne savait si elle devait suivre ou réprimer son impulsion; sa physionomie dénotait à la fois l'espérance, la crainte, le doute, le sentiment, la méfiance et la pudeur.

— Lucie! est-ce bien vous? Est-ce vous dont j'admirais la beauté sans vous reconnaître?

J'aurais passé une semaine à composer une salutation flatteuse, qu'il m'eût été difficile de mieux réussir. Je poursuivis l'œuvre que j'avais si bien commencée, et malgré les passants, malgré la gravité subite du joyeux cavalier de Lucie, je pressai cette tendre amie contre mon cœur, et lui donnai un baiser comme elle n'en avait jamais reçu. Les marins d'ordinaire ne font pas les choses à moitié, et j'y allai bon jeu, bon argent.

— Trêve, je vous prie, dit Lucie, rouge et confuse, en s'efforçant de se dégager de mes étreintes. Voici Grâce, mon père et Rupert.

En effet, toute la famille était venue respirer l'air du soir en compagnie d'un certain André Drewett, compagnon d'études de Rupert et adorateur avoué de Lucie. Grâce s'écria également : — Miles! Mais au lieu de s'élancer vers moi pour reculer ensuite, comme l'avait fait sa compagne, elle me sauta au cou et m'embrassa six ou huit fois de suite. Je pus remarquer que cette manifestation de tendresse fraternelle excitait la sympathie des passants.

Le bon M. Hardinge oublia sans doute que j'étais maintenant plus grand que lui et bronzé par un long voyage, car il m'embrassa comme si j'eusse été un enfant, et donna un libre cours à ses larmes et à ses actions de grâces. J'étais tellement ému que je me hâtai, pour me remettre, de donner une poignée de main à Rupert, de la part duquel je n'appréhendais pas une démonstration aussi sentimentale. Nous nous hâtâmes de nous dérober aux yeux de la foule et de chercher un endroit plus convenable pour nous entretenir. M. Drewett, chemin faisant, dit à Lucie : — C'est un ami intime ou un proche parent, miss Hardinge?

— Oh! oui! dit-elle, c'est à la fois un parent et un ami.

— Oserais-je vous demander son nom?

— Son nom, monsieur Drewett, mais c'est Miles, dont vous avez sans doute entendu parler de Miles? Mais j'oublie que vous n'avez jamais été à Clawbonny... N'est-ce pas une heureuse surprise, ma chère Grâce?

Grâce serra la main de Lucie, et eut avec elle un colloque rapide, dont M. Drewett attendit la fin avec une patience qui me semblait digne d'éloges. Puis il ajouta :

— Vous étiez sur le point de me dire quelque chose, miss Hardinge?

— Moi! quoi donc? Je vous demande pardon, monsieur Drewett, mais je ne soutiens plus. Ah! maintenant je me le rappelle, j'allais dire que c'est M. Miles Wallingford de Clawbonny, pupille de mon père et frère de Grâce.

— Et à quel degré est-ce votre parent? poursuivit le jeune homme avec insistance.

— A quel degré? à un degré très-rapproché. C'est..... Toutes mes idées sont confondues ce soir... il n'a aucun lien de parenté avec moi.

Là-dessus, M. Drewett jugea convenable de se retirer, et prit congé de nous avec une politesse étudiée qui me charma, mais que je n'étais pas alors en état d'apprécier à sa juste valeur. Personne ne parut regretter sa présence, et nous causâmes aussi tranquillement que si nous avions été sous le vieil ormeau de notre manoir. J'étais placé entre M. Hardinge et Grâce. Lucie était à côté de son père, sur les genoux duquel elle s'appuyait, et durant notre entretien, elle resta penchée en avant, attentive et les yeux fixés sur moi.

— Nous vous attendions, s'écria M. Hardinge. Le dernier navire arrivé de Chine à apporté la nouvelle que la Crise mettait à la voile dans dix jours, et j'ai consenti à venir à New-York pour attendre votre retour.

— Et jugez de notre étonnement, ajouta Rupert, quand nous avons lu dans les journaux : La Crise, capitaine Wallingford!

— Est-ce que les lettres que j'avais écrites de l'île ne vous étaient pas parvenues?

— Vous nous y parliez de M. Marble, et j'en avais conclu naturellement qu'il reprendrait le commandement du navire.

— Il a bien voulu me le laisser, pensant qu'il était en bonnes mains, répondis-je avec une certaine fierté, car mon amour-propre me fit oublier un moment la triste position du vieux marin.

— Vous, vous en êtes bien tiré, à ce qu'il paraît, me dit M. Hardinge. De toutes parts on fait l'éloge de votre conduite, et la reprise du navire est, dit-on, digne de notre meilleur amiral.

— J'ai tâché de faire mon devoir, répondis-je avec modestie. C'eût été un grand déshonneur pour moi d'être obligé de dire à mon retour que les Français s'étaient emparés de notre navire pendant que nous étions tous endormis.

— Mais vous avez aussi surpris les Français pendant le sommeil, et vous avez su garder votre conquête, dit une douce voix, dont tous les accents me semblaient mélodieux. Je me retournai et je rencontrai les regards expressifs de Lucie, qui, pour éviter les miens, se retira instinctivement derrière son père.

— Oui, répondis-je, nous avons été plus heureux que nos ennemis; mais vous devez vous rappeler que nous avons été favorisés par la complaisance du pauvre M. Le Compte, qui nous a laissé un schooner à son propre détriment. Pour lui rendre justice, c'était un brave marin et un vrai chevalier. La précipitation avec laquelle il nous a abandonné son bâtiment était due peut-être au désir d'éloigner de nous miss Merton, pour laquelle il avait un amour jaloux.

— Miss Merton! s'écria Grâce.

— Miss Merton! répéta Rupert avec un accent de curiosité.

— Qu'est-ce que miss Merton? dit M. Hardinge en souriant.

Lucie seule garda le silence.

— Je croyais, monsieur, vous avoir parlé de la famille Merton, et expliqué comment je l'avais rencontrée à Londres et retrouvée près de M. Le Compte.

— Vos lettres contenaient bien quelques mots relatifs au major Merton; mais c'est la première fois que j'entends parler d'une miss Merton. N'est-ce pas, mes enfants, que dans les lettres de Miles il n'était question que du major?

— Assurément, répondit Grâce en riant; celle qui m'était adressée ne faisait nullement mention d'une jeune personne. Et la vôtre, Lucie?

— Bien entendu, dit Lucie à voix basse, qu'il ne m'aurait point parlé de ce qu'il jugeait à propos de taire à sa propre sœur.

— Il est étrange que j'aie oublié miss Merton, repris-je avec un rire forcé; les jeunes gens oublient rarement de s'occuper des jeunes demoiselles.

— Cette miss Merton est donc jeune, mon frère?

— A peu près de votre âge, Grâce.

— Est-elle belle? a-t-elle des qualités?

— Elle vous ressemble, ma chère.

— Je suppose, ajouta M. Hardinge, qu'elle doit être belle, puisque vous avez oublié de parler de ses charmes dans vos lettres.

— Je crois, monsieur, que tous ceux qui n'ont pas le goût trop difficile doivent considérer miss Merton comme étant d'une beauté remarquable. D'ailleurs vous pourrez en juger vous-même, car elle est ici avec son père.

— Ici? s'écrièrent unanimement tous mes interlocuteurs.

— Oui. Faute de trouver une occasion favorable, le major retourne en Angleterre par la voie d'Amérique.

— Et combien y a-t-il de temps que le père et sa fille sont à votre bord? me demanda Grâce d'un ton grave.

— Environ neuf mois, et y compris le temps passé à Londres, à Canton et dans l'île, nos relations remontent à près d'une année.

— Certainement vous êtes restés assez de temps ensemble pour qu'elle se gravât dans votre souvenir, et vous n'auriez pas dû l'oublier dans vos lettres.

Cette sortie ne fut suivie d'un moment de silence que M. Hardinge n'interrompit que pour m'interroger sur mon voyage de Canton. Comme il commençait à faire froid sur la Batterie, nous nous rendîmes chez madame Bradfort, où logeaient tous les habitants de Clawbonny. Cette dame avait un vif attachement pour Lucie, et l'avait introduite dans la meilleure société de New-York. Le commerce du monde avait eu pour effet de rehausser le charme des manières de Grâce et de son amie, et de remplacer par un certain degré de réserve la franchise naïve de la fille de M. Hardinge. Toutes deux avaient acquis des qualités telles, que je commençais à croire qu'Émilie Merton, loin de les éclipser, se perfectionnerait elle-même en leur compagnie.

Arrivé au logis, je répondis à une multitude de questions. On ne prononça pas un mot au sujet de miss Merton, et le sourire reparut sur la figure de Lucie. Afin de mieux examiner mes deux amies, je les priai de se poser devant moi. Grâce avait dix-neuf ans, et Lucie six mois de moins. Cette dernière n'avait pas, comme ma sœur, une taille frêle et délicate; elle s'était développée, mais toutefois sans qu'on pût lui reprocher la pesanteur qui accompagne souvent les formes rondes et potelées. Ses traits pouvaient être comparés avec avantage à ceux d'Émilie Merton, dont l'embonpoint avait fait disparaître tous les angles. La physionomie de Grâce avait toujours une expression d'intelligence; mais les yeux de Lucie étaient empreints d'une sensibilité qui les rendait pour moi plus séduisants que ceux de ma sœur. Bref, tout homme eût été fier d'exciter comme moi l'intérêt de deux femmes aussi accomplies.

Cependant Nabuchodonosor était allé retrouver une certaine Chloé Clawbonny, sa cousine issue de germaine, à laquelle il rendait déjà des soins avant son départ. A la demande de Lucie, on arracha le nègre à ses occupations galantes pour le faire monter au salon. Ce fut pour lui une grande faveur que d'être admis en présence de ses supérieurs; car à cette époque un nègre reconnaissait volontiers qu'il avait des supérieurs. Aujourd'hui cette qualification est proscrite; un homme en vaut un autre, et tous les citoyens se considèrent comme égaux entre eux, quoique les uns aient le malheur d'être condamnés à de rudes travaux, tandis que les autres ont le loisir de vivre dans une opulente oisiveté.

Notre journée se termina par un souper égayé de plusieurs toasts on soupait encore en ce temps-là. La plupart de ceux dont on porta la santé m'étaient étrangers. Suivant les règles, on excluait toujours les personnes présentes, et les veufs ou célibataires ne désignaient que des gens placés dans les mêmes conditions d'existence. M. Hardinge excita notre hilarité en buvant à une vieille garde-malade nommée Peggy Perott, connue dans les environs de Clawbonny pour la plus laide femme du pays. Madame Bradford porta la santé du docteur Wilson, vieil ecclésiastique de ses amis, et Rupert but à miss Winthrop, dont la famille appartenait à la haute aristocratie coloniale.

— Connaissez-vous cette miss Winthrop? demandai-je à Grâce à voix basse.

— Pas du tout; je ne vais pas dans cette société, répliqua-t-elle avec douceur; Rupert et Lucie sont reçus par plusieurs personnes que je ne connais pas.

C'était la première fois que m'était révélée la différence de position de Grâce et de ses amis. Nous sommes toujours mécontents d'apprendre ce qui nous est défavorable; aussi éprouvai-je d'abord un acte de rigoureuse justice. Ces distinctions produisirent des conséquences qu'il m'était impossible de prévoir, et que je raconterai dans la suite de cet ouvrage.

Rupert invita Grâce à porter un toast, car l'usage voulait qu'une dame succédât à un gentleman. Ma sœur, qui se déconcerte, mais après un moment d'hésitation, but à M. Édouard Marston; c'était un jeune homme qui fréquentait la maison de madame Bradfort.

— C'est à votre tour, mon cher Miles, me dit Grâce en souriant.

— Ma foi! je ne connais pas une âme. Nos jeunes filles du comté d'Ulster sont sorties de la mémoire; mais puisque vous me pressez, je prendrai le nom de celle auprès de laquelle je viens de passer neuf mois. Donc, à Emilie Merton!

A ces mots, M. Hardinge devint rêveur, comme s'il eût songé à ses devoirs de tuteur; je n'osais pas regarder Lucie, quoique je n'eusse pas hésité à vider mon verre en son honneur, si les lois du toast ne s'y étaient opposées. C'était à son tour de proposer une santé, et elle en fut avertie par madame Bradfort, beaucoup trop méthodique pour oublier quelqu'un. Lucie avait eu le temps de réfléchir; elle s'inclina, s'arrêta un moment pour se recueillir, et dit :

— A M. André Drewett!

Ainsi Lucie Hardinge portait un toast à ce jeune homme avec lequel je l'avais surprise au milieu d'une conversation si animée. Avec plus d'expérience du monde, j'aurais trouvé cette circonstance toute simple; avec plus de connaissance de la nature humaine, j'aurais su qu'une femme pleine de tact et de délicatesse n'aurait pas profité de l'occasion d'un vain usage pour trahir le plus cher de ses secrets. Mais j'étais jeune, prêt à porter devant l'univers entier la santé de celle que je préférais, et je ne me rendais pas compte des différences de sexe et de caractère. Le toast de Lucie me causa un mécontentement qui me rendit maussade tout le reste de la soirée. Ce fut sans déplaisir que j'entendis Rupert m'avertir qu'il était onze heures et qu'il fallait me chercher un gîte.

Le lendemain matin, en m'occupant des affaires du navire, je découvris que les feuilles publiques avaient popularisé mon nom parmi les marchands et les capitaines. Partout je fus favorablement accueilli. Il y a des hommes si forts de principes et d'intelligence, qu'ils se contentent de l'approbation de leur propre conscience, et opposent une égale indifférence aux louanges et au mépris du monde. Mais j'avoue que je n'étais pas assez stoïque pour faire peu de cas de la bonne opinion de mes compatriotes. Mais, comme il est au prix qu'on attache aux suffrages d'autrui est souvent un obstacle à l'élévation d'un homme; car lorsqu'on est incapable de juger et d'agir par sa propre inspiration, on court toujours risque de faire aux vœux de ses semblables des concessions inopportunes. Mais, comme dit le proverbe : d'un chat, on ne peut avoir que la peau; et j'étais passablement fier du piédestal en miniature sur lequel m'avaient exhaussé les journaux.

CHAPITRE XXII.

Les vaisseaux ne sont que des planches, les matelots que des hommes. Il y a des rats de terre et des rats d'eau, des voleurs de terre et des voleurs d'eau, je veux dire des pirates; et puis, il y a à craindre des eaux, des vents et des écueils. Néanmoins l'homme est bon... Trois mille ducats... Je crois que je puis prendre son billet.

SHYLOCK.

Je vis presque tous les jours Grâce, Lucie, Rupert et le bon M. Hardinge; mais une semaine s'écoula avant que j'eusse le temps de rendre visite aux Merton. Quand il me fut possible de me présenter chez eux, ils se montrèrent charmés de me revoir, quoiqu'ils n'eussent pas besoin de mes attentions pour vivre heureux. Le major avait fait valoir ses droits auprès du consul anglais, le colonel Barclay, qui se

trouvait être né dans l'île de Manhattan, et y avait des parents bien placés : circonstance à laquelle le major dut un crédit que son grade seul ne lui aurait pas obtenu. Le colonel Barclay introduisit les Merton dans des maisons dont ma qualité de capitaine de navire marchand m'interdisait l'entrée. Cette exclusion, pénible en tout cas, eut pour moi des désagréments particuliers.

Lorsque j'appris à Emilie que Grâce et Lucie étaient à New-York, et qu'elles avaient l'intention de venir la voir le soir même, elle témoigna moins de curiosité qu'elle n'en avait manifesté un mois auparavant. Après avoir exprimé le plaisir qu'elle aurait à voir ces dames, elle me demanda si miss Hardinge était parente de M. Rupert Hardinge, qui lui avait été présenté la veille dans une réunion. Je répondis affirmativement.

— On m'a dit, reprit-elle, que c'était le fils d'un respectable ecclésiastique ?

— La famille Hardinge jouit d'une grande considération parmi nous. Le père et le grand-père de Rupert étaient dans les ordres et son bisaïeul était marin.

— Marin? répliqua-t-elle. On m'avait dit qu'il avait été officier au service de l'Angleterre.

— C'est la vérité, répondis-je. Le vieux capitaine Hardinge, ou commodore Hardinge, avait commandé une escadre. Il servait dans la marine anglaise.

— Oh! dit vivement Emilie, quand on occupe ce grade dans la marine militaire, on est plus qu'un simple marin.

Ces mots suffisaient pour me prouver que miss Merton avait cessé de regarder le patron de la Crise comme le premier homme du monde. Un coup de sonnette annonça l'arrivée de deux jeunes filles, et bientôt j'eus le plaisir de voir ces trois aimables personnes réunies. Emilie reçut Grâce et Lucie avec une affabilité courtoise, et exprima chaleureusement la reconnaissance qu'elle me devait, à la vive satisfaction de mes jeunes amies, qui ne se lassaient jamais d'entendre faire mon éloge. Puis on parla des cercles de New-York, et comme les personnes qu'on nommait m'étaient totalement inconnues, j'eus tout le loisir de comparer entre elles ces trois femmes. Grâce et Lucie l'emportaient sur la jeune Anglaise par la délicatesse du teint, la petitesse de leurs mains et de leurs pieds, et par l'élégance de leur taille et de leur tournure. Emilie avait plus d'éclat, plus de vivacité dans la physionomie, Lucie plus de finesse et de sensibilité. La fille de M. Hardinge, par sa jolie toilette du matin, me parut éclipser Emilie; mais celle-ci aurait peut-être obtenu plus de succès dans une salle de bal. Après une visite d'une heure, on se sépara avec la promesse de se revoir bientôt, et dès que nous fûmes dans la rue, Grâce me dit : — Ma foi, Miles, vous pouvez vous flatter d'avoir rendu service à une charmante femme. Elle me plaît infiniment.

— Quelle est votre opinion? demandai-je à Lucie.

— Absolument la même, dit-elle d'un ton moins enjoué qu'à l'ordinaire. J'ai rarement vu une jeune personne aussi aimable, et il n'est pas étonnant...

— Qu'est-ce qui n'est pas étonnant? demanda Grâce, voyant que son amie hésitait.

— Oh! j'allais dire une sottise; il vaut mieux me taire. Mais avez-vous remarqué, Grâce, les élégantes manières de miss Merton?

— Je serais tentée de leur reprocher un peu d'affectation.

— Néanmoins, reprit Lucie en me jetant un coup d'œil furtif, elle doit plaire aux gens qui y sont accoutumés, et tôt devrait regretter de ne pas les retrouver dans les autres.

Ce reproche indirect me déplut. Lucie semblait m'accuser d'avoir perdu ma franchise naturelle au point d'aimer l'affectation. Je prétextai des occupations pour m'éloigner, et en passant dans Rector-Street, je rencontrai M. Hardinge, qui me cherchait.

— Venez ici, me dit le bon vieillard, je veux avoir un entretien avec vous. Je viens de causer avec mon vieil ami, John Murray, chef d'une des meilleures maisons de commerce d'Amérique. Il y a de l'étoffe dans ce jeune homme, m'a-t-il dit, profitez-en; achetez-lui un navire, et qu'il fasse désormais des affaires à son propre compte. J'ai réfléchi à ce projet, et si vous l'approuvez, j'ai un bâtiment en vue.

— Mais, mon cher monsieur, je n'ai pas assez d'argent pour faire cette acquisition. Après avoir navigué à bord du John, du Tigre et de la Crise, je ne me soucie pas de m'embarquer sur un navire d'un ordre inférieur.

— Vous oubliez de mentionner la Polly, dit le bon prêtre en souriant; en tout cas, votre dignité sera à couvert. Vous ne pouvez rien désirer de mieux que le navire que l'on m'a proposé. Il n'a fait encore qu'une traversée, et c'est à une vente pour cause de décès de son propriétaire. Quant à l'argent, vous vous rappellerez que j'ai placé dans les fonds publics treize mille dollars de votre revenu. A combien évaluez-vous votre paye et votre casuel?

— J'ai en ce moment près de trois mille dollars, et j'ai encore ma part de prise à toucher.

— Le prix du vaisseau n'est que de quinze mille dollars, et je compte que nous pouvons le réunir vingt. Allez donc voir le navire en question, et, s'il vous convient, je conclurai l'affaire.

— Mais, mon cher monsieur Hardinge, vous croyez-vous à même de juger de la valeur d'un bâtiment?

— Je me suis bien gardé de m'en rapporter à mes propres lumières. J'ai pris l'avis de John Murray, d'Archibald Gracie, de William Bayard, et même celui du docteur Benjamin Moore, tous juges compétents en pareille matière.

— Les trois premiers sont connaisseurs, mais qu'est-ce que le docteur Benjamin?

— C'est celui que nous avons élu évêque pendant votre absence; et, même en fait de navire, l'approbation d'un aussi honnête homme n'est pas à dédaigner.

Mes lecteurs riront, comme moi, de la simplicité de M. Hardinge, et pourtant est-il surprenant qu'un évêque se mêle de marine, quand nous voyons tant d'ignorants se mêler de discussions religieuses, sans avoir jamais ouvert un livre de théologie.

Le navire que je visitai était doublé et chevillé en cuivre, et d'environ cinq cents tonneaux. Il avait été construit à Philadelphie, ce qui était une garantie en 1802. Il avait fait un voyage en Chine, et il n'avait guère plus d'une année d'existence; on l'appelait l'Aurore. Après l'avoir examiné avec attention, je l'achetai à la fin de la semaine. Le moment était favorable, car il s'offrait des passagers pour presque toutes les parties du monde. J'avais à choisir entre la Hollande, la France, l'Angleterre et la Chine. Après avoir consulté mon tuteur, je me décidai à partir pour Bordeaux, dont je comptais revenir dans cinq mois, à l'époque de ma majorité. Je pris pour lieutenants Talcott et l'officier philadelphien de la Polly, qui s'appelait Walton. En attendant mon départ, je songeai à faire une visite à la maison paternelle. On était à l'époque où la classe aisée quitte la ville pour occuper les villas construites le long des rives de l'Hudson. M. Hardinge soupirait après la campagne et ses troupeaux; les jeunes filles commençaient à trouver la ville triste, et moi-même, excepté Rupert, avait hâte de la quitter. J'avais invité les Merton à passer une partie de l'été à Clawbonny, dont le séjour pouvait améliorer la santé du major, auquel ses médecins avaient conseillé de chercher loin de New-York un air pur et frais. Émilie était lancée dans une société si vive, que je fus surpris de l'entendre presser son père de remplir sa promesse.

— M. Hardinge, dit-elle, m'a assuré que Clawbonny était une jolie résidence. Vous n'attendez pas de nouvelles d'Angleterre avant plusieurs mois, et je sais que le capitaine Wallingford nous recevra avec plaisir.

Dès que j'eus décidé les Merton à me suivre, je fis une démarche auprès de Rupert; mais il refusa d'abord de nous accompagner.

— Mon cher Miles, me dit-il, vous admettrez sans doute que Clawbonny est un séjour insipide pour un habitant de New-York. Je suis bien ici, et mon excellente cousine Marguerite Bradford fait tout pour m'être agréable. Croiriez-vous que depuis deux ans elle m'a donné douze cents livres. Quelle excellente femme !

Connaissant l'attachement de madame Bradford à sa famille, je crus sans peine à sa libéralité; mais je fus étonné que Rupert eût été dans le cas d'y avoir recours, car il avait touché jusqu'au dernier centime les fonds que j'avais mis à sa disposition.

— Je suis fâché, répondis-je, que vous ne veniez pas avec nous; car je comptais sur vous pour divertir les Merton.

— Les Merton? Est-ce que réellement ils doivent passer l'été à Clawbonny?

— Pourquoi pas? Ils partent avec nous demain matin.

— Miles, mon cher ami, vous ne connaissez pas le monde; les Anglais, en particulier, sont esclaves des convenances et de l'étiquette. Je puis vous l'affirmer, car je passe la plus grande partie de mon temps dans la société anglaise.

La société dont parlait Rupert comprenait une partie de l'aristocratie américaine, quelques Anglais de familles respectables, et bon nombre d'aventuriers qui s'y glissaient à la faveur d'un extérieur avantageux et d'un certain usage du jargon du monde. Ils parlaient beaucoup, buvaient sec, affectaient un mépris souverain pour les hommes et les choses d'Amérique. Comme ils avaient souvent à la bouche les noms de lord R...., de sir John B...., ou autres grands personnages qu'ils connaissaient de ouï-dire, le novice Rupert s'imaginait qu'ils étaient en rapport avec les dignitaires de la Grande-Bretagne; il cherchait à copier les manières de ces faux gentlemen, et je le voynis avec peine s'efforcer de corrompre les bonnes qualités dont il était doué, pour s'attacher à l'imitation de ces modèles équivoques.

— Clawbonny n'est pas une résidence d'un genre élevé, répondis-je après un instant d'hésitation; toutefois c'est une habitation convenable.

— Sans doute, Miles, mais c'est une ferme, et, si les jeunes personnes aiment les excellents produits des fermes, elles ne sont pas pour cela disposées à y établir leur domicile. J'ai eu occasion de voir plusieurs fois Émilie Merton, j'ai pu observer qu'elle avait beaucoup de délicatesse dans les goûts. Elle regrette que vous ayez suivi la profession de marin, qui, vous savez, n'est pas comme il faut.

— Vraiment, Rupert? répondis-je en partant d'un éclat de rire, car il me semblait absurde de ne pas accorder son véritable rang à un état aussi élevé et utile. En tous cas, miss Merton ne peut pas se plaindre que j'aie cherché à la tromper sur ma position réelle.

— Je n'en répondrais pas. Elle avait sur votre propriété de Clawbonny des idées tout à fait anglaises. En Angleterre une propriété

donne à un homme une certaine considération. Mais la terre est chose si commune chez nous que ceux qui en possèdent quelques acres ne jouissent point pour cela d'une estime particulière. Voilà ce que j'ai expliqué à miss Merton.

— Et que lui avez-vous dit, je vous prie ? Rupert ôta son cigare de sa bouche, lança la fumée par jets intermittents, leva le nez en l'air comme pour observer les astres, puis il daigna me répondre :

— J'ai appris à Émilie que Clawbonny était une ferme et non une propriété. Puis je suis entré dans des détails sur la position des fermiers aux États-Unis.

— Et vos explications ont-elles fait perdre à miss Merton la bonne opinion qu'elle pouvait avoir de moi ?

— Pas du tout; elle vous estime comme marin, elle vous regarde comme une espèce de Nelson dans la marine marchande ; mais elle vous voit avec regret suivre une carrière qui n'est pas au nombre des professions libérales. Toute autre jeune personne aurait à cet égard les mêmes idées.

— Vous vous méprenez, Rupert. Pensez-vous, par exemple, que Lucie regrette que je ne me sois pas destiné au barreau ?

— Sans contredit. Vous rappelez-vous comme elle a pleuré lorsque nous l'avons quittée pour aller en mer? C'était évidemment parce que vous faisiez choix d'un état qui n'était pas digne d'un gentleman.

J'étais loin de partager cette opinion ; mais je n'avais pas le temps de discuter avec Rupert, et je me contentai de lui dire :

— Eh bien ! partez-vous ou ne partez-vous pas ?

— Ma foi, puisque les Merton sont de la partie, j'aurais mauvaise grâce à ne pas les suivre. Nous rendrons visite aux familles qui s'installent pendant l'été sur l'autre rive de l'Hudson. Il serait bon, Miles, de vous ménager des relations avec elles.

— Il y a cent ans que nous sommes avantageusement connus sur la rive occidentale ! et j'ose espérer que nous serons bien accueillis sur l'autre, quoiqu'elle soit habitée par des personnes d'une condition supérieure. Le Wallingford met à la voile de bonne heure pour éviter la marée, et je prie Votre Seigneurie de ne pas se faire attendre ; car je serais assez peu gentleman pour vous brûler la politesse.

Je quittai Rupert avec un sentiment de mépris et de colère. Je ne m'abusais point sur ma position sociale, et, sans m'imaginer que la nature eût créé les hommes inégaux, j'admettais volontiers que les habitudes, l'éducation et quelquefois le hasard établissaient des distinctions nécessaires. Aussi je trouvais naturel qu'Émilie Merton, avec ses idées anglaises, eût tenu les propos que lui prêtait Rupert ; mais ce qu'il m'avait dit de Lucie m'attristait, et je résolus d'étudier ma jeune amie pendant le peu de jours que nous passerions à Clawbonny.

Le lendemain matin, nous appareillâmes à l'heure convenable, et favorisés par une fraîche brise du sud, nous débarquâmes au moulin dans l'après-midi. En ma qualité d'hôte, j'offris le bras à Émilie, et nous arrivâmes bientôt à un monticule d'où l'on dominait la maison, les prairies, les vergers et les champs.

— Voilà donc Clawbonny ! s'écria Émilie. En vérité, capitaine Wallingford, c'est une ferme très-agréable, et je ne m'attendais pas à la trouver telle, même après la description que m'en avait faite M. Rupert Hardinge...

Cependant mon tuteur regardait d'un œil humide son habitation chérie. Sans s'inquiéter de miss Merton, il me prit le bras, et m'entraîna à quelques pas en avant. Lucie donnait le bras à son père de l'autre côté, et nous nous mîmes à la tête de la petite caravane.

— C'est un riant séjour, Miles, me dit M. Hardinge, et j'espère que vous ne songerez jamais à démolir cette vieille et solide maison.

— Pourquoi en aurais-je l'idée, mon cher monsieur ? Elle a servi à mes ancêtres ; elle peut durer encore un siècle.

— Sans doute ; mais si vous êtes dans le commerce, et quand vous serez devenu riche, vous pouvez avoir l'envie de bâtir un château. C'était un de l'un des rêves de mon enfance ; mais le temps et la réflexion l'avaient depuis longtemps effacé.

— Qu'en pense Lucie ? demandai-je ; ai-je besoin, suis-je digne d'une maison plus belle ?

— Je ne répondrai à aucune de ces questions, répondit la jeune fille d'un ton qui me sembla passablement maussade. Je ne connais pas ce dont vous avez besoin, et je ne veux pas parler de ce que vous méritez. Mais je suppose que la question sera tranchée l'un de ces jours par une certaine madame Wallingford.

En disant ces mots, la jeune fille détourna la tête pour m'empêcher de voir sa figure. Mais son observation ne fut point perdue pour M. Hardinge, qui la développa avec le zèle d'un attachement pur et désintéressé.

— Quand vous vous marierez, me dit-il, prenez une femme assez bonne et assez simple de cœur pour ne pas vouloir abandonner ou modifier Clawbonny. Mon Dieu ! que de jours de bonheur et de tristesse se sont succédé sous ce toit, pour moi et pour tous ceux qui me sont chers !

Ces paroles furent suivies d'une espèce d'énumération des événements accomplis dans mon domaine, et mon tuteur la termina en répétant d'un ton solennel : — Gardez-vous bien, Miles, d'épouser une femme capable d'abandonner ou de changer Clawbonny.

CHAPITRE XXIII.

Oui, ton mérite est grand, si j'en crois tes aveux,
Mais pour cette beauté tu fais en vain des vœux.

Le Marchand de Venise.

Le lendemain matin, je fus sur pied de bonne heure, et, accompagné de Grâce, je me rendis au jardin, où je trouvai Lucie plus calme et plus heureuse en apparence que les jours précédents. Elle m'accueillit avec une cordialité qui dissipa mes alarmes, et je commençai à douter qu'elle eût de l'inclination pour un jeune homme d'une profession plus libérale que celle de capitaine marchand.

— Je ne m'attendais pas à vous trouver ici, lui dit Grâce. Il n'y a pas vingt minutes que vous étiez dans votre chambre, et vous voilà occupée à manger des groseilles vertes.

— Les fruits verts de Clawbonny valent mieux que les fruits mûrs de ces vilains marchés de New-York! s'écria Lucie avec une vivacité qui n'était pas étudiée; je préférerais une pomme de terre de Clawbonny à une pêche de New-York!

— Que nous serions heureux, reprit ma sœur, si vous pouviez renoncer à la marine, et venir vivre dans la maison que vos pères ont habitée avant vous!

— C'est impossible, répliqua Lucie. Les hommes ne sont pas comme nous autres femmes, qui donnons notre cœur tout entier à ce que nous aimons. Au lieu de cultiver en paix leurs terres, ils aiment mieux errer à l'aventure, faire naufrage, et relâcher dans les îles désertes.

— Il n'est pas étonnant que le séjour des îles désertes ait des charmes pour mon frère, puisqu'il y rencontre des compagnes comme miss Merton.

— Vous vous rappelez, ma sœur, que c'est à Hyde-Park, à Londres, que j'ai vu pour la première fois miss Merton.

— Vous conviendrez, Lucie, que le silence de Miles à cet égard est extraordinaire. Lorsque des jeunes gens se retirent de jeunes dames d'une pièce d'eau, ils devraient en faire part à leurs amis et à leurs connaissances.

Combien de fois des paroles inconséquentes, proférées sans intention, nous causent des chagrins que nous pourrions nous épargner! Grâce n'avait aucune arrière-pensée; cependant les quelques mots qu'elle prononça me rendirent soucieux, et chassèrent les sourires de la physionomie ordinairement radieuse de sa compagne. La conversation languit, et bientôt après nous nous rendîmes ensemble à la maison. J'employai la matinée à parcourir le domaine à cheval avec M. Hardinge, et à écouter ses comptes de tutelle. Je connaissais déjà les principaux résultats de son administration; *l'Aurore* en était une preuve matérielle. Toutefois il jugea à propos d'entrer dans les explications les plus minutieuses. Il n'y avait pas sur terre un homme aussi facile à duper que cet excellent ecclésiastique, et si mes revenus avaient fructifié, c'était par suite de la prospérité générale du pays, des plans judicieux tracés par mon père et des précieuses qualités des agents que le défunt avait choisis. Si mes affaires avaient uniquement dépendu des connaissances et de la direction de M. Hardinge, elles eussent été promptement en déficit.

— Je ne crois pas aux miracles, mon cher Miles, me dit mon tuteur, aveuglé par un amour-propre charmant; mais je crois que mes facultés se sont renouvelées pour me rendre capable d'accomplir les difficiles fonctions qui m'ont été si brusquement confiées. Dieu merci! les deux orphelins n'ont pas à se plaindre. Dans l'achat des grains, par exemple, j'ai déployé un discernement dont j'ai été moi-même stupéfait; moi qui n'aurais pas su acheter un boisseau de blé avant d'être gérant responsable de vos moulins. Au reste, je ne m'attribue pas l'honneur du succès.

— J'espère, mon cher monsieur, que le meunier Morgan vous aura secondé de tout son pouvoir.

— Sans doute, il est toujours plein de bonne volonté, et vous savez que je ne manque jamais de l'envoyer au marché pour acheter ou pour vendre. Ses conseils m'ont été merveilleusement utiles.

— Mais comment êtes-vous parvenu à distribuer si avantageusement les différentes espèces de blés?

— J'ai encore pris l'avis de Morgan, Miles, et la beauté de nos récoltes est véritablement providentielle.

— Le vieil Hiram, oncle de Nab, a dû aussi vous être d'un grand secours? Il a beaucoup de jugement.

— Je me plais à le reconnaître, Hiram a été mon collaborateur assidu. En définitive, mon ami, vous devez être content de votre part de bonheur terrestre, et vous transmettrez à votre fils une excellente propriété. Vous n'êtes pas sans doute assez attaché à votre navire pour vous vouer au célibat, et je m'estimerai heureux de voir à Clawbonny une autre dame Wallingford. Ce sera la troisième; car je me rappelle votre grand'mère.

— Pourriez-vous m'indiquer une personne propre à remplir ce rang honorable? dis-je en souriant.

— Que pensez-vous de miss Merton, mon ami? Elle est belle, et cela plaît aux jeunes gens; elle est instruite, et cela plaît aux vieillards; elle est bien élevée, et cela durera quand la beauté aura disparu. Pas plus tard qu'hier, j'en ai causé avec Lucie pendant que nous remontions l'Hudson... Mais voyez donc comme ce blé est magnifique! j'avais eu l'intention de semer là-bas sur le coteau, et de planter ce champ de pommes de terre; mais le vieil Hiram a tant fait que je me suis décidé à mettre les pommes de terre sur le coteau, et le blé dans la plaine, où il paraît venir miraculeusement.

— Mais, monsieur, vous oubliez de me dire le résultat de votre conférence avec Lucie.

— C'est vrai, c'est vrai; il est naturel que vous aimiez mieux entendre parler de miss Merton que de mes pommes de terre; c'est ce que je dirai à Lucie, soyez-en sûr.

— Je vous prie en grâce de n'en rien faire, mon cher monsieur! m'écriai-je avec inquiétude.

— Ah! vous vous sentez coupable; votre air alarmé vous trahit; mais, quoi que vous disiez, votre sœur et ma fille seront instruites de la vérité. Je cause souvent de vous avec Lucie, qui vous aime comme un frère... Allons, mon ami, vous rougissez comme une fille de seize ans; pourquoi rougiriez-vous d'un amour vertueux?

— Laissez de côté ma rougeur, monsieur, et parlez-moi de votre entretien avec Lucie.

— Eh bien, je lui ai parlé de votre long tête-à-tête avec miss Merton, à bord et dans une île déserte, et j'ai ajouté qu'il serait presque impossible que deux jeunes gens aussi accomplis eussent passé tant de temps ensemble sans éprouver de l'attachement l'un pour l'autre; à la vérité, la différence du pays peut être une objection.

— Et celle de position, monsieur! Vous savez qu'elle est fille d'un officier de l'armée anglaise, et que je suis simplement le patron d'un navire. Abstraction faite du mérite personnel et du privilège de l'âge, l'on ne me regarde pas à New-York comme l'égal du major Merton.

— C'est possible, mais Clawbonny, *l'Aurore*, vos revenus, sont autant de poids qui font pencher la balance en votre faveur.

— Je crains qu'il n'en soit rien; et pour avoir rang de *gentleman* dans notre aristocratique société, j'aurais dû étudier le droit comme Rupert. Vous pouvez voir par vous-même que sa position sociale est plus élevée que la mienne.

A peine eus-je prononcé ces mots que je m'en repentis; M. Hardinge en parut blessé; mais il était trop sincère et trop honnête homme pour nier un fait évident.

— Je ne chercherai pas à me le dissimuler, dit-il; Rupert semble même, à mon grand regret, s'apercevoir du léger avantage qu'il a sur vous; quant à Lucie, elle vous considère toujours comme un second frère.

Malgré l'assurance que me donnait M. Hardinge, je conservai des doutes qu'il me proposa d'éclaircir.

Le jour même, à dîner, je m'aperçus que Grâce avait introduit des améliorations sensibles dans l'économie domestique, et que les Merton eux-mêmes ne pouvaient trouver à redire à notre table. Quand on eut desservi, le major et M. Hardinge restèrent à vider une bouteille de madère, et nous nous retirâmes dans un coin pour converser. On permit à Rupert de fumer, à condition qu'il se tiendrait à quelque pas de la compagnie. Aussitôt que le petit cercle se fut formé, je passai dans ma chambre et je reparus bientôt après en criant:

— Grâce, je ne vous ai pas encore parlé d'un collier de perles que possède votre humble serviteur.

— Cependant nous le connaissons déjà, répondit Grâce avec une tranquillité désespérante; mais nous ne voulions pas vous demander à le voir, de peur d'être accusées de curiosité féminine; nous attendions votre bon plaisir.

— Qui vous a parlé de mon collier?

— C'est miss Merton qui vous a trahi.

— Ainsi la surprise que je vous préparais est manquée, dis-je avec un ton dans lequel perçait ma mauvaise humeur.

Emilie rougit et se mordit les lèvres sans rien dire; mais Grâce se chargea de l'excuser.

— Vous méritiez une punition, me dit-elle, car vous n'aviez pas besoin de nous préparer des surprises; d'ailleurs c'en était déjà une assez grande que de nous mettre en rapport avec Emilie Merton, sans l'avoir pervenue préalablement.

Le trouble d'Emilie augmenta à ces mots. Cependant elle dit avec calme : — Le capitaine Wallingford connaît bien peu les jeunes personnes, s'il a présumé que ses perles ne feraient pas le sujet de notre conversation.

— Voyons les perles, dit Lucie sans plus d'explication.

A la vue du collier, les jeunes filles ne purent s'empêcher de laisser éclater leur admiration, et Rupert lui-même, qui avait un faible pour les bijoux, déposa son cigare et franchit les limites qui lui étaient assignées. On convint unanimement qu'il n'y avait pas de collier semblable dans toute la ville de New-York; et quand j'eus raconté comment je les avais pêchées moi-même, Lucie ajouta à voix basse mais avec expression : — Cette circonstance en augmente le prix.

— Si miss Merton veut consentir à mettre le collier, dis-je galamment, vous le verrez dans tout son éclat, j'en ai déjà fait l'expérience.

Grâce appuya ma proposition, et, quand les perles furent au cou d'Émilie, Lucie s'écria dans un accès d'admiration généreuse : — Comme elles sont belles maintenant ! Oh, miss Merton ! vous devriez toujours porter des perles !

— Vous voulez dire ces perles, interrompit Rupert, qui était toujours prodigue du bien d'autrui. Ce collier devrait rester à la place qu'il occupe.

— Miss Merton en connaît la destination et les conditions auxquelles on pourrait l'acquérir.

Émilie ouvrit lentement le fermoir, plaça le collier devant ses yeux, et le regarda longtemps en silence.

— Quelles sont ces conditions ? demanda ma sœur.

— Il est évident, ajouta Lucie, qu'il a l'intention de vous les donner; autrement qu'en ferait-il ?

— Vous vous trompez, miss Hardinge. Je prie Grâce de m'excuser si je montre un peu d'égoïsme dans cette circonstance. Je destine ces perles, non pas à miss Wallingford, mais à madame Wallingford.

— Sur ma parole, dit Rupert en jetant un regard significatif à Émilie, qui y répondit par un léger sourire; sur ma parole la tentation est double, mon ami. Je m'étonne que miss Merton ait eu le courage de faire perdre au collier la position digne d'envie qu'il occupait.

— Miss Merton doit comprendre, repris-je froidement, qu'en parlant de la destination de mes perles, j'ai voulu seulement plaisanter sans la moindre présomption. Quoi qu'il en soit, j'ai encore des perles, de qualité inférieure, je l'avoue : je m'estimerai heureux, mesdames, si vous voulez bien les partager également entre vous. On peut en faire trois jolies bagues et autant de broches.

Je mis entre les mains de Grâce une petite boîte qui contenait plusieurs centaines de perles, dont quelques-unes étaient d'une beauté et d'une grandeur remarquables.

— Ne trompons point sa générosité, dit Grâce en souriant, et divisons le contenu de cette boîte en trois lots. Il y a dans le nombre de superbes joyaux.

— Ils auront, du moins pour vous, Grâce, et vraisemblablement pour Lucie, une valeur qu'ils ne posséderont peut-être pas aux yeux de miss Merton, c'est d'être le produit de mon travail.

— Certes, mon cher Miles, il suffit qu'ils nous soient offerts par vous pour nous être agréables, à Lucie et à moi; mais rien ne les rendra précieux à miss Merton.

— Ils pourront lui rappeler les périls qu'elle a courus, les jours qu'elle a passés dans l'île et ces scènes qui, dans quelques années, auront tout le vague d'un rêve.

— Si monsieur Wallingford veut me permettre de choisir, je prendrai une perle à titre de souvenir, dit Émilie avec plus de sentiment qu'elle n'en avait montré depuis sa rentrée dans le monde.

— Prenez au moins de quoi faire une bague, reprit Grâce du ton le plus cordial. Si vous en acceptez une des mains de Miles, vous voudrez en prendre une demi-douzaine pour vous souvenir de moi. Allons, Rupert, vous avez du goût en pareille matière, aidez-nous à faire notre choix.

Rupert ne se fit pas prier deux fois, car il aimait à se mêler de toilette et de parure.

— En premier lieu, dit-il, il faut porter à sept le nombre des perles, en plaçant la plus grosse au milieu, et trois de chaque côté dont la grandeur ira en diminuant. Il faut regarder à la qualité plutôt qu'au poids dans le choix des six assesseurs, comme nous dirions au tribunal. Le grand juge sera de noble apparence, et ses subordonnés doivent être dignes de lui.

— Pourquoi n'appelez-vous pas vos juges mylords, comme nous le faisons en Angleterre? demanda Émilie en s'adressant à Rupert.

— Nous avons tort assurément, et je voudrais de tout mon cœur qu'en adoptât ici l'usage de la Grande-Bretagne.

— Rupert, s'écria Lucie, vous savez que la forme de notre gouvernement s'y oppose. Il n'y a pas dans une république, mais, et quand même vous pourriez avoir le titre de mylord, je suis sûre que vous ne le prendriez pas.

— Je crains bien de ne pas arriver même au titre de Votre Honneur... Voilà, miss Merton, deux perles que je recommande à votre choix. Remarquez comme leurs dimensions sont graduées.

— Lesquelles allez-vous prendre maintenant, Votre Honneur? ajouta Grâce, à laquelle la familiarité qui existait entre Rupert et Émilie causait une certaine inquiétude.

— Celles-ci, elles complèteront une bague charmante, et j'envie ceux dont elles vous rappelleront le souvenir, miss Merton.

— Vous serez de nombre, monsieur Hardinge, et vous y avez droit, non-seulement par la peine que vous vous donnez, mais encore par le bon goût que vous avez déployé.

Lucie sembla pétrifiée. Elle était habituée depuis longtemps à considérer Grâce comme sa future belle-sœur; c'était une affaire conclue, et les intentions évidentes de Rupert pour Émilie inspiraient à sa sœur des soupçons de la nature la plus inquiétante. Je comprenais mieux qu'elle le caractère de Rupert, dont j'étais loin d'attendre une conduite conséquente et dirigée par des principes solides. Si mon imagination avait été un moment séduite par Émilie Merton, son image

avait été promptement effacée par celle de Lucie : malgré mon attachement et mon estime pour celle-ci, je désirais vivement que ma sœur n'épousât pas son frère; au lieu d'éprouver du ressentiment en le voyant infidèle, j'étais disposé à m'en applaudir. J'avais pu apprécier combien il était indigne de devenir l'époux d'une femme telle que Grâce; mais il était impossible de calculer les effets qu'aurait son inconstance sur le cœur sensible de ma sœur. Si mes doutes avaient été éclaircis au sujet de M. André Drewett, je me serais peu inquiété de Rupert et de ses caprices.

Les perles destinées à miss Merton ayant été choisies par Rupert, je me chargeai de distribuer les autres. — Je serai, dis-je, l'arbitre impartial, car je n'ai pas de préférence pour l'une de vous : Grâce et Lucie me sont également chères.

— Tant mieux, dit Émilie avec un sourire significatif; il est bon que les jeunes gens traitent les jeunes personnes comme leurs sœurs; car en ce cas leurs sentiments n'ont pas besoin d'être réprimés. Les marins, quand ils sont à terre, observent rarement les limites que la société leur impose.

Je ne compris pas quelle intention avait dicté ces paroles; mais Rupert en rit comme d'une excellente plaisanterie, et il ajouta avec une vivacité qui ne lui était pas ordinaire :

— Vous voyez, Miles, que vous auriez mieux fait de suivre le barreau; les dames ne sont pas à même d'apprécier le mérite de vous autres gens de mer.

— C'est ce que je vois, répondis-je un peu sèchement. Il paraît que miss Merton n'a pas été satisfaite de mes excursions maritimes?

Émilie ne répondit point, mais elle regarda les perles avec une attention qui prouvait qu'elle songeait plutôt à leur effet qu'à mes discours.

— Que dois-je faire maintenant? demandai-je après avoir achevé le triage. Voulez-vous tirer les lots au sort, ou vous en rapporter à mon impartialité?

— Nous avons pleine confiance en vous, répondit Grâce. Le partage est tellement équitable que l'une de nous ne saurait être favorisée au préjudice de l'autre.

— Puisqu'il en est ainsi, ce paquet est pour vous, Lucie, et voici le vôtre, Grâce.

Grâce se leva, me passa affectueusement les bras autour du cou, et m'embrassa comme elle le faisait toujours pour me remercier des présents. Le saint attachement qu'exprimaient ses yeux eût suffi pour me récompenser de dons d'une valeur centuple.

Je fus sur le point de lui offrir le collier. Quant à Lucie, en apercevant les perles, elle murmura quelques mots inintelligibles, mais sans quitter sa chaise. Émilie paraissait éprouver de l'ennui; elle prit son grand chapeau de paille et proposa de profiter de la beauté de la soirée. Rupert et Grâce y consentirent avec joie, et tous trois sortirent. Je m'excusai sous prétexte que j'avais des papiers à ranger dans ma chambre; et Lucie attendit pour suivre la compagnie qu'une domestique lui eût apporté son chapeau.

— Miles, me dit-elle, en me tendant la petite boîte de papier où j'avais mis les perles qui lui étaient réservées.

— Voulez-vous que je les mette de côté pour vous, Lucie?

— Non, dit-elle d'un ton de douce supplication. Gardez-les pour vous, pour Grâce, pour madame Miles Wallingford, si vous le préférez.

— Qu'ai-je fait pour mériter ce refus? dis-je avec étonnement et le cœur partagé entre le mécontentement et la tristesse.

— Rappelez-vous, Miles, que nous ne sommes plus des enfants, et que nous avons atteint un âge où il est dans le devoir de respecter les convenances. Ces perles doivent valoir beaucoup d'argent, et je suis persuadée que mon père ne serait pas satisfait de me les voir accepter.

— Pouvez-vous me traiter ainsi, ma chère Lucie?

— Je le dois, mon cher Miles, répliqua la jeune fille, dont les yeux se remplirent de larmes, quoiqu'elle essayât de sourire. Prenez donc cette boîte, et restons amis.

— Voulez-vous me répondre à une seule question avec votre franchise accoutumée?

Lucie devint pâle et réfléchit un moment avant de prendre la parole. Elle dit enfin :

— Je ne puis répondre à une question avant qu'elle me soit adressée.

— Êtes-vous attaché assez peu d'importance à mes présents pour ne pas conserver le bracelet que je vous ai donné avant de m'embarquer pour l'Amérique du Sud?

— Non, Miles, j'ai votre bracelet, et je le garderai toute ma vie. C'est un souvenir de notre amitié d'enfance, et il m'est cher à ce titre. Sans doute, vous ne voulez pas me le redemander?

— Si je ne vous connaissais, Lucie Hardinge, je douterais de vos sentiments. Depuis que je suis à terre, j'ai vu tant de choses étranges, et tant de caprices bizarres, surtout en fait d'attachement !

— Pourquoi douteriez-vous de moi, Miles? En aucun cas je ne voudrais vous abuser.

— Je le crois, et je vois que vous avez actuellement l'intention de me désabuser. Je suis convaincu de la sincérité de vos paroles; cependant je voudrais voir ce bracelet; montrez-le-moi, si vous l'avez sur vous.

Lucie fit un brusque mouvement, comme pour me présenter le bracelet; mais elle s'arrêta, et ses joues se couvrirent d'une rougeur brûlante.

— Je vois ce que c'est, Lucie, vous n'avez plus mon souvenir, et vous n'osez pas me l'avouer.

En ce moment même le bracelet était aussi près que possible du cœur de la jeune fille, et pudique confusion provenait de la crainte qu'elle avait que cette circonstance ne fût découverte. Lucie se serait trahie elle-même, si j'avais insisté; mais je repris la boîte qu'elle me présentait avec une fierté que je pourrais qualifier de dramatique. Lucie me regarda fixement, et je m'aperçus qu'elle faisait de violents efforts pour ne pas fondre en larmes.

— Vous ai-je offensé, Miles? me dit-elle.

— Je manquerais de franchise si je disais le contraire. Vous avez vu qu'Émilie Merton elle-même a consenti à accepter mon cadeau.

— En effet, et pourtant elle a dû sentir combien il était inconvenant de recevoir un aussi riche présent; au reste, il a passé tant de temps avec vous qu'il n'est pas étonnant qu'elle veuille en garder un souvenir, en attendant que...

Lucie n'acheva pas sa phrase; mais son visage, qui était devenu pâle, reprit tout d'un coup un vif incarnat.

— Quand je m'embarquai avec Rupert, Lucie, vous m'avez donné tout l'or que vous possédiez sur la terre.

— Je ne m'en repens pas, Miles; car nous étions très-jeunes, et vous aviez eu tant de bontés pour moi, qu'il m'était doux de vous en témoigner ma reconnaissance. Mais notre position actuelle nous dispense tous deux de recevoir aucun présent de ce genre.

Elle prononça ces mots avec un si doux sourire, que j'eus peine à m'empêcher de la serrer contre mon cœur. Elle s'éloigna, me laissant entre les mains la boîte, que j'allai porter dans la chambre de ma sœur. Je résolus d'avoir le soir même un entretien confidentiel avec Grâce, et d'apprendre ce que je devais penser des prétentions de M. André Drewett.

CHAPITRE XXIV.

Lorsque l'on prononçait votre nom devant elle,
Quand votre oncle vantait vos belles qualités,
Ou bien quand on parlait de votre cœur fidèle,
De vos jeunes amours par le temps respectés,
Une flamme subite éclairait sa prunelle,
Et des rougeurs passaient sur ses traits agités.

HILLHOUSE.

J'exécutai sans difficulté mon projet d'avoir une entrevue particulière avec Grâce. Il y avait à Clawbonny, de temps immémorial, une chambre exclusivement réservée aux maîtres de la maison. On l'appelait la chambre de la famille. Je me rappelais que, du temps de mon père, je n'avais jamais osé y entrer sans invitation expresse, et j'y pénétrais toujours avec le même respect que si c'eût été une église. Ce qui lui donnait à mes yeux un caractère particulier de sainteté, c'était que les morts de la famille étaient toujours déposés dans cette pièce avant d'être transportés au tombeau. La chambre, petite et de forme triangulaire, avait une seule fenêtre qui donnait sur un bosquet de rosiers, de seringuas et de lilas. Les meubles avaient été apportés d'Angleterre par Miles Wallingford; car c'était ainsi qu'on appelait l'émigrant qui avait fondé en Amérique la dynastie de Clawbonny. Cette chambre faisait partie des premières constructions, et l'on n'en avait pas renouvelé le mobilier; seulement, ma mère y avait introduit un fauteuil pareil à ce que les Français appellent une causeuse.

Pour préparer cette entrevue, j'avais glissé dans les mains de Grâce un billet ainsi conçu : « Rendez-vous dans la chambre de famille à six heures précises. » Quand je m'y rendis, j'y trouvai ma sœur assise sur la causeuse. La dernière fois que j'avais visité cette pièce, c'avait été pour contempler les traits pâles de ma mère avant qu'on la mît au cercueil. Les souvenirs de cette scène se présentèrent au même instant à notre esprit. Je pris place à côté de Grâce, je lui passai le bras autour de la taille, je l'attirai vers moi, et je reçus sa tête sur mon sein. Elle versa d'abondantes larmes, et je ne pus retenir les miennes. Plusieurs minutes se passèrent dans un profond silence; nous n'avions pas besoin de nous expliquer; nous nous comprenions mutuellement. Enfin, nous reprîmes de l'empire sur nous-mêmes, et Grâce releva la tête.

— Vous n'êtes pas entré dans cette chambre depuis, mon frère? me demanda-t-elle.

— Non, ma sœur, il y a longtemps aujourd'hui, longtemps pour des personnes aussi jeunes que nous.

— Miles, vous renoncerez à l'idée de bâtir un château; vous ne détruirez jamais cette chambre consacrée par tant de souvenirs!

— Non, ma chère, Clawbonny me devient de plus en plus précieux, à mesure que mes illusions se dissipent.

Grâce se dégagea de mes bras, et me regarda avec anxiété de l'autre coin de la causeuse; puis elle prit une de mes mains entre les siennes et la pressa affectueusement.

— Vous êtes trop jeune pour parler d'illusions détruites, me dit-elle avec un accent de tristesse inaccoutumé. Un homme de votre âge ne doit pas encore connaître les soucis. Nous autres femmes, je le crains bien, nous ne sommes nées que pour souffrir.

Je m'imaginais que Grâce allait me faire, pour la première fois, quelques confidences relativement à Rupert; je supposais qu'il s'était depuis longtemps expliqué avec elle, et qu'il y avait entre eux un engagement auquel il ne manquait que l'approbation de M. Hardinge et la mienne; toutefois, Grâce ne m'avait jamais rien dit de positif à cet égard. D'un autre côté, je n'avais pas parlé à Grâce de mon amour pour Lucie. Avant d'être revenu de mon dernier voyage, j'ignorais moi-même toute l'ardeur d'une passion qu'avaient récemment développée la jalousie et l'incertitude. Jusqu'alors mon attachement m'avait semblé si naturel, si semblable à celui dont ma sœur était l'objet, que je n'en avais jamais étudié le véritable caractère. Nous touchions tous deux les points douloureux de nos cœurs, et nous hésitions tous deux à mettre à nu notre faiblesse.

— Vous savez ce que c'est que la vie, Grâce, dis-je après un moment de silence, avec une indifférence affectée. Tantôt la plus pure lumière, tantôt les plus sombres nuages. Je ne me marierai probablement jamais, ma chère sœur, et vous et vos enfants serez héritiers de Clawbonny, et pourrez disposer de la maison comme vous l'entendrez. Toutefois, comme chacun de nous ajoutait quelque chose à la maison, je veux y laisser aussi la trace de mon passage. L'année prochaine, je ferai construire l'aile du midi, comme nous en avons le projet depuis longtemps, et disposer des appartements où nous pourrons sans rougir recevoir nos hôtes.

— Rien ici ne doit vous faire rougir, mon cher frère. Quant au mariage, vous n'êtes pas d'âge à prendre à cet égard un parti définitif.

Ceci fut dit d'un ton enjoué; mais il y avait sur le visage de Grâce une ombre de tristesse que j'aurais voulu n'y pas trouver. Je crois que Grâce devinait mon agitation intérieure; mais par délicatesse virginale, elle s'abstint d'approfondir mes pensées, car elle ajouta :

— Écartons ces idées décourageantes; pourquoi avez-vous désiré me voir ici en particulier?

— Pourquoi? Vous savez que je vais mettre à la voile dans la semaine; il y a longtemps que nous ne nous sommes trouvés ici. Nous sommes d'âge à nous communiquer nos impressions mutuelles; il est bon de commencer dès à présent. Il me semble que vous n'êtes ma sœur qu'à moitié quand je vous vois en présence d'étrangers tels que les Hardinge et les Merton.

— Et depuis quand, Miles, regardez-vous les Hardinge comme des étrangers?

— Il n'y a pas le moindre lien de famille entre nous.

— Non, mais nous sommes unis par une amitié qui dure depuis l'enfance, et il m'est impossible de me rappeler une époque à laquelle je n'aie pas aimé Lucie Hardinge.

— Et à moi aussi. Lucie est une excellente personne, pour laquelle je conserverai toujours un vif attachement. Mais ne trouvez-vous pas que la prédilection soudaine de madame Bradford a singulièrement changé la position des Hardinge?

— Elle n'est pas aussi soudaine que vous le croyez, Miles; vous avez été absent, et vous n'avez pas calculé le nombre d'années qu'il a fallu pour établir cette intimité. M. Hardinge et madame Bradford sont enfants des deux sœurs; la fortune de cette dernière, qui dépasse, dit-on, six mille livres par an, vient de leur grand-père commun, qui n'a laissé à madame Hardinge qu'un faible legs, parce qu'elle a épousé un ecclésiastique. M. Hardinge est l'héritier légitime de madame Bradford. Il est tout simple qu'elle pense à laisser ses biens à ceux qui, sous certains rapports, y ont autant de droits qu'elle-même.

— Et l'on croit qu'elle nommerait Rupert son légataire?

— Rupert semble y compter; mais indubitablement Lucie aura une bonne part à l'héritage. Madame Bradford a conçu un si vif attachement pour elle, que, l'hiver dernier, elle a voulu l'adopter; mais M. Hardinge et Lucie s'y sont refusés. Notre excellent tuteur a remercié sa cousine en ma présence, et lui a déclaré qu'il croyait de son devoir de garder sa fille auprès de lui tant qu'il vivrait, ou jusqu'à ce qu'il la confiât à la protection d'un époux.

— Et Lucie?

— Elle aime madame Bradfort, qui est après tout une bonne femme, quoiqu'elle ait un fol engouement pour les modes, les convenances et les usages. Lucie a pleuré entre les bras de sa cousine en disant qu'elle ne pourrait jamais se résoudre à quitter son père. Vous devinez, ajouta Grâce en souriant, qu'elle n'a donné aucune explication relative à l'éventualité d'un mariage.

— Et comment madame Bradfort a-t-elle accueilli ce refus de ses bienfaits?

— Parfaitement. M. Hardinge a consenti à ce que Lucie passât tous les hivers à New-York. Rupert fait son droit dans cette ville, et il s'y fixera après avoir pris ses licences.

— Maintenant que l'on sait que Lucie a un riche héritage en perspective, elle a plus de chances que jamais de trouver un mari qui l'affranchisse de la tutelle paternelle.

— Quel que soit son choix, Lucie restera toujours la fille dévouée de M. Hardinge ; mais vous avez raison, Miles, de supposer qu'elle a été recherchée. Elle ne m'a point révélé ses secrets ; car elle a des principes trop solides pour faire parade de ses conquêtes, même devant sa plus intime amie. Mais je sais positivement qu'elle a refusé un parti il y a deux ans, et trois partis l'hiver dernier.

Rupert.

— M. André Drewett était-il du nombre ? demandai-je avec une précipitation dont j'eus honte immédiatement après. Ma vivacité fit tressaillir Grâce, qui répondit avec un sourire mélancolique :

— Non, sans doute ; autrement il aurait cessé ses assiduités. Lucie est trop franche pour donner de fausses espérances à un prétendant, et ceux dont elle a rejeté la demande sont maintenant avec elle dans les termes d'une froide politesse. Quant à M. Drewett, comme il se montre plus empressé que jamais, il est impossible qu'il ait été repoussé. Vous savez que M. Hardinge l'a invité à venir à Clawbonny ?

— Lui ! M. André Drewett ? Et pourquoi nous rendra-t-il visite ?

— Je l'ai entendu demander à M. Hardinge la permission de se présenter ici. Notre tuteur, qui ne voit jamais le dessous des cartes, n'a pas cru devoir refuser. D'ailleurs, il aime Drewett, dont les qualités réelles ne sont gâtées que par ses prétentions de petit-maître. La sœur de M. Drewett est mariée, et habite de l'autre côté de l'eau ; il est probable qu'il passera l'Hudson pour se rendre à Clawbonny.

Je me sentis un moment indigné ; mais bientôt la raison reprit son empire. Ma mère avait accordé à M. Hardinge la permission expresse d'inviter qui lui plairait pendant ma minorité. Mais on eût dit qu'il bravait ma passion en introduisant chez moi un adorateur déclaré de Lucie. J'affectai un air d'indifférence, et pour mieux dissimuler mon émotion, j'essayai de siffler entre mes dents, tout en détruisant avec ma canne une toile d'araignée.

— Connaissez-vous, dis-je à ma sœur, les quatre gentlemen dont Lucie a refusé la main ?

— Certainement. Lucie ne m'en a jamais parlé ; mais j'en ai plusieurs fois plaisanté avec madame Bradfort.

— Ah ! vous avez plaisanté sur ce sujet. En effet, rien n'est plus plaisant pour une femme que de voir un homme se fourvoyer de cette sorte ; elle s'inquiète peu des souffrances qu'il éprouve.

Grâce devint pâle, et je remarquai sur sa douce physionomie une expression de rêverie et de repentir.

— Il y a peut-être, Miles, de la vérité dans votre observation et de

la justice dans votre reproche. Nous ne traitons pas les amants malheureux aussi sérieusement qu'il le faudrait ; cependant je crois qu'il n'y a pas de femme capable de repousser sans compassion un homme qui semble lui être sérieusement attaché. En outre, votre sexe a des sentiments moins profonds que le nôtre, et l'on voit bien peu d'hommes mourir d'amour. Quoi qu'il en soit, Lucie n'est pas femme à encourager un adorateur qui ne lui plairait pas ; aussi n'a-t-elle point contracté de ces liaisons intimes sans lesquelles le cœur ne s'attache jamais. Les passions que n'enfante point un échange mutuel de sentiments et d'idées, mon cher frère, ne sont guère que le fruit des caprices de l'imagination.

— Je soupçonne que les quatre prétendants sont tous aujourd'hui radicalement guéris, dis-je en continuant à siffloter d'un air dégagé.

— Je n'en répondrais pas, il est si facile d'aimer Lucie et de l'aimer avec ardeur ! Je sais seulement qu'ils ne lui font plus de visites ; et quand ils la rencontrent dans le monde, ils se comportent comme doivent le faire, selon moi, des amants rebutés qui n'ont pas perdu tout respect pour l'objet de leur passion. Deux d'entre eux, peut-être, avaient subi l'influence de la fortune et de la position de madame Bradfort ; mais les autres étaient de bonne foi.

— Madame Bradfort est lancée dans la haute société, Grâce, dans une société que nous ne fréquentons pas nous-mêmes.

Ma sœur rougit légèrement, et il me fut facile de voir qu'elle était embarrassée. Toutefois, Grâce avait trop de fierté et de caractère pour souffrir d'une infériorité qui n'existait pas essentiellement. Elle ne ressemblait pas aux gens vains et frivoles, si souvent froissés par leurs rapports avec une classe au-dessus de la leur, surtout quand certains membres de cette classe prennent à tâche de faire sentir aux autres une prétendue supériorité, fondée sur des différences de position plutôt que sur des qualités individuelles.

M. Hardinge but à une vieille garde-malade nommée Peggy-Perott, connue dans les environs de Clawbonny comme la plus laide femme du pays.

— En effet, Miles, repartit Grâce, je n'avais pas appris à Clawbonny à établir tant de distinctions entre les classes, et à voir tant de personnes de bon ton ; pourtant je ne pense pas être déplacée dans la société. M. Hardinge m'avait préparée à y figurer, et je m'imagine que plus les gens du monde ont d'élévation véritable, moins ils sont exigeants et vétilleux en fait de convenances.

— Et Lucie, comment est-elle accueillie ? Est-elle courtisée, admirée, considérée ? Et vous-même ?

— Si vous aviez plus vécu dans le monde, Miles, vous ne m'auriez pas adressé cette question. Lucie a toujours été reçue comme si elle eût été la fille de madame Bradfort, et pour moi je n'ai jamais cherché à dissimuler ma position ; au contraire, j'ai eu le bon esprit de me montrer fière de mes parents.

— Permettez-moi de vous demander, Grâce, si l'on a sollicité votre main.

Grâce se mit à rire, et ses joues se couvrirent d'un rose foncé. L'expression de son visage suffit pour me convaincre qu'elle avait aussi refusé plusieurs partis, et j'éprouvai une espèce de plaisir à voir qu'une fille de Clawbonny pouvait être courtisée sans succès par des gens du grand monde. Au reste, aucune parole de Grâce ne justifia mes suppositions.

— Puisque vous êtes décidée à garder le silence sur vos propres affaires, dites-moi au moins quelles sont la fortune et la position de M. Drewett.

— Elles sont aussi avantageuses qu'une jeune femme peut les désirer; on assure même qu'il est riche.

— Dieu merci, il ne recherche pas Lucie dans l'espoir d'hériter de madame Bradfort?

— Pas le moins du monde; il est si aisé d'aimer Lucie pour elle-même, qu'un homme qui lui ferait la cour dans un intérêt courrait risque d'être pris dans son propre piège. Mais M. Drewett n'a pas besoin d'avoir recours à de honteux calculs pour augmenter sa fortune.

Il y avait, dès l'an 1802, des coureurs de dots, mais leurs manœuvres n'étaient pas aussi visibles qu'en 1844. Les mariages d'intérêt étaient rares, et les personnes des deux sexes n'étaient pas dressées, comme aujourd'hui, par un apprentissage régulier, à briguer exclusivement des alliances avantageuses.

— Vous ne m'avez pas dit, repris-je, de quel œil Lucie voyait ce Drewett.

Ma sœur me regarda fixement, comme pour s'assurer si je pouvais lui adresser une semblable question avec indifférence.

On doit se rappeler que nous ne nous étions pas expliqués verbalement sur la nature des sentiments dont nos compagnons d'enfance étaient l'objet. Nous ne connaissions que par induction l'état respectif de nos cœurs. Tout ce qui s'était passé entre Lucie et moi pouvait être attribué à une tendresse produite en partie par l'habitude; et si en maintes occasions nous nous étions donné des preuves d'un profond attachement, notre bouche ne l'avait point formulé.

— Lucie, répliqua Grâce, ne m'a point fait de confidences; et d'ailleurs si elle m'avait communiqué ses secrets, je ne jugerais point convenable de vous les révéler.

— Quoi! m'écriai-je, elle n'a jamais témoigné de préférence pour personne!

— Jamais, répondit Grâce d'un ton ferme. Notre affection mutuelle nous suffit, et c'est d'elle seule que nous nous entretenons, sans chercher à soulever le voile qui doit cacher les sentiments d'une fille bien née.

Un long et pénible silence suivit ces paroles; je le rompis le premier en disant :

— Grâce, je n'envie pas la prospérité nouvelle de la famille Harding; mais je pense que sans l'intervention de madame Bradfort nous aurions été beaucoup plus unis et beaucoup plus heureux.

Ma sœur trembla et devint pâle comme la mort.

— Vous pouvez avoir raison, Miles, me répondit-elle après un moment d'intervalle, toutefois votre supposition n'est pas généreuse; pourquoi désirer que nos plus anciens amis, les enfants de notre tuteur, aient moins de fortune que nous? Sans doute il vaudrait mieux pour nous que tout fût resté comme par le passé; mais quand la famille Harding jouit d'une position dont nous ne voudrions peut-être pas profiter, pourquoi aurions-nous l'égoïsme de leur souhaiter un sort moins heureux? Quelle que soit la condition de Lucie, elle sera toujours Lucie; et quant à Rupert, un aussi brillant jeune homme n'a

besoin que d'une occasion favorable pour s'élever aux plus hautes dignités du pays.

Grâce parlait avec tant d'émotion et semblait si désintéressée, que je ne trouvai pas dans mon cœur le courage de la sonder davantage. J'entrevoyais confusément qu'elle commençait à former sur Rupert des soupçons qui répugnaient à son cœur pur et sincère; mais il était évident pour moi qu'elle hésitait à me révéler sa pensée intime. J'oubliais que je n'avais pas été franc moi-même et que je m'étais abstenu de toute ouverture susceptible de m'attirer la confidence de ma sœur, quoique rien ne m'imposât la loi de me taire. Après avoir laissé à ma sœur le temps de se remettre, je fis tomber la conversation sur nos intérêts de famille.

— Avant de nous revoir, Grâce, j'aurai atteint ma majorité. Nous autres marins nous sommes exposés à plus de périls que ceux qui restent à terre, et s'il m'arrivait un malheur, on trouvera dans mon secrétaire mon testament, signé et daté du jour de ma majorité. La principale disposition de cet acte est celle par laquelle je vous lègue Clawbonny.

— Voilà une triste et inutile conversation, repartit Grâce; cependant, je l'avoue, il me semble que, pour conserver la propriété dans notre famille, vous auriez mieux fait de la laisser à votre cousin Jacques Wallingford.

Ce Jacques Wallingford, dont je n'ai pas encore parlé, était un célibataire de quarante-cinq ans, fils d'un frère cadet de mon grand-père; il habitait à quelques milles de Cajuga-Bridge, dans la partie occidentale de New-York; je ne l'avais vu qu'une seule fois, mais je savais qu'il était riche et qu'il n'avait aucunement besoin de notre bien patrimonial. Je quittai Grâce après un entretien qui resserrait les liens par lesquels nous étions déjà unis. Jamais ma sœur ne m'avait semblé plus digne de ma tendresse, et jamais elle ne l'avait plus entièrement possédée.

Le reste de la semaine fut consacré aux plaisirs ordinaires de la campagne et de la saison. Me trouvant gêné dans la société des jeunes filles, je passai la plus grande partie du temps à courir les champs sous prétexte de commencer à surveiller mes domaines. M. Harding tint compagnie au major, et l'intimité s'établit bientôt entre ces deux vieillards;

A la vue du collier, les jeunes filles ne purent s'empêcher de laisser éclater leur admiration.

ce qui ne m'étonna point, car il y avait entre eux une rare conformité de sentiments. Tous deux aimaient l'Église épiscopale, tous deux avaient de l'antipathie pour Bonaparte; le major le déteste, mais mon tuteur ne détestait personne; tous deux vénéraient Pitt, et se figuraient que la révolution française était l'œuvre des démons et l'accomplissement des prophéties. C'étaient des opinions assez généralement répandues en Amérique, et pour ma part, j'étais prêt à dire comme Mercutio[1] : Malédiction sur vos deux maisons! car ni l'une ni l'autre ne se conduisait convenablement avec nous. Néanmoins une fraction de la nation seulement agissait conformément à l'intérêt national. Le reste se divisait en deux partis, dont l'un chantait les louanges du grand Corse, et dont l'autre regardait Pitt comme un ministre envoyé par le ciel. Selon moi, la France et l'Angleterre avaient été beaucoup plus tranquilles si ces illustres personnages n'avaient jamais vu le jour. Quoi qu'il en soit, mon tuteur et le major s'étaient liés; et leur union se consolidait chaque jour davantage, fortifiée par leurs idées politiques. Quant à Émilie, je ne m'en inquiétais que parce que sa liaison avec Rupert pouvait exercer une fâcheuse influence sur l'avenir de ma sœur. Rupert lui-même avait cessé depuis longtemps de posséder mon estime, et je ne lui restais encore attaché que par égard pour Lucie et pour M. Harding.

[1] Personnage de Roméo et Juliette.

— Vous voyez, Nab, dis-je un jour à mon nègre qui sortait avec moi du moulin, M. Rupert a complétement oublié ce qu'il savait de la marine. Il a les mains aussi blanches qu'une jeune femme.

— Tant pis pour lui, monsieur Miles, il n'aura jamais la satisfaction de faire naufrage, d'être prisonnier des Indiens.

— Vous avez des goûts étranges, Nab, et j'en conclus que vous espérez revenir à New-York avec moi sur le *Wallingford* et vous embarquer sur l'*Aurore.*

— Assurément, monsieur Miles, quand vous allez en mer, comment pouvez-vous songer à laisser votre nègre à la maison!

En disant ces mots, Nabuchodonosor partit d'un bruyant éclat de rire; comme si la supposition qu'il venait de faire eût été le comble de l'absurdité.

— Eh bien! Nab, je souscris à vos vœux, mais ce sera le dernier voyage pour lequel vous aurez à me demander ma permission; car dès que je serai majeur, je vous rendrai la liberté.

— Ma liberté! Je n'en ai aucun besoin. A quoi me servirait-elle, puisque tous mes désirs sont satisfaits! Combien y a-t-il de temps que la famille Wallingford habite ce pays?

— Il y a juste cent sept ans.

— Et la famille Clawbonny, monsieur Miles?

— Je ne puis vous répondre avec certitude, Nab, car votre généalogie est un peu confuse; il doit y avoir quatre-vingts ou quatre-vingt-dix ans... Attendez, votre grand-père s'appelait Pompée.

— Oui, monsieur Miles, et c'était un fameux noir!

— Je ne dis rien de ses qualités, je crois qu'il en valait bien un autre. Eh bien, le vieux Pompée, votre grand-père, a été importé de Guinée et acheté par mon grand-père en l'an 1700.

— Eh bien, monsieur Miles, depuis cette année 1700, a-t-on connu un nègre de Clawbonny qui ait réclamé sa liberté?

— Il m'est impossible de répondre à cette question, mon camarade; car j'ignore vos désirs secrets, et plus encore ceux de vos ancêtres.

Nabuchodonosor ôta sa casquette de prélart goudronnée, se gratta la tête, et roula les yeux pour témoigner la satisfaction qu'il éprouvait en me prenant au dépourvu. Puis il fit la roue, et poussa en même temps un cri de joie qui ébranla les collines et les vallées. Ce *tour de force* était un de ceux que Nabuchodonosor m'avait appris dix ans auparavant.

— Si j'étais libre, monsieur Miles, s'écria-t-il, comme s'il eût imaginé un argument irréfutable, vous trouveriez un nègre capable d'en faire autant! Non, monsieur, je vous appartiens, vous m'appartenez, et nous nous appartenons.

Les choses en restèrent là provisoirement. Nabuchodonosor reçut l'ordre de se tenir prêt pour le lendemain, et à l'heure indiquée j'allai prendre congé de la compagnie.

Il avait été convenu que le major et Emilie resteraient à la ferme jusqu'au mois de juillet, et qu'ils iraient ensuite prendre les eaux dans le voisinage. J'avais passé une heure seul avec mon tuteur, et je n'avais plus qu'à recevoir sa bénédiction. Je n'osai demander à Lucie de l'embrasser; c'était la première fois que nous nous séparions ainsi; mais j'étais sur la réserve, et qu'il me parut pleine de froideur; néanmoins elle me tendit la main, que je pressai avec ferveur en lui disant adieu. Quant à Grâce, elle pleura dans mes bras. Le major et Emilie m'exprimèrent une affection cordiale, et je les quittai avec l'espoir de les revoir à New-York. Rupert m'accompagna jusqu'au sloop.

— Si vous trouvez une occasion, Miles, me dit mon ancien ami, donnez-nous de vos nouvelles. J'ai un vif désir d'avoir des détails sur la France, et je compte même prochainement la gratifier de ma présence.

— Vous! si vous avez l'intention de visiter la France, ce que vous avez de mieux à faire, c'est de partir dans mon navire. Sont-ce vos affaires qui vous y appellent?

— Pas du tout, j'y vais par plaisir. Notre excellente cousine pense qu'un jeune homme d'une certaine classe doit voyager, et je crois qu'elle se propose de me faire attacher, sous un titre quelconque, à la légation des Etats-Unis.

J'étais confondu! Rupert Hardinge, sans ressources naguère, parlait maintenant de voyage en Europe, et de légation! J'aurais dû me réjouir de sa bonne fortune, et je fis des efforts pour me persuader que j'en étais satisfait. Il ne resta pas longtemps à bord du sloop, et nous ne tardâmes pas à appareiller. En longeant les bords escarpés de la crique, j'eus constamment l'œil au guet, dans l'espoir d'apercevoir au moins ma sœur; mon attente ne fut pas déçue. Grâce et Lucie avaient pris un sentier qui aboutissait directement à l'embouchure de la petite rivière, et elles étaient sur la rive au moment où le sloop entra dans l'Hudson. Toutes deux agitèrent leurs mouchoirs, et j'y répondis en leur envoyant des baisers. Au même instant, un canot à voiles passa devant nos bossoirs, et j'y vis un jeune homme debout, et faisant éga-

lement des signaux avec son mouchoir. C'était André Drewett, qui débarqua bientôt pour saluer les jeunes filles. Son embarcation remonta la crique; et quand je le perdis de vue, ce nouvel hôte prenait avec mes compagnes le chemin de Clawbonny.

CHAPITRE XXV.

Au moment où gronde l'orage
Le long des sables de la plage;
Avide de terreur, tu marches en rêvant.
Tu vois le grand vaisseau flotter au gré du vent.

ALLSTON.

Roger Talcott n'était pas resté oisif pendant mon absence, et je trouvai l'*Aurore* prête à mettre à la voile. Nous avions reçu à bord plusieurs matelots de *la Crise*, qui, avec l'imprévoyance ordinaire aux marins, avaient déjà gaspillé leurs gages et leur part de prise dans le court espace d'un mois. Comme nous étions en paix avec tous les peuples, excepté avec la régence de Tripoli, il était inutile d'armer le navire. Je me contentai donc d'embarquer une pièce de six, une demi-douzaine de fusils, quelques pistolets, et des munitions en quantité suffisante pour réprimer une révolte, tirer quelques coups de canon comme signal, et tuer, à l'occasion, des oiseaux de mer.

Nous mîmes à la voile le 3 juillet, en charge pour Bordeaux. La brise de sud était à peine assez forte pour nous mettre à même de diriger le bâtiment, et nous profitâmes du reflux pour descendre le fleuve au milieu d'une flotte, d'environ quarante voiles, composée en partie de bricks et de chasse-marée. Le vent ridait à peine la surface des eaux, et la vaste étendue de la baie était aussi calme qu'un lac par une belle matinée d'été. Les navires animaient le paysage par leurs mouvements multipliés, et ils étaient trop éloignés de la terre pour produire l'effet disgracieux qui résulte ordinairement du contraste existant entre la hauteur des mâts et le peu d'élévation des rives voisines. La beauté de la matinée, le charme des sites environnants, les auspices favorables sous lesquels commençait notre traversée me firent momentanément oublier mes chagrins.

Je n'aimais pas à prendre des passagers; c'était, selon moi, diminuer la dignité de ma position, et me rabaisser au rang d'aubergiste et de maître de pension bourgeoise. Les capitaines sont toujours forcés de traiter comme leurs supérieurs les gens qu'ils reçoivent à bord, et cela même nuit à leur autorité. Toutefois j'avais quelques personnes à bord de l'*Aurore*. Mes anciens armateurs m'avaient présenté un certain Wallace Mortimer Brigham qui se rendait en France avec sa belle-sœur et sa femme, dont la santé était chancelante. M. Brigham, par une erreur commune aux Américains, s'était persuadé que le sud de la France et l'Italie avaient un climat plus salutaire que le nôtre. C'était une des idées que nous devions à notre dépendance primitive. Je suis qu'un peuple doit nécessairement passer par l'état de colonie, comme l'homme par celui de l'enfance et de l'adolescence; pourtant, comme dit lady Marie Worsley Montagu à son amie lady Rich; je conviens qu'il serait agréable d'avoir toujours quinze ans; mais l'on pourrait se dispenser d'en avoir cinq.

Dès les premiers instants du voyage, mes passagers me donnèrent une idée de leur caractère par des commérages indiscrets et par des suppositions gratuites sur tous les individus de leur connaissance. Ils avaient aussi le faible de se prétendre intimement liés avec des personnes de distinction. Ils semblaient oublier qu'en s'occupant des affaires de ceux-ci ils convenaient implicitement de leur propre infériorité.

Les dames portaient le nom de Sarah et de Jane, par leur intermédiaire des notions plus ou moins vraies sur la vie privée de plusieurs grandes familles de Salem. Leurs bavardages se prolongèrent pendant toute la traversée, et n'étaient interrompus, pendant quelques jours, que par le mal de mer. Je me rappelle encore aujourd'hui la première scène de ce drame interminable.

— Wallace, dit Sarah, ne m'avez-vous pas dit hier que John Winter avait refusé de prêter vingt mille dollars à son gendre, qui s'était vu forcé de déposer son bilan?

— C'est un fait positif, mais qui n'a rien d'étonnant; car on sait depuis longtemps que c'est lui qu'il faut penser de la maison Winter.

— Etes-vous bien sûr qu'il ait fait faillite? demandai-je à M. Brigham.

— Passablement. J'ai des renseignements assez précis sur ses affaires, et je crois pouvoir affirmer qu'il a manqué.

Le ton indécis de M. Brigham me montra qu'il avait seulement accueilli les rapports de quelques créanciers éconduits. Que de fois j'ai vu ainsi mes compatriotes se faire l'écho d'une vague calomnie! Il y a des hommes qui s'imaginent connaître des personnes auxquelles ils n'ont jamais parlé, par la seule raison qu'ils habitent assez près d'elles pour subir l'influence des insinuations malveillantes de la haine et de l'envie. Tels étaient mes passagers, dont l'entretien attira plus particulièrement mon attention lorsque Sarah eut nommé madame Bradford. Je découvris par la suite que les Brigham avaient eu des relations passagères avec deux prétendus amis de cette dame.

— Le docteur Hosack assure qu'elle ne vivra pas longtemps, dit Jane, qui semblait éprouver une espèce de plaisir sauvage à faire mourir une femme, pourvu qu'elle y trouvât l'occasion de se mêler de sa vie privée. Il y a plus d'une semaine qu'on a jugé son mal incurable, et elle a fait son testament mardi dernier.

— Comment, mardi dernier! s'écria Sarah avec surprise. Il y a un an qu'on m'a dit qu'elle avait testé en faveur du jeune Rupert Hardinge, qu'elle se propose d'épouser.

— Etes-vous certaine, dis-je en souriant à madame Brigham, que madame Bradford ait l'intention d'épouser M. Rupert Hardinge?

— Je la connais trop peu pour affirmer le fait, capitaine Wallingford.

— Vous vous faites plus ignorante que vous ne l'êtes, interrompit Jane. Vous êtes liée avec la famille Green, qui connaît parfaitement la famille Vinter, dont la maison est contiguë à celle de madame Bradford; vous avez donc tous les moyens possibles d'être parfaitement informée.

— Sans doute, reprit madame Brigham; mais comme nous n'habitons pas ordinairement New-York, nous sommes exposés à nous tromper. On m'a dit aussi qu'il y avait un vieux monsieur Hardinge, ecclésiastique, qui serait certainement un époux plus sortable que son fils. Il a une fille, appelée Lucie, qui doit aussi avoir sa part à l'héritage de madame Bradford, et épouser M. André Drewett.

Quel champ de conjectures m'était ouvert! Comment ces étrangers étaient-ils parvenus à connaître des faits qui m'intéressaient si vivement? L'amour de la médisance développait-il leurs facultés au point de leur faire pénétrer des mystères que je ne faisais qu'entrevoir, n'avaient-ils pas des renseignements assez formels, puisqu'ils étaient instruits de l'attachement de Drewett pour Lucie?

Je n'essaierai pas de répéter tous les cancans de mes passagers, les suppositions qu'ils se permirent, les questions qu'ils m'adressèrent. Lady Montagu et Horace Walpole n'ont écrit de puérils bavardages; mais ils ont su les assaisonner de l'esprit dont se nourrit la médisance dans les grandes villes, telles que Londres et Paris; tandis que ceux que j'étais condamné à écouter tenaient des propos vulgaires et impertinents. Semblables à certains journalistes, qui s'imaginent que le ciel et la terre n'ont été créés exprès pour fournir matière aux faits divers; ils paraissaient croire que toutes les personnes de leur connaissance n'existaient que pour alimenter leurs conversations.

Le temps fut beau pendant les premiers jours de notre traversée, mais il changea tout à coup; il y eut des sautes de vent qui nous forcèrent à diminuer de voiles. Ces caprices se terminèrent par une effroyable tempête, telle que je n'en avais pas encore vu.

C'est une grande erreur de croire que les plus gros temps arrivent en automne, au printemps et dans les mois d'hiver. La plus grande partie des coups de vent dont j'ai souffert ont eu lieu en été, c'est la saison des ouragans; et en dehors des tropiques, c'est aussi l'époque des grains. A la vérité ces grains ne reparaissent pas périodiquement, une série d'années se passe souvent sans tempêtes; mais quand elles reviennent dans nos mers, on doit les attendre en juillet, août et septembre.

Dans la présente occasion, il venta frais du sud-ouest pendant plusieurs heures, ce qui donna à notre marche une vitesse de onze nœuds à l'heure. On cargua les voiles, et cette manœuvre, jointe au soulèvement des flots, ralentit peut-être notre course; cependant nous avions dû faire cent milles dans les dix premières heures. Le ciel était pur, sans nuages, le soleil brillant, la température favorable. Il n'y avait rien de désagréable à sentir les rapides courants d'air qui tourbillonnaient autour de nous. Au coucher du soleil, l'horizon avait un aspect qui me sembla de sinistre augure. On prit des ris aux trois huniers, à la basse voile d'artimon et au petit foc; ce qui formait une faible voilure pour un navire qui avait le vent presque au-dessus de sa dunette. A neuf heures on prit deux seconds ris, à dix heures on ferla les voiles de hune et d'artimon; je rentrai ensuite dans ma cabine, pensant que le vaisseau était en sûreté, et je me contentai d'ordonner au lieutenant de diminuer de voiles si l'Aurore fatiguait ou si les mâts étaient exposés. On ne me réveilla qu'au point du jour, et Talcott me dit en me touchant le bras et me touchant l'épaule:

— Vous ferez bien de vous lever, capitaine Wallingford, car nous avons grand besoin de vos conseils.

Quand je montai sur le pont, le navire naviguait avec la basse voile d'artimon et la grande hune au bas ris; voilure qu'il pouvait porter

longtemps en courant au large, mais qui pourtant était encore trop forte pour nous. J'ordonnai immédiatement de rentrer la voile de hune.

Malgré le peu de voile que nous présentions au vent, nous éprouvâmes encore des secousses qui ébranlèrent toute la quille. Aussitôt que l'on eut assez molli les points pour donner du jeu à la toile, ce fut par miracle que nous parvînmes à sauver le mât et à rouler la voile sans être obligés de la couper sur la vergue. Par bonheur la brise était constante, et la journée était aussi claire et aussi brillante que celle qui l'avait précédée.

Les gabiers firent plusieurs tentatives pour héler le pont; mais le bruit du vent dominait leur faible voix. Talcott monta lui-même sur la vergue, et je le vis gesticuler pour m'indiquer qu'il y avait quelque chose à l'avant. Les lames étaient si élevées, qu'il n'était pas facile de regarder à l'horizon; mais, en montant dans les agrès de l'artimon, je distinguai les mâts d'un bâtiment à l'est de nous, et directement sur notre passage. Il naviguait à sec, tout en faisant de terribles embardées. Parfois, il s'écartait à tribord, de manière à faire craindre qu'il fit chapelle; puis, s'élançant à bâbord, il dirigeait sur nous les vergues de ses trois mâts. Je ne pus apercevoir sa quille qu'une seule fois, dans un moment où il s'élevait sur une lame en même temps que l'Aurore. Les deux bâtiments me parurent d'une grandeur à peu près égale, et il était évident qu'ils se rapprochaient rapidement.

L'Aurore gouvernait admirablement, et c'était un grand avantage dans la circonstance; il suffisait d'un seul timonier pour la diriger. Il n'en était pas de même du bâtiment étranger, qui avait rentré toutes ses voiles. Talcott et les gabiers n'étaient pas encore descendus, quand je m'aperçus que nous ferions bien d'imiter la prudence de l'étranger.

Il est impossible de se maintenir dans une ligne droite en courant vent arrière sur une grosse mer. Les vagues, dans leurs bonds précipités, tantôt franchissent le navire, tantôt semblent s'arrêter brusquement comme pour lui permettre de les surmonter. Dans le cas où le bâtiment est soulevé à l'arrière par un torrent d'eau tumultueuse, la barre perd une partie de son pouvoir, et l'on dirait que la poupe va prendre la place des bossoirs. Il arrive au meilleur navire de dériver obliquement devant les lames, et il en résulte toujours des dangers et de l'embarras pour les marins. Le mérite de l'Aurore était d'obéir promptement et de subir, malgré l'empire des lames, l'influence du gouvernail.

L'Aurore avait conservé son petit foc, morceau triangulaire de forte toile, qui, montant de l'extrémité du beaupré vers la hune d'artimon, empêchait le navire de se coiffer, ou de refouler les vagues de manière qu'elles balayassent le pont. On comprendra que c'est un des plus grands dangers qu'on puisse courir par un gros temps; quand la batterie est mise à l'eau, ou quand le vaisseau reçoit le vent par le travers, l'inondation du pont est toujours à craindre. D'autres périls proviennent de l'impétuosité des lames, qui, plus promptes dans leur élan que le navire chassé par la tempête, se brisent contre la hanche ou la poupe, et versent leurs masses liquides sur le pont.

C'est à l'un de ces accidents que j'attribue la perte du bateau à vapeur le Président. Sauf les risques de l'incendie, les steamers bien construits offrent plus de garanties de sûreté que les navires ordinaires. Ils sont en état de lutter contre les rafales; mais, par une conséquence de leur construction, leurs forces se perdent à mesure que le danger augmente. Dans une très-grosse mer, on ne peut forcer la vapeur; puisqu'une roue est presque hors de l'eau, tandis que l'autre est submergée. En outre, la grande longueur de ces bâtiments les expose au danger d'embarquer des lames, à l'arrière des gaillards, pendant qu'ils courent vent arrière. Il leur est encore difficile, par suite de leur construction, de se maintenir au vent, de prendre la lame debout, ou de sortir du creux des lames. A la vérité, ces observations ne s'appliquent qu'aux bateaux à vapeur qui portent des roues extérieure, suivant le vieux système. La vis d'Ericsson et les roues sous-marines de Hunter font, selon moi, des steamers les plus sûrs bâtiments du monde.

L'Aurore fut plusieurs fois envahie par les flots, et, comme tout autre objet flottant, elle embardait; ou plutôt son arrière virait précipitamment, comme s'il eût voulu prendre l'avance sur la proue. Le petit foc, par les mouvements du navire, retentissait comme la détonation d'une petite pièce d'artillerie. La voile d'artimon demeurait immobile tant que nous restions dans l'entre-deux des lames; puis elle se débattait avec un bruit que l'on pourrait comparer à celui de plusieurs couvertures dans lesquelles on aurait berné plusieurs Sanchos Pança. Néanmoins la toile et les appareaux soutenaient merveilleusement les chocs les plus violents; mais, au moment où Talcott descendit, le foc fut éventé avec un fracas terrible, et arraché de la ralingue, comme si elle eût été coupée avec les ciseaux. La voile tournoya à la dérive, et alla tomber dans l'eau à un quart de mille de distance. J'appréhendai un pareil accident pour la voile d'artimon.

— Il faut rentrer cette voile, monsieur Talcott, lui dis-je, ou nous risquons de la perdre. Le bâtiment que nous avons en vue navigue à mâts et à cordes, et il est bon de suivre son exemple. Si je ne voulais profiter du vent, il serait peut-être plus prudent de mettre en panne. En attendant mettez du monde aux cargue-fonds et aux cargue-points des basses voiles.

Nous avions conservé trop longtemps notre voilure, et il devenait urgent de la modérer. Le premier lieutenant se plaça au palan, et le second à l'écoute; je me chargeai moi-même de serrer l'artimon. J'attendis, pour donner des ordres, que le navire fût enseveli entre deux montagnes d'eau, et que la voile tombât le long du mât. Tous nos matelots halèrent avec énergie; et nous étions parvenus à guinder les points, quand l'Aurore sortit brusquement de sa cavité. La toile, qui faisait bosse, fut soumise à toute la violence de la tempête, et déchirée en lanières comme une toile d'araignée. Les morceaux qui restèrent attachés à la vergue, les apparaux et poulies ballottèrent de manière à menacer de mort ceux qui tenteraient de s'en approcher. Il était essentiel de s'en débarrasser. Dans cette intention, Talcott s'était décidé à monter sur la vergue, quand Nabuchodonosor sauta dans les agrès, sans en avoir reçu l'ordre. Il fut bientôt hors de la portée de la voix, et parvint, au péril de sa vie, à détacher tous les débris qui tenaient encore aux mâts, excepté la ralingue de têtière.

Aussitôt que le navire fut à sec, au prix du sacrifice de deux de ses voiles, j'eus le loisir de regarder l'autre bâtiment. Il était à un demi-mille à notre avant; il embardait avec furie, et les bras de ses basses vergues trempaient dans la mer. En nous approchant, je le reconnus pour un navire anglais des grandes Indes. Il paraissait profondément chargé: tantôt sa quille semblait prête à s'engouffrer dans les vagues, tantôt le cuivre qui le garnissait étincelait aux rayons du soleil.

Depuis que l'Aurore avait perdu sa voilure elle ne marchait plus aussi vite, et, quoiqu'elle fendît les flots plus rapidement que le bâtiment étranger, il lui fallut encore une heure pour en approcher à la distance d'une encâblure. Nous pûmes voir comment les éléments irrités se jouent d'une masse solide de bois et de fer. Il y avait des moments où nous distinguions à moitié la quille du navire étranger, qui montait sur la crête d'une vague écumante, comme s'il se fût élancé hors des eaux. Puis il disparaissait jusqu'aux hunes dans les sombres abîmes.

Lorsque les deux navires descendaient ensemble, ils se perdaient réciproquement de vue. Nous venions de nous plonger dans une de ces vallées de l'Océan, lorsqu'à notre vive terreur nous vîmes le navire anglais embarder directement par notre travers, et à cinquante brasses de distance. Deux voitures traînées au hasard sur une grande route par leurs coursiers emportés, n'auraient pas présenté un spectacle aussi effrayant que celui que nous avions devant les yeux.

L'Aurore plongeait de devant avec tant de force qu'elle se fût brisée en pièces si elle eût rencontré de la résistance. Quant au bâtiment anglais, il offrait sa batterie aux lames et s'écartait, vent arrière, à bâbord. C'était de ce côté que j'avais eu l'intention de gouverner; mais le voyant si désordonné dans ses mouvements, je pensai qu'il valait mieux prendre la direction opposée. Je criai: — Bâbord la barre! Mais au moment où l'Aurore obéissait à l'impulsion qu'on lui avait communiquée, l'autre navire s'éloigna, à tribord, dans le même sens que nous. Je m'écriai: — Tribord tout! Et bien m'en prit; car une minute plus tard nous tombions droit sur l'anglais. Nous passâmes à cent pieds l'un de l'autre; et si nous n'avions été éloignés par le roulis, nos vergues se seraient entremêlées. A l'instant où nous nous séparions, un cri de Talcott m'attira sur le couronnement; j'aperçus sur le navire anglais un homme qui agitait son chapeau, et je reconnus le visage empourpré de l'honnête Moïse Marbre.

CHAPITRE XXVI.

Quand le dernier signal, ébranlant l'univers,
Du dernier jugement nous dira la venue;
Quand les morts sortiront de la terre et des mers
Pour être passés en revue;
Lorsque le pêcheur désolé
Verra son malheur sans remède,
Et que le juste même aura le cœur troublé,
Pauvre Tom, Dieu te soit en aide!

BREINARD.

Les deux navires, empressés de s'éviter, couraient dans le creux des lames. Le capitaine anglais et moi nous eûmes simultanément la même idée. L'un mit la barre tout à bâbord, l'autre tout à tribord; et nous vîmes tous deux au vent en courant des bordées contraires. Au lieu de fuir devant le vent, le navire anglais déploya son foc d'artimon. L'Aurore continua à naviguer à sec; puis je fis placer un foc de rechange. Nous embarquions peu d'eau; et, quand nos bossoirs rencontraient quelques lames plus qu'ordinaires, elles s'éloignaient sous le vent aussi vite qu'elles étaient venues du côté du vent. Vers la fin du jour la tempête se calma et la mer fut moins houleuse.

Si nous avions été seuls, je n'aurais pas hésité à déployer les voiles, et à poursuivre ma course; mais j'avais un vif désir de héler le bâtiment anglais, et de communiquer avec M. Marbre. En comptant Talcott, Nabuchodonosor, le maître d'hôtel, six matelots de l'avant, et moi, nous étions dix à bord qui connaissions Moïse Marbre, et nous n'avions aucun doute sur son identité. Je résolus donc de suivre le navire anglais pour me mettre en rapport avec mon ancien ami. Je l'aimais malgré ses bizarreries; je lui devais beaucoup, car il avait largement contribué à mon éducation maritime. Puis nous avions si longtemps voyagé ensemble, que sa carrière me semblait avoir une intime connexion avec la mienne.

Je craignis un instant que l'anglais ne proposât de passer toute la nuit à la même place; mais, une heure avant le coucher du soleil, j'eus le plaisir de le voir déployer sa misaine, et déborder. J'avais viré deux heures auparavant pour mettre le cap de l'Aurore à mâts et à cordes, et nous le suivîmes à mâts et à cordes. Le matin, les deux navires marchaient de conserve par une brise modérée du nord. J'accostai le bâtiment anglais et je le hélai à la manière accoutumée.

— Quel est ce navire?
— Le Dundee, capitaine Robert Ferguson. Quel est ce navire?
— L'Aurore, capitaine Miles Wallingford. D'où venez-vous?
— De Rio-Janeiro, en charge pour Londres. D'où venez-vous?
— De New-York, en charge pour Bordeaux. Nous avons été rudement secoués.
— C'est vrai; mais votre navire s'est bien comporté.
— J'ai lieu d'en être satisfait. Mais, dites-moi, n'avez-vous pas à bord un Américain du nom de M. Marbre? Nous avons cru hier le voir à votre couronnement, et nous vous avons suivis pour vous demander des nouvelles.
— Oui, oui, répondit le capitaine en faisant un signe de main, vous allez recevoir sa visite tout à l'heure. Il est occupé à arrimer son bagage, et compte sans doute vous demander passage pour retourner à New-York.

A ces mots, M. Marbre parut sur le pont et nous salua de nouveau avec son chapeau. Les deux navires mirent en panne, et Talcott se rendit dans notre canot à bord du Dundee. On fit échange de nouvelles et de journaux, et vingt minutes après je serrais la main de mon vieil ami. Il parut aussi singulièrement enchanté de retrouver tant d'anciennes connaissances et, sans prononcer d'abord une seule parole, il distribua à droite et à gauche d'affectueuses poignées de main. Je fis placer son coffre dans la cabine, puis j'allai m'asseoir à côté de lui, sur les cages à poules, dans l'intention d'apprendre ses aventures aussitôt qu'il serait disposé à me les raconter; mais il n'était pas facile d'éviter la curiosité importune de mes passagers. Ils avaient eu la langue enchaînée pendant la bourrasque, et j'avais joui d'une trêve momentanée; mais aussitôt que le vent s'était calmé, ils avaient repris le cours de leurs bavardages. La manière étrange dont M. Marbre était venu à bord leur faisait pressentir une histoire mystérieuse. Aussi s'étaient-ils placés en embuscade pour guetter mes paroles au passage. Je savais qu'il serait inutile de changer de place sur le pont, car ils n'auraient pas manqué de me suivre; si nous avions pu leur dérober une partie de notre conversation, leur imagination féconde aurait facilement comblé les lacunes. En conséquence, je priai M. Marbre et Talcott de m'accompagner; et je les conduisis dans la grande hune. Nous nous y assîmes commodément, les jambes pendantes sur le listeau. Grâce au ciel, ni Sarah ni Jane ne pouvaient nous suivre là!

— Que le diable les emporte! m'écriai-je, car il y avait de quoi faire jurer des gens beaucoup plus scrupuleux que moi; mais enfin nous avons mis entre eux et nous les agrès du grand mât, et je ne présume pas qu'ils se hasardent dans les hunes pour entendre ce que nous dirons.

— En tout cas, dit Talcott en riant, nous avons, pour battre en retraite, les barres traversières et la vergue de perroquet.

M. Marbre nous interrogeait des yeux, mais il eut bientôt deviné le sens de nos paroles.

— Je comprends, dit-il avec un signe d'adhésion, ces trois individus ont six paires d'oreilles; n'est-ce pas cela, Miles?

— Précisément; mais vous pourriez ajouter qu'ils ont encore à leur service quarante langues douées de grandes facultés d'élocution.

— Quarante langues! c'est beaucoup; quand on en possède tant, on aurait besoin de lest. Enfin, nous leur avons échappé, et ils sont réduits aux conjectures.

— Qu'ils ne s'épargneront pas, soyez-en sûr, repartit Talcott, ils ne parviennent à discuter si longuement sur le prochain qu'en tirant de leur propre fonds la moitié de ce qu'ils racontent.

— Ma foi! qu'ils aillent... à Bordeaux, repris-je; nous avons hâte, mon cher Marbre, de savoir ce qui vous est arrivé. Vous avez en nous des amis dévoués, dont chacun est disposé à tout faire pour vous.

— Je vous remercie de toute mon âme, mes chers amis, dit l'honnête marin en s'essuyant les yeux avec le dos de sa main. Je crois sans peine à vos bonnes dispositions, et je vous sais gré de m'avoir mené au haut du mât; car je vous sais gré de m'avoir que ces harpies de terre vissent un homme de mon âge, qui navigue depuis quarante ans, donner de l'huile comme une vieille baleine. Vous voulez donc que je vous montre mon livre de loch?

— Oui, s'il vous plaît, sans en omettre un seul feuillet, et comme si vous aviez à le déployer devant une compagnie d'assurances.

— C'est beaucoup dire : car la plupart de ces assureurs sont des coquins fieffés, dont on a peine à tirer ce qu'ils doivent légitimement; il est vrai qu'il y en a qui sont honnêtes de la tête aux pieds, qui ont pitié du pauvre naufragé, et lui ouvrent leur bourse avant qu'il ait ouvert la bouche.

— D'accord; mais votre histoire, mon vieil ami!

— J'y arrive, je vais satisfaire votre curiosité sans rien dissimuler de mon entêtement et de ma folie. Vous m'avez sans doute, mes enfants, cherché en mettant à la voile?

— Oui, et nous avons pensé que, las de votre expérience à peine commencée, vous étiez parti avant nous.

— Vos conjectures étaient incomplètes. Quand vous fûtes à bord, je me mis à généraliser sur ma situation, et je me dis : Moïse Marbre, ils ne consentiront jamais à faire voile sans vous, et à vous laisser seul dans cette île, à l'instar de Robinson Crusoé. Il faut vous tenir caché jusqu'à ce que la Crise mette à la voile... Qu'est-elle devenue, cette pauvre Crise? vous ne m'en dites rien.

— Elle était en charge pour Londres quand j'ai quitté New-York, et elle allait recommencer son précédent voyage.

— Et les armateurs vous en ont refusé le commandement, Miles; ils ont allégué votre jeunesse, malgré tout ce que vous aviez fait pour eux?

— Non, ils ont tenté de me retenir; mais j'ai préféré commander un bâtiment à moi. L'Aurore est ma propriété, mon cher monsieur Marbre.

— Tant mieux! il y aura du moins un honnête homme parmi les propriétaires de navires. Et comment va votre bâtiment? avez-vous été inquiété par les pirates?

Je vis qu'il était inutile d'essayer d'obtenir un récit de M. Marbre avant de lui avoir appris les destinées de la Crise, et je le lui racontai succinctement.

— Mais, dit-il, qu'est devenu ce farceur de schooner que le capitaine français nous avait abandonné par charité?

— La Pretty-Poll! elle est rentrée au port, a été vendue, et fait actuellement le commerce des Antilles. Il y a maintenant entre les mains des armateurs un boni très-raisonnable, et votre paye, avec votre part de prise, vous constitue une somme de quatorze cents dollars.

Il n'est pas dans la nature qu'un homme soit fâché d'avoir de l'argent. Je vis à l'expression des yeux de M. Marbre que ladite somme, si considérable pour lui, le rattachait au monde et diminuait ses chagrins. Il me regarda fixement pendant une minute, et me dit avec l'accent du regret:

— Miles, si j'avais une mère, cet argent la mettrait dans l'aisance pour le reste de ses jours. Par un étrange caprice du sort, celui qui n'a pas de mère a de l'argent, et celui qui a une mère est sans ressources.

J'attendis que M. Marbre se fût remis de son émotion, et je le pressai de poursuivre.

— Je vous disais donc, reprit-il, que, resté seul dans ma hutte, j'avais généralisé sur ma situation. Je conclus de mes réflexions qu'on m'enlèverait de force si l'on me retrouvait le lendemain. Je démarrai la chaloupe, franchis l'écueil, et gouvernai au vent jusqu'à la pointe du jour; j'avais alors perdu la terre de vue, mais j'apercevais encore les perroquets du navire. Je retournai à l'île aussitôt qu'ils eurent disparu, je rentrai quand vous sortiez; et je repris possession de mes domaines, où il n'y avait plus personne pour s'opposer à ma volonté et pour contrarier ma fantaisie.

— Fantaisie est le mot; la raison n'était assurément pour rien dans votre projet, dont vous n'avez pas tardé à reconnaître les funestes conséquences.

— Je n'ai point tardé, Miles, à reconnaître que, si je n'avais ni père, ni mère, ni frère, ni sœur, j'avais une patrie et des amis. Ce

morceau de marbre funéraire sur lequel j'ai été trouvé m'est devenu aussi cher que le berceau doré d'un fils de roi. J'ai songé à vous, à mes autres compagnons, et je vous ai désirés comme une mère désire ses enfants.

— Pauvre homme! votre solitude était terrible. La volaille et les cochons ne vous ont-ils pas procuré quelques distractions?

— Ils m'ont occupé pendant quelques jours, mais bientôt je me suis aperçu que ce n'était pas une société suffisante pour un homme; j'avais en outre celle du diable, qui semblait se complaire à me remettre devant les yeux mes fautes passées. Par bonheur, vous aviez mis en parfait état la chaloupe française; j'y plaçai des barils d'eau douce; je tuai un porc, que je salai; j'embarquai du biscuit, et je quittai l'île Marbre deux mois après le départ de la Crise.

— Je vois d'ici, mon vieux camarade, que votre voyage n'a pas été moins triste que votre existence à terre.

— Vous vous trompez! je ne suis jamais seul en mer; on y a trop à faire; les manœuvres vous occupent, et puis on a le port en perspective; mais, en généralisant nuit et jour sans résultat, sans espoir d'atteindre un but, on court grand risque de perdre la tête. Oui, mes amis, je l'avoue, dans mon île déserte j'aurais infailliblement doublé le cap de la Folie; j'ai préféré m'éloigner.

— Mais vous étiez à douze ou quinze cents milles de toute île habitée, et c'est une distance qu'il est assez difficile de parcourir en pleine mer.

— Bah! qu'est-ce que cela quand on a des provisions et de l'eau? J'évitai les sauvages qui se trouvaient sous le vent. Je naviguais le jour; le soir, je mettais en panne en prenant des ris à la grande voile. Et de cette manière, pendant sept semaines, je courus d'île en île sur l'océan Pacifique.

— Et où avez-vous débarqué?

— Miles, j'ai rencontré un navire de Manille en charge pour Valparaiso; là, j'ai trouvé un Espagnol qui se proposait de passer les Andes : vous savez, ces grandes montagnes couvertes de neige qu'on aperçoit dans l'intérieur des terres quand on longe les côtes de l'Amérique du Sud?

— Je m'en souviens; elles sont trop évidentes pour qu'on n'en soit pas frappé.

— Eh bien! ce sont les Andes. Vous savez encore que les marins sont mal à l'aise sur les routes les plus plates et les mieux frayées, parce qu'ils sont obligés de monter et de descendre à chaque instant. Pour vous faire une idée des Andes, supposez que toutes les vagues soulevées par la dernière tempête sont amoncelées les unes sur les autres; ce ne sera qu'une galette comparativement aux Andes! la nature paraît avoir fait des efforts inouïs pour les élever, et pourtant à quoi servent-elles? De pareilles montagnes pourraient être utiles si elles séparaient la France de l'Angleterre; mais au pied de celles-ci on trouve d'un côté des Espagnols et des Portugais, et de l'autre des Portugais et des Espagnols. Quoi qu'il en soit, nous les franchîmes, et j'arrivai à Buenos-Ayres, d'où je passai à Rio sur un chasse-marée. C'est là que j'ai rencontré le Dundee, en charge pour Londres. Le capitaine m'a passablement traité; je m'étais donné comme un naufragé, car les ermites ne sont guère estimés parmi les protestants. Ils sont, au contraire, en odeur de sainteté chez les catholiques. Il m'est arrivé de conter à une aubergiste espagnole que j'étais une espèce d'anachorète, et j'ai cru un instant qu'elle allait tomber à genoux pour m'adorer.

Ici finit l'histoire de M. Moïse Marbre et de sa colonie, où il ne restait plus désormais que des poules et des cochons. Après avoir terminé son récit, M. Marbre m'accabla de questions sur les Merton, sur Clawbonny, Rupert; et même Nabuchodonosor, qui fut mandé à la hune pour présenter ses hommages à l'ex-premier lieutenant de la Crise. En somme, M. Marbre témoigna une vive satisfaction de se retrouver parmi nous; et à plusieurs reprises ses yeux se remplirent de larmes. Il fut convenu qu'il commanderait un quart, et qu'il ne remplirait point de fonctions obligatoires.

Quand nous descendîmes, je le présentai à mes passagers; et dans le courant de la journée M. Brigham ne manqua pas de le questionner.

— Vous êtes arrivé au but à l'improviste, capitaine Marbre! dit M. Brigham.

— Moi, près du but! il y a plus d'un mois que j'attendais l'Aurore à la place où je l'ai trouvée.

— Voilà qui est étrange! je ne comprends pas comment vous avez pu prévoir le passage de notre bâtiment.

— Savez-vous la trigonométrie sphérique?

— Je ne suis pas très-versé dans cette science; j'ai étudié les mathématiques, mais sans y faire de grands progrès.

— En ce cas, il serait inutile de chercher à vous faire comprendre la chose. Si vous aviez su la trigonométrie sphérique, je vous aurais donné les explications les plus satisfaisantes.

— Vous connaissez depuis longtemps le capitaine Wallingford?

— Mais oui, répondit sèchement M. Moïse Marbre.

Le ton de mon vieil ami déconcerta M. Brigham, qui cessa de lui adresser des questions; il interrogea Nabuchodonosor, mais le nègre avait reçu ses instructions et se tint sur la réserve.

J'arrivai à Bordeaux, où je me séparai avec joie de mes passagers. Malgré le peu de temps que j'avais passé avec eux, leurs commérages eurent une funeste influence sur mon bonheur futur. L'effet de la médisance est trop souvent favorisé par la crédulité des hommes, qui ajoutent foi à des propos sans fondement et inspirés par les plus méprisables inclinations.

J'avais l'intention de retourner immédiatement à New-York, mais l'on m'offrit de transporter des vins et des eaux-de-vie à Cronstadt en Russie; et, dès que je les acceptai, l'Aurore mit à la voile vers la fin d'août. Je trouvai à Cronstadt un navire américain, l'Hypérion, dont le capitaine et le premier lieutenant étaient morts de la petite vérole. Le consul des États-Unis voulut confier à M. Marbre le soin de reconduire ce navire à New-York; mais mon vieil ami s'y refusa opiniâtrément, et ce fut Talcott qui obtint ce poste de confiance. Je me séparai avec regret de mon premier lieutenant, pour lequel j'avais conçu une vive amitié. Je n'en entendis plus parler; les tempêtes de l'équinoxe furent terribles cette année, et l'Hypérion partagea sans doute le sort d'un grand nombre de navires qui se perdirent corps et biens.

M. Marbre remplaça Talcott et devint mon premier lieutenant, comme j'avais été le sien. Je pris du fret pour Odessa au compte du gouvernement russe; mais la Sublime Porte me refusa l'entrée des Dardanelles, et je fus obligé de laisser ma cargaison à Malte. De là je me rendis à Livourne, où j'arrivai à la fin de mars. Je profitai d'une occasion pour écrire à Grâce et à M. Hardinge, dont la tutelle avait cessé au mois d'octobre de l'année précédente; ne pouvant désigner un endroit où l'on pût m'adresser mes lettres, je ne reçus aucune nouvelle de Clawbonny pendant mon voyage. Mes amis savaient ce qui me concernait, et moi j'ignorais leurs destinées. Je ne dissimulerai point l'inquiétude que me causait mon ignorance; cependant c'était une sorte de satisfaction désespérée que je laissais le champ libre à M. André Drewett.

Je pris du fret à Livourne pour une maison d'Amérique, et, laissant à Marbre le soin de recevoir la cargaison, je fis une excursion en Toscane. Je visitai Pise, Lucques, Florence, et plusieurs autres villes intermédiaires. Je passai une semaine à visiter les curiosités de Florence, et qu'on juge de ma surprise quand, en me promenant dans la cathédrale, je me trouvai en face des Brigham ! Ils m'accablèrent de questions : où étais-je allé, où était Talcott, où était l'Aurore, quand et par quel port mettait-elle à la voile? puis ils me racontèrent leurs excursions :—Nous avons visité Paris; nous avons dîné chez le consul de France avec M. R. N. Livingston, négociateur du traité de la Louisiane; nous avons vu Genève, le lac, le mont Blanc, le mont Cenis, Milan, Rome, le pape, Naples, le Vésuve, les temples de Pestum ; et nous voici. Ils me parlèrent ensuite des lettres volumineuses qu'ils avaient reçues d'Amérique. La plus importante nouvelle qu'ils me donnèrent fut celle de la mort de madame Bradfort.

— Je vous l'avais bien dit, s'écria Sarah; la pauvre femme est morte de son cancer. Ah ! nous avions des renseignements bien positifs sur sa maladie et ses intentions. Elle a testé en faveur du jeune Hardinge, le fils de son cousin germain, et n'a rien légué à celui-ci, ni à la jeune et aimable miss Lucie. Tout le monde en est indigné.

— Ce n'est pas tout, interrompit Jane; on assure que le jeune Hardinge va épouser miss Merton, cette Anglaise qui a fait tant de bruit à New-York; son grand-père n'était-il pas comte, monsieur Brigham ?

— C'était, je crois, lord Cumberland ou un autre, mais peu importe; il est certain que son père, le général Merton, la donne en mariage au jeune Hardinge, et celui-ci déclare qu'il ne donnera pas une obole à sa sœur.

— Et pourtant, dit Sarah avec emphase, les deux époux jouissent d'un revenu de seize mille dollars?

— Six mille, ma sœur! repartit Brigham, qui calculait assez bien; autrement il n'aurait jamais été à même de voyager en Italie. Madame Bradford avait six mille dollars de rente; je le tiens d'Upham, mon camarade de collège, qui a fait une étude particulière des fortunes de New-York.

— Mais êtes-vous sûr que M. Rupert soit l'unique héritier de madame Bradford? demandai-je en m'efforçant de conserver mon sang-froid.

— Je n'en doute pas le moins du monde; tout New-York en parle et plaint miss Lucie. Bien entendu que les filles à marier vont poursuivre le riche légataire comme les hirondelles poursuivent les mouches, et je parierais une paire de gants avec Sarah que nous recevrons dans trois mois la nouvelle du mariage de M. Hardinge.

Le trio loquace causa une heure durant, et me fit promettre de lui rendre visite; mais, après avoir écrit un billet d'excuse, je partis de Florence pour Livourne. Je ne croyais pas la moitié des rapports de M. Brigham; cependant il me paraissait certain que madame Bradford n'était plus, et il était possible qu'elle n'eût pas su établir une distinction entre le mérite de Lucie et celui de Rupert. Mais, en admettant que Rupert fût le possesseur de toute la fortune de la veuve, j'avais peine à le supposer capable, malgré son égoïsme, de dépouiller entièrement sa sœur. Quel changement ! les Hardinge, que j'avais connus pauvres, presque dépendants des bienfaits de ma famille, étaient brusquement enrichis ! Qu'allait-il résulter de cette élévation inattendue?

Je brûlais du désir de me rendre le plus tôt possible en Amérique pour savoir à quoi m'en tenir. Je craignais que M. André Drewett n'épousât Lucie, à laquelle je n'avais jamais fait part de mon amour et qui, connus pauvres, presque dépendants des bienfaits de ma famille. J'étais tellement impatient de partir que je me serais décidé à mettre à la voile avec du lest, si les négociants ne s'étaient hâtés de compléter la cargaison.

J'appareillai le 15 mai 1803. En passant le détroit de Gibraltar, nous fûmes accostés par une frégate anglaise qui nous apprit la rupture de la France et de l'Angleterre. Les hostilités étaient déjà commencées, le premier consul ayant jeté le masque trois jours après notre départ; toutefois la frégate ne nous inquiéta pas.

Dans l'océan Atlantique, je pris soin d'éviter tous les navires que nous apercevions. Un sloop de guerre anglais nous donna la chasse à proximité de la côte d'Amérique; mais nous passâmes la barre de l'Hudson avant qu'il eût pu nous atteindre.

CHAPITRE XXVII.

Sous un visage d'ange est un cœur de démon.

HALLECK.

Le soir même de notre arrivée à New-York, en me rendant à l'hôtel de la Cité, je rencontrai Rupert Hardinge; il marchait précipitamment; et ma vue parut lui causer de la surprise et même de l'embarras; néanmoins il m'accueillit chaleureusement. Il était en grand deuil et vêtu à la dernière mode.

— Wallingford! s'écria-t-il (c'était la première fois qu'il ne m'appelait pas par mon prénom), Wallingford ! de quelles nues tombez-vous? Il avait couru tant de bruits sur vous que votre apparition est aussi surprenante que le serait celle de Bonaparte en personne. Votre navire est au port, n'est-ce pas ?

— Sans doute; vous savez que je le lui suis uni jusqu'à ce que la mort ou le naufrage nous sépare.

— C'est ce que j'ai souvent dit aux dames : Wallingford ne contractera jamais d'union indissoluble qu'avec un navire. Mais vous avez une mine excellente ; l'air de la mer vous fait du bien.

— Je ne me plains pas de ma santé. Mais parlez-moi de votre famille ! Votre père...

— Est à Clawbonny; vous connaissez son caractère : aucun changement de fortune ne peut l'empêcher de regarder son église enfumée comme une cathédrale et sa paroisse comme un diocèse. Je n'ose pas lui conseiller de renoncer à son état.

— Et vous, et le reste de la famille?

— Moi, je viens d'être reçu avocat. Mais, ajouta-t-il en me prenant le bras, de quel côté allez-vous? Si vous remontez la rue, je vais faire un tour avec vous. Il y a peu de monde en ville à cette époque de l'année; néanmoins voici l'heure où l'on rencontre dans Broadway quantité de femmes charmantes. Je vous disais donc que je faisais partie du barreau.

— Et comment se porte ma sœur? demandai-je sans m'enquérir de Lucie, dont je redoutais d'apprendre le mariage.

— Oh ! Grâce... à vous dire vrai, mon cher capitaine, l'état de sa santé est inquiétant. Depuis l'automne dernier, elle est restée à Clawbonny; et, quoique je ne l'aie pas vue depuis un siècle, je crois qu'elle est toujours souffrante. Vous savez combien elle est délicate... Ah ! Wallingford, plût au ciel que nos Américaines eussent la constitution robuste des Anglaises!

Je sentis un mouvement de colère que j'eus peine à réprimer; mais je réfléchis que peut-être Rupert n'avait jamais fait à Grâce de déclaration positive, et qu'avant d'être éclairé sur leurs relations il fallait m'abstenir de toute démarche inconsidérée. — Ces nouvelles m'affligent, répliquai-je après un moment de silence ; Grâce a besoin des soins les plus tendres, et, au lieu de courir les mers pour m'enrichir, j'aurais dû rester auprès d'elle et m'acquitter des devoirs d'un frère. Je ne me pardonnerai jamais ma négligence?

— Ne vous alarmez pas mal à propos, capitaine, reprit Rupert, la santé de Grâce tient à son tempérament, et l'on n'y reconnaît point les symptômes d'une maladie déterminée. Vous ne pouvez vous reprocher d'avoir cherché à gagner de l'argent ; l'argent est une excellente chose, et j'espère que vos nombreux voyages ont produit leurs fruits ?

— Parlez-moi de Lucie, répondis-je sans avoir égard à cette question.

— Miss Hardinge est à New-York, dans notre maison de Wall-Street. Mais, j'oubliais ; vous ignorez la nouvelle ?

— J'ai appris la mort de madame Bradfort en Italie, et c'est d'elle sans doute que vous êtes en deuil ?

— Précisément. L'excellente femme nous a été enlevée. Elle est morte chrétiennement, mon cher Wallingford ; il n'y a eu qu'une voix, dans tout le clergé de New-York, pour déclarer que sa fin avait été des plus édifiantes.

— Et vous a-t-elle institué son légataire universel ? Sa fortune devait naturellement vous revenir, puisqu'elle avait appartenu à votre commune aïeule ; mais Lucie a-t-elle été complétement oubliée ?

Rupert parut inquiet, il se dandina de côté et d'autre comme un homme embarrassé, garda quelque temps le silence, et finit par me dire d'un ton confidentiel :

— Vous savez, Miles, que madame Bradfort, malgré ses rares qualités et sa fin édifiante, avait un caractère des plus bizarres ; les femmes, et surtout les Américaines, se mettent parfois d'étranges idées en tête. Si nous avions vécu en Angleterre, j'aurais hérité légalement et sans conteste de tous les biens de madame Bradfort: d'après ce que m'a dit miss Merton, dont vous avez pu apprécier le bon sens.

— Vous qui êtes avocat, vous n'aviez pas besoin de consulter une Anglaise pour savoir la jurisprudence britannique en matière de succession.

— Oh! les lois, en Angleterre comme aux États-Unis, sont tellement défigurées par les commentaires, que les règles ordinaires se trouvent parfois transformées en règles exceptionnelles. Bref, madame Bradfort a fait un testament.

— Elle a vraisemblablement partagé sa fortune entre vous et Lucie.

— Pas tout à fait. C'était une femme très-singulière, très-fantasque, que ma bonne cousine, quoiqu'elle soit morte dans les plus admirables sentiments de piété. Elle a légué ses biens meubles et immeubles, ses maisons de ville et de campagne, à qui ?... à ma sœur!

Ces mots furent un coup de foudre pour moi ! Toutes mes espérances s'évanouissaient !...

— Et quel est l'exécuteur testamentaire? repris-je après un long intervalle.

— C'est mon père ; heureusement que sa tâche n'est pas difficile, car toute la succession est parfaitement liquide. Elle se compose de maisons et magasins situés dans les plus beaux quartiers de New-York, de quelques milliers de livres placés sur l'État ou sur hypothèque, et se monte, en y comprenant les économies accumulées par la défunte, à sept mille livres sterling par an, franches et quittes de toutes charges.

— Et tout cela est à Lucie?

— Provisoirement, car la moitié au moins m'en reviendra. Lucie en est seulement dépositaire. Madame Bradfort se sera dit : Rupert est un bon garçon au fond ; mais Rupert est jeune, il jette l'argent par les fenêtres. Je vais donc disposer de toute ma fortune en faveur de Lucie ; mais quand elle aura atteint sa majorité elle lui en donnera la moitié ou même les deux tiers, en vertu des prérogatives du sexe masculin.

— Croyez-vous que telles aient été les intentions de la défunte? en avez-vous des preuves?

— Des preuves! je l'attesterais par serment, et tout tend à me confirmer dans mon opinion. Entre nous, j'ai deux mille dollars de dettes, et pourtant, lorsque vous me voyez, la bonne dame ne m'a pas laissé un dollar pour payer mes créanciers. Une femme aussi pieuse, qui a fini si chrétiennement, ne se serait pas conduite de la sorte à mon égard si elle n'avait eu des vues ultérieures.

— Je croyais, Rupert, que madame Bradfort vous faisait une pension.

— Oui, de mille dollars par an, sans compter des gratifications supplémentaires qui montent à cinq mille dollars ; mais qu'est-ce que cinq mille dollars pour un jeune homme qui fréquente la haute société d'une grande ville ? Les dons que la défunte m'a faits pendant sa vie me prouvent que, dans le fond de son cœur, elle me destinait sa succession, car on ne donne pas cinq mille dollars à un parent sans

avoir le projet de lui en donner davantage. La fortune de madame Bradfort n'est donc entre les mains de Lucie qu'à titre de fidéicommis.

— Lucie est-elle de cet avis ?

— Lucie n'est guère expansive, elle aime à surprendre ceux auxquels elle se propose de rendre service. — Rien n'était plus faux que cette appréciation du caractère de Lucie. — Par conséquent elle s'est renfermée dans le mutisme le plus absolu, en se contentant d'autoriser mon père à payer mes dettes et à me faire, par anticipation, une pension de quinze cents dollars. Maintenant, Miles, je vous ai parlé comme à un ancien ami, parce que je savais que mon père vous instruirait de l'état des choses quand vous iriez à Clawbonny ; mais je vous recommande le plus profond secret. Si l'on savait que je dépends d'une sœur plus jeune que moi de huit ans, je serais la fable de la ville. Quelques intimes ont une vague idée de ma position, mais l'on pense généralement que je suis déjà en possession de la fortune et que le sort de ma sœur est entre mes mains. Ce bruit, que j'ai soin de répandre, éloigne les aventuriers qui seraient tentés de lui faire la cour par intérêt.

— Et est-il de nature à faire plaisir à un certain André Drewett? A l'époque de mon départ il rendait à Lucie des soins si assidus, que j'ai supposé qu'elle ne tarderait pas à changer de nom.

Je prononçai ces mots avec l'apparence d'une tranquillité que j'étais loin de ressentir.

— A vrai dire, Miles, répliqua Rupert, notre deuil a peut-être arrêté la réalisation des projets d'André. Vous comprenez qu'avant qu'il devienne mon beau-frère il importe que mes affaires soient arrangées, et qu'on ait bien déterminé les conditions du dépôt confié à Lucie. Au reste, je suis content d'André et lui témoigne de l'affection. Il est allié aux meilleures familles, il a des manières distinguées et une jolie petite fortune. Madame Bradfort le destinait sans doute à Lucie, car le revenu de Drewett, avec le tiers de celui de la chère défunte, équivaut juste à la totalité de ce dernier.

— Avez-vous dit à votre sœur ce que vous pensiez là-dessus? Comment reçoit-elle vos insinuations?

— Oh! à merveille!... Comme toutes les jeunes filles, elle rougit, elle prend quelquefois un air de mauvaise humeur, puis elle sourit fait la moue et s'écrie : Quelle folie!... c'est absurde. Vous m'étonnez, Rupert, etc., phrases qui n'abusent personne, pas même un pauvre nigaud de frère... Mais il faut que je vous quitte, Miles, car je dois accompagner des dames au théâtre, où le fameux acteur Cooper joue le rôle d'Othello.

— Encore un mot, Rupert : que deviennent les Merton?

— Les Merton, ils se sont fixés à New-York ; le colonel, ayant trouvé le climat favorable, a obtenu une place qui le retient parmi nous. New-York ne peut plus se passer des Merton!

— Ah! mon vieil ami le major a obtenu de l'avancement; ne l'avez-vous pas appelé le colonel?

— On lui donne plus souvent le titre de général; vous étiez dans l'erreur, Miles, quand vous pensiez qu'il était simplement major, tout le monde ici l'appelle le colonel ou le général.

— Je souhaite pour lui qu'il ait droit à ces qualifications. Adieu, Rupert, je ne vous trahirai pas; parlez de moi à Lucie, dites-lui que je désire la voir heureuse dans sa nouvelle position, et que je tâcherai de lui rendre visite avant de mettre à la voile.

Nous nous séparâmes ; Rupert se dirigea à grands pas vers le théâtre, et je continuai lentement mon chemin sans direction arrêtée. J'avais envoyé Nabuchodonosor demander des nouvelles du Wallingford ; il m'avait appris que le sloop sortirait du bassin au lever du soleil, et mon intention était de me rendre immédiatement à Clawbonny. Car, sans attacher une grande importance aux paroles de Rupert, j'avais besoin d'être rassuré sur l'état de ma sœur. En rôdant dans les rues je me trouvai à la porte du théâtre, et j'eus envie de savoir quels étaient les gens que Rupert accompagnait.

J'entrai ; la salle était comble, malgré la saison. Le nom de Cooper, l'acteur en vogue, suffisait alors pour obtenir la foule, quoique quelques amateurs lui préférassent Fennel. La majorité accordait la palme à Cooper, et à juste raison ; car rarement le public se trompe dans ces choses de sentiment. Les réclames peuvent momentanément abuser le bon sens général ; mais la nature reprend bientôt son empire, et ce qui se sent adressés au cœur humain restent maîtres de la sympathie des hommes. En religion, le masque de l'hypocrisie sert souvent à conquérir une popularité usurpée ; en politique, le dévouement des patriotes n'est souvent qu'une magnifique mystification qu'ils emploient pour parvenir ; dans la vie sociale, des sourires menteurs, d'insignifiantes courbettes, des poignées de main perfides concilient des intrigants une bienveillance peu méritée ; mais le poète, l'acteur, tous ceux qui parlent aux passions, à l'âme, à l'imagition, n'arrivent jamais à captiver les suffrages de tous sans avoir un mérite réel, développé par l'étude et perfectionné par l'art.

J'ai dit que la salle était comble ; cependant je trouvai place sur le second rang d'une loge, d'où, en plongeant mes regards au-dessous de moi, j'aperçus bientôt la frisure de Rupert. Il était à côté d'Emilie Merton et du major promu récemment au grade de colonel, ou de général, par la bonne volonté de mes chers compatriotes, si enclins à transformer en comtes, en capitaines et en phénomènes, des individus qui font une triste figure dans leur propre patrie.

Auprès du major il me sembla reconnaître Lucie, et il me suffit de l'apercevoir confusément pour éprouver une agitation sérieuse. Il y avait deux places vacantes, mais le dérangement qui eut lieu dans la loge m'annonça bientôt qu'elles étaient occupées. Tout le monde se leva. André Drewett présenta la main à une dame âgée, que je sus plus tard être sa mère, et, après l'avoir aidée à se placer, il s'arrangea pour se substituer au major à côté de Lucie. Il n'y avait rien que de très-naturel dans sa conduite, cependant elle me causa une douleur inexprimable.

Madame Bradford la vieille parente à héritage.

Sans faire attention à la pièce, je passai une heure à réfléchir, à me rappeler les jours de mon enfance, le soir de mon premier départ, mon retour, l'incident du bracelet et tant de circonstances où Lucie m'avait témoigné un tendre intérêt. M'étais-je abusé? Cet intérêt n'était-il dû qu'à sa sensibilité naturelle, qu'à son caractère ouvert, qu'à l'habitude enfin? Un fait que j'étais bien, malgré moi, forcé de reconnaître, c'était la distance qui me séparait maintenant de Lucie. Tant que j'avais été riche relativement à elle, j'aurais pu l'épouser sans que le monde remarquât la faible différence de nos positions; mais aujourd'hui Lucie avait le double de mes biens : elle possédait une fortune, et j'étais seulement dans l'aisance! En outre, un marin comme moi, absent par nécessité, à part les avantages d'une éducation passable, était dans une condition défavorable pour réussir auprès d'une femme. Je ne jouissais pas des privilèges des oisifs de la ville, des avocats sans causes, qui, après deux heures d'étude, pouvaient passer la journée à la promenade, ou des hommes de loisir tels que Drewett. Plus je méditais, plus je devenais humble, plus la chance me semblait contraire.

Dans mon abattement, je voulus quitter le théâtre; mais je sentis un serrement de cœur à l'idée de partir sans avoir contemplé les traits de Lucie. Je me décidai donc à passer au parterre, à rassasier mes yeux de la vue de la femme à laquelle j'avais voué un amour durable; puis à m'éloigner, à fuir Lucie, à l'éviter avec soin, afin de me délivrer des tourments qui m'obsédaient depuis la mort de madame Bradfort. Avant cette époque, j'avais compté, je l'avoue, sur la différence de nos positions respectives; non pas que Lucie fût capable de prendre en considération des avantages pécuniaires, mais parce que la bonne ville de New-York, en 1803, était *tant soit peu* vouée au culte du

veau d'or. La fille d'un pauvre vicaire de campagne ne pouvait, malgré ses charmes, captiver un grand nombre d'admirateurs; mais il n'en était plus de même depuis que les dispositions testamentaires de sa cousine l'avaient entourée d'une éclatante auréole.

Installé au parterre, je promenais mes yeux sur la loge. Le major et madame Drewett s'entretenaient ensemble. Celle-ci, comme la plupart des douairières, faisait *parade* de ses grâces, et avait je ne sais quoi de militaire, qu'elle avait conservé de la révolution américaine. Le major avait bonne mine, et l'on voyait, à son air d'assurance, qu'il était beaucoup plus considéré à New-York qu'à Londres, et qu'il subissait l'influence de son élévation. Pendant les entr'actes, les principaux personnages placés aux loges de face échangeaient des signes avec l'officier anglais; c'était une preuve qu'il était admis dans le grand monde, et que quiconque ne le connaissait pas se déclarait par cela même inconnu.

Emilie avait l'air d'être heureuse, et souriait aux galanteries de Rupert. Le major et sa fille, au milieu du monde, n'étaient plus les mêmes que dans les parages solitaires de l'océan Pacifique, mais n'était-ce pas tout simple; et moi, simple spectateur au parterre du théâtre du Parc, ressemblais-je au commandant de *la Crise?* J'ose affirmer que miss Merton avait presque oublié l'existence d'un nommé Miles Wallingford, quoique peut-être elle se rappelât de temps en temps les perles magnifiques qui devaient orner le cou de sa femme si jamais il en avait une.

Mais j'oublie trop longtemps ma bien-aimée! Elle brillait là de toutes ses grâces virginales; sa beauté s'était développée, ses yeux rayonnaient; sa rougeur était expressive; ses sourires avaient conservé leur douceur, ses mouvements leur grâce et leur naturel. La simplicité de son costume de demi-deuil rehaussait ses charmes, auxquels il suffisait d'une toilette de bon goût pour briller dans tout leur éclat. Après l'avoir regardée pendant quelque temps, je versai des larmes involontaires en songeant qu'il fallait renoncer à notre ancienne intimité et que chaque jour nous rendrait plus étrangers l'un à l'autre; je parvins à dissimuler mon émotion à mes voisins, et jusqu'à la chute du rideau je restai immobile, cloué à ma place, sans pouvoir détourner les yeux

— Dieu soit loué! dit Grâce, vous m'êtes donc rendu! J'avais peur que vous n'arrivassiez trop tard.

Les attentions et les prévenances dont Lucie était l'objet étaient un résultat naturel de son changement de fortune. Toutes les dames lui souriaient; les jeunes gens rôdaient dans les couloirs autour de sa loge, ou venaient lui présenter leurs compliments. L'air satisfait d'André Drewett semblait dire : — Les hommages que vous rendez à cette jeune dame s'adressent indirectement à moi. Cependant ma jalouse surveillance ne put constater dans le maintien de Lucie la plus légère altération ; c'était toujours la bonne, la simple et naïve jeune fille d'autrefois.

Les regards attachés sur sa loge, je m'aperçus à peine que les bancs se dégarnissaient autour de moi ; et je restais presque isolé dans le parterre, quand un cri de Lucie accéléra les battements de mon cœur. Elle m'avait vu, elle me regardait, elle me souriait en rougissant, et toute son attitude me prouvait qu'elle était encore fidèle à notre *amitié* d'enfance.

— Miles Wallingford ! me dit-elle en me tendant la main aussitôt que je fus assez près d'elle, vous étiez de retour, et nous n'en savions rien !

— Ma foi ! dit Rupert avec un certain embarras, j'avais oublié de vous dire que j'avais rencontré le capitaine Wallingford au moment où j'allais chercher le colonel et miss Merton.

— Quoique ma présence n'ait pas été annoncée, je suis charmé de voir miss Hardinge en bonne santé, et de retrouver ici mes anciens passagers.

Je donnai la main à Lucie sans prononcer un mot, et je compris à son air d'inquiétude ce qu'elle désirait savoir.

Je donnai une poignée de main au major et à Emilie, je saluai Drewett, et l'on m'invita à entrer dans la loge ; car il était contre les règles d'établir une conversation du parterre aux loges de face. J'oubliai mes résolutions, et j'entrai. André Drewett eut la politesse de m'offrir sa place, mais d'un air que j'interprétai en ces termes : — Qu'ai-je à craindre de lui ? c'est un patron de navire, et je suis un homme du monde riche et influent.

— Je vous remercie, monsieur Drewett, dit Lucie du ton le plus doux, M. Wallingford et moi sommes de très-anciens amis. Vous savez que c'est le frère de Grâce, et vous êtes allé à Clawbonny ; il n'est pas étonnant que j'aie mille choses à lui dire. Ainsi, Miles, prenez cette place, et contez-moi votre voyage.

Je fus obligé de souscrire à ce vœu, et, malheureusement pour moi, l'épisode de M. Marbre, attirant l'attention du major, lui fournit l'occasion de se mêler à la conversation. L'on jouait en ce moment l'ouverture de la petite pièce, et M. Merton m'emmena au foyer pour apprendre les détails de ce qui concernait M. Marbre. Je fus désolé, et Lucie parut affligée de ce contre-temps ; mais il était inévitable, puisque je ne pouvais causer pendant la représentation.

— Sans doute vous vous souciez peu de cette farce insipide, me dit le major en regardant par la fenêtre du foyer. Si vous m'en croyez, nous attendrons ces dames ici.

J'y consentis, et nous nous promenâmes dans le foyer jusqu'à la fin

de la pièce. Le major me traita avec affabilité, et parut se souvenir des obligations qu'il avait envers moi. Après quelques moments d'en-

Le médecin auprès de Grâce Wallingford.

tretien, pendant lesquels je tournai fréquemment les yeux du côté de la loge, mon compagnon me dit brusquement :

Miles sauvé par Nabuchodonosor.

— Vos amis les Hardinge ont eu une fameuse aubaine, à laquelle ils étaient loin de s'attendre il y a quelques années.

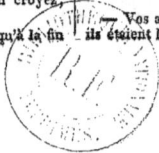

— Oui ; mais je suis étonné que madame Bradfort n'ait pas laissé sa fortune à M. Hardinge, son héritier direct.

— Elle a pensé sans doute que le bon prêtre ne saurait qu'en faire. D'ailleurs, Rupert Hardinge a des talents ; il peut figurer avantageusement dans ce monde, et la fortune de sa cousine lui sera plus utile qu'elle ne l'eût été à son père.

— Est-ce que Rupert est légataire universel ?

— Je ne crois pas : il y a, dit-on, une espèce de fidéicommis, en vertu duquel une portion des biens est réversible sur sa sœur. On a sottement prétendu que Lucie était l'unique héritière, mais je sais de bonne source que c'est faux. Lucie a probablement des droits à une certaine somme, qu'elle touchera si elle se marie avec le consentement de son frère.

Je vis clairement que le major Merton était dupe de l'astucieux Rupert, mais il ne m'appartenait pas de le détromper. La conversation devenait embarrassante pour moi, et ce fut avec plaisir que j'entendis dans la salle un mouvement qui annonçait la fin du premier acte. A la porte de la loge, nous trouvâmes madame Drewett, qui donnait le signal de la retraite, la petite pièce ne lui paraissant pas mériter d'être écoutée. Rupert me lança un coup d'œil inquiet, et me glissa ces mots à l'oreille : — Miles ! ce que je vous ai dit ce soir est un secret de famille, je l'ai confié comme à un ami.

— Vos affaires ne me regardent pas, répondis-je ; seulement qu'il me soit permis d'espérer que vous vous conduirez toujours honorablement !

Pendant que Drewett était sorti pour faire avancer les voitures, je m'approchai de Lucie, qui me cherchait des yeux ; mais, quand j'allais lui offrir le bras, M. André Drewett revint en disant : — La voiture ! et la conduisit à la porte du vestibule. L'équipage de madame Drewett s'était avancé le premier, celui de Lucie venait après. Lucie avait un équipage ; elle était entrée immédiatement en possession de la maison et du mobilier de la défunte, et les armes de madame Bradfort étaient encore sur les panneaux. Rupert faisait remarquer à tout le monde combien il était généreux de sa part de mettre une voiture à la disposition de sa sœur.

André Drewett fut obligé de partir avec sa mère, et j'eus le bonheur de pouvoir m'entretenir avec Lucie pendant une minute. Elle me parla de Grâce, qu'elle n'avait pas vue depuis plusieurs mois. Jamais elles n'avaient été si longtemps loin l'une de l'autre, et elles s'entrevoyaient pas le terme de leur séparation. Ma sœur, malgré les instances les plus pressantes, refusait de revenir à New-York ; tandis que Lucie, impatiente de revoir Clawbonny, était retenue en ville par Rupert, sous prétexte d'affaires à terminer.

— Grâce est plus fière que je ne l'étais, Miles, me dit Lucie, elle tient à nous prouver qu'elle sait se contenter de son domaine ; moi, quand vous seul étiez riche, je ne rougissais point de ma pauvreté.

Ces mots furent proférés avec un accent de tristesse et de reproche.

— Bonne Lucie, répondis-je en lui serrant la main, vous vous méprenez sur les intentions de ma sœur, savez-vous si sa santé est rétablie ?

Rupert m'a dit qu'elle allait à merveille, ses lettres respirent une douce gaieté et ne contiennent pas un mot de plainte ; vous la verrai bientôt : Grâce Wallingford et Lucie Hardinge ne sont pas nées pour vivre séparées. Voici la voiture ; je vous verrai demain, Miles ; je vous attends à déjeuner, à huit heures !

— C'est impossible, je profite de la marée montante pour mettre à la voile ; demain, à quatre heures du matin, je serai sur la route de Clawbonny.

Le major Merton fit monter Lucie dans la voiture, que je suivis des yeux debout sur la dernière marche de l'escalier du théâtre.

CHAPITRE XXVIII.

Écoutez-moi : longtemps j'ai gardé le silence,
De tranquilles destins flattaient mon indolence ;
Mais j'observais la dame et j'ai vu sur ses traits
De soudaines rougeurs embellir ses attraits,
Puis son teint revêtait, par un subit échange,
La céleste blancheur d'une figure d'ange.

SHAKSPERE.

Avant onze heures du soir j'arrivais à bord du Wallingford, où Nabuchodonosor m'attendait. Comme le vent était favorable, je donnai des ordres pour appareiller sans attendre le flot ; et le surlendemain, vers huit heures, je débarquais sur le quai de Clawbonny.

M. Hardinge attendait l'arrivée du sloop, et me reçut à bras ouverts.
— Soyez le bienvenu, mon cher enfant ! me dit-il. Je vous ai jugé d'après mon cœur, et, averti par un journal de New-York de l'arrivage de l'Aurore, j'ai désiré que vous vinssiez ici par la prochaine occasion. Ah ! Miles, quand donc vous déciderez-vous à vous fixer à Clawbonny ? Vous avez plus d'argent qu'il n'en faut pour vous rendre heureux.

— A propos d'argent, mon cher monsieur, tout en déplorant la perte de votre respectable parente, permettez-moi de vous féliciter de l'augmentation de votre fortune.

— Je vous remercie, mon cher ami, et j'espère que ces richesses inattendues ne nous empêcheront pas de servir Dieu comme nous le devons. En tout cas, la propriété est à Lucie et non pas à moi. Je parle à cœur ouvert avec vous, quoique Rupert juge prudent de taire la vérité pour ne pas attirer auprès de sa sœur un essaim de galants intéressés. Je ne veux induire personne en erreur, mais je puis garder le silence avec tous excepté avec vous qui devez savoir toutes nos affaires. Je suis l'exécuteur testamentaire ; et j'ai d'autant plus de plaisir à vous voir, que j'ai besoin de vos conseils pour me tirer des comptes de la succession. Ils m'absorbent au point de me faire négliger les devoirs de mon saint ministère, et je cours risque de devenir un homme d'argent.

— Ce danger n'est pas à craindre pour vous, mon cher monsieur ; mais vous ne m'avez encore rien dit de ma sœur à moi.

Je vis un brusque changement dans la physionomie de M. Hardinge : la joie fit place à l'anxiété. Quoique le bon prêtre fût peu observateur de sa nature, il avait évidemment remarqué des choses qui l'inquiétaient.

— Grâce est ici, répondit-il avec hésitation ; la chère fille est seule, moins gaie et moins bien portante qu'autrefois. La semaine dernière, j'avais envie d'envoyer chercher un médecin ; mais elle s'y est opposée. Vous savez comme elle est délicate et belle, Miles ! ses traits ont toujours appartenu moins à la terre qu'au ciel, et aujourd'hui je crois, en la contemplant, voir un séraphin qui pleure sur les péchés des hommes.

— Je tremble, monsieur, qu'elle ne soit gravement malade.

— Dieu veuille que non ! mais, à vrai dire, elle n'est pas dans son état ordinaire. Ses pensées, ses facultés, ses inclinations la portent vers le ciel. Elle lit des livres de piété, elle médite, elle prie du matin au soir. C'est sans doute par suite de ces dispositions nouvelles qu'elle s'est retirée du monde, et qu'elle refuse toutes les invitations de Lucie. Vous connaissez leur attachement mutuel, bien qu'elle sache que Lucie ne peut venir à elle.

Je compris tout ; un poids lourd comme celui d'une montagne oppressa mon cœur, et je fis quelques pas sans dire un mot. Les paroles de M. Hardinge retentissaient à mes oreilles comme le glas d'une sœur adorée. Quand je repris l'entretien, ma voix était si tremblante que mon émotion n'échappa pas à M. Hardinge.

— Grâce m'attend-elle aujourd'hui ?

— Oui ; et la seule pensée terrestre que je lui aie entendu énoncer depuis votre dernier voyage, c'est celle de votre prompt retour. C'est vous, Miles, qu'elle aime le plus au monde après Dieu.

Que n'aurais-je pas donné pour que ce fût la vérité ! Mais, hélas ! je savais qu'il n'en était pas ainsi.

— Je vous vois troublé, mon cher enfant, reprit M. Hardinge, l'état de votre sœur vous alarme ; sans doute elle n'est pas bien, mais chez elle c'est l'esprit qui use le corps : ses souffrances viennent de ses réflexions, de sa manière d'envisager sa nature faillible. Mes entretiens et mes prières n'ont pas, je l'espère, été sans influence sur elle ; elle a repris un peu d'enjouement, et me disait il y a une demi-heure que, si vous vous trouviez à bord du sloop, rien ne manquerait à son bonheur.

Quand il se fût agi de sauver ma vie, je ne me serais pas entretenu plus longtemps de ce pénible sujet. Comme nous avions encore une grande distance à parcourir avant d'arriver à la maison, je changeai de conversation pour éviter de perdre courage et de me mettre à pleurer au milieu de la route.

— Lucie compte-t-elle visiter Clawbonny cet été ?

En faisant cette question, il me semblait étrange de supposer que la ferme n'était plus la maison de Lucie. J'étais jaloux, je le crains, de la voir posséder des maisons et des terres qu'elle ne tenait pas de moi.

— J'espère qu'elle viendra, répliqua mon tuteur, quoiqu'elle ne soit plus maîtresse de ses actions. Vous avez dû la voir à New-York, Miles ?

— J'ai rencontré Rupert dans la rue, monsieur, et j'ai eu une courte entrevue avec Lucie et les Merton au théâtre. M. Drewett et sa mère étaient de la partie.

Le bon prêtre se tourna brusquement vers moi, et me lança un coup d'œil d'intelligence. Un poignard, en pénétrant dans mes chairs, m'aurait causé une douleur moins irritante; cependant j'eus la force de me contenir.

— Que pensez-vous de ce jeune Drewett? me demanda M. Hardinge d'un air confidentiel et avec un sentiment qui perçait dans ses moindres paroles quand il s'agissait de sa fille. Approuvez-vous le projet?

— Je crois vous comprendre, monsieur; M. Drewett aspire à la main de Lucie?

— Je ne vous parlerais point de ses intentions, s'il ne prenait grand soin de les divulguer lui-même à tout le monde.

— Peut-être dans le but d'écarter d'autres prétendants, dis-je avec une amertume qu'il me fut impossible de réprimer.

M. Hardinge parut surpris et même mécontent de mon observation.

— Vous avez une mauvaise pensée, mon cher enfant, me dit-il gravement, nous devons être charitables et toujours supposer le bien plutôt que le mal. Il est naturel que Drewett cherche à l'emporter sur ses rivaux, et l'on ne saurait le blâmer du parti qu'il a pris d'avouer franchement son attachement.

— J'ai eu tort, je l'avoue, repartis-je avec empressement et pour atténuer ma faute, je me hâte de reconnaître que M. Drewett n'est pas guidé par des motifs d'intérêt, puisqu'il s'était mis sur les rangs avant la mort de madame Bradfort.

— En effet, Miles. Mais, vous qui connaissez Lucie dès l'enfance, et qui lui avez voué une affection toute fraternelle, vous ne pouvez peut-être vous imaginer qu'un jeune homme l'aime aussi passionnément pour elle-même.

— Que me dites-vous là, monsieur? Je puis vous affirmer que je conçois aisément qu'on ait de l'amour pour votre fille. S'il était question de Grâce, mon opinion serait différente. Ma sœur m'a toujours semblé avoir trop d'affinité avec le ciel pour se soumettre aux passions de la terre.

— C'est ce que je vous disais tout à l'heure, et il faudra employer nos efforts à humaniser les penchants de Grâce. Il n'y a rien de plus dangereux que d'apporter dans la piété une exaltation maladive, qui est moins le fruit du repentir ou des dons spirituels que le résultat d'une fausse direction de notre faiblesse naturelle.

Comment aurais-je éclairé le bon vieillard sur les causes de la maladie de ma sœur? Il m'était impossible de croire que l'esprit juste de Grâce se fût laissé entraîner à l'ascétisme; mais je prévoyais que ses espérances avaient été déçues, ses affections blessées, par la légèreté, la vanité et l'égoïsme de Rupert. C'était un fait dont il n'était pas à propos d'instruire le père du coupable. Aussi, donnant pour la seconde fois un nouveau cours à l'entretien, je parlai de mon voyage et de mes intérêts matériels. Pendant ce temps, j'essayai de rassembler mes forces pour me préparer à l'entrevue que j'allais avoir avec ma sœur.

En approchant du logis, M. Hardinge fit un signal convenu pour annoncer mon arrivée; les nègres et négresses accoururent à ma rencontre en poussant, en signe de joie, de bruyants éclats de rire. Je me dérobai aux félicitations de mes serviteurs empressés et me dirigeai vers la chambre de famille, où Grâce m'attendait. Jamais ma main n'avait tremblé davantage en tournant une clef; je m'arrêtai un instant sans pouvoir prendre sur moi d'ouvrir la porte, dans l'espoir que l'impatience de Grâce m'en épargnerait la peine. Tout était silencieux, et j'entrai lentement, comme si je m'étais attendu à trouver dans la chambre l'un des morts que j'y avais vus déposés, dans leur avant-dernière demeure. Ma sœur était sur la causeuse, et sa faiblesse et son agitation l'empêchèrent de se lever. Je n'essaierai pas de décrire la secousse que j'éprouvai à son aspect; je m'étais attendu à la voir changée, et mon cœur me dit sur-le-champ qu'elle était près du tombeau!

Grâce me tendit les deux bras; je m'élançai auprès d'elle, et je l'attirai sur mon cœur avec la tendresse que j'aurais témoignée à un enfant. Dans cette situation, nous pleurâmes tous deux pendant quelques minutes. — Que Dieu soit loué! murmura-t-elle enfin, vous m'êtes donc rendu! J'avais peur que vous n'arrivassiez trop tard!

— Grâce, Grâce, que signifie cela? Ma tendre sœur, pourquoi vous vois-je en cet état?

— Miles, une explication serait inutile; ne comprenez-vous pas ce qui se passe?

Je répondis en lui pressant la main avec ardeur. Je savais que Grâce était capable d'aimer, mais non pas d'oublier; pourtant je ne me serais jamais figuré qu'elle serait réduite à cette extrémité par son amour pour Rupert, dont je connaissais l'égoïsme et la frivolité. Je ne comprenais guère la confiance qu'une femme aimante accorde à l'objet de son choix, auquel elle attribue toujours les qualités qu'elle désire lui voir. Dans l'angoisse de mon âme, je murmurai assez haut pour être entendu : — Le misérable!

Grâce se détacha aussitôt de mes bras. En ce moment on l'aurait prise pour une créature immatérielle; elle paraissait tenir à la vie par un lien si faible, que je craignis qu'elle ne me fût enlevée dans le

cours de notre entrevue. Les souffrances qui la consumaient avaient communiqué à ses yeux un rayon d'une lumière céleste.

— Mon frère, dit-elle avec un accent de reproche, vous ne vous conformez pas au commandement de Dieu, j'attendais plus de calme du seul homme qui m'aime maintenant sur la terre.

— Il n'est pas facile, ma sœur, de pardonner à celui qui nous a si longtemps trompés, et vous a sacrifiée à sa vanité.

— Miles, mon bon frère, écoutez-moi, écartez de votre cœur toute pensée d'orgueil ou de colère. Si j'avais à me reprocher quelque chose, je me soumettrais à toute espèce de châtiment; mais, certes, c'est une faute excusable que de ne pouvoir maîtriser ses affections, et en mourant je ne veux point emporter avec moi le souvenir d'une querelle entre deux hommes qui ont jusqu'à présent vécu en frères. Songez aussi à M. Hardinge, qui est encore mon tuteur, et à ma fidèle Lucie.

— Pourquoi votre fidèle Lucie n'est-elle pas ici pour vous prodiguer ses soins? demandai-je d'un ton brusque.

— Elle ignore ma position; c'est un secret qui n'est connu que de Dieu, de vous et de moi. Après l'explication que j'ai eue avec Rupert, j'ai quitté New-York, et j'ai soigneusement caché à Lucie mon dépérissement graduel. Je lui écris chaque semaine, elle me manq e p s de me répondre; et rien dans mes lettres n'est de nature à lui faire soupçonner mon état. Ne la blâmez pas; je suis certaine qu'elle quitterait tout pour venir me voir, si elle avait le moindre pressentiment de la vérité. Laissez-moi me reposer sur votre sein, mon frère; je suis fatiguée de tant parler.

Je tins ma sœur dans mes bras pendant une heure entière sans prononcer un seul mot; je craignais d'augmenter son agitation, et sa pudeur virginale se refusait à des explications qui l'auraient nécessairement froissée. Sa chevelure soyeuse ondulait sur ma joue, et de grosses larmes roulaient sur son visage pâle; mais par intervalles elle m'exprimait, en me pressant la main, combien ma présence la soulageait. Épuisée par les efforts qu'elle avait faits, elle tomba bientôt dans un assoupissement fébrile; et, plutôt que de l'en tirer, j'aurais passé toute la nuit à la tenir dans mes bras. Quand elle releva la tête, elle me dit avec un de ses plus angéliques sourires :

— Vous voyez comme je suis, Miles! j'ai la faiblesse et les exigences d'un enfant. Avant de quitter cette chambre, je vous prie de me faire une promesse.

— Je n'ai rien à vous refuser, lui dis-je avec attendrissement, et cependant je ne vous obéirai qu'à une condition.

— J'y consens, Miles, même sans la connaître, elle ne peut être telle que je ne puisse y accéder.

— En ce cas je vous promets de ne pas demander à Rupert compte de sa conduite, de ne pas l'interroger, de ne pas même lui adresser de reproches.

Je multipliai ainsi mes engagements, à mesure que les yeux de Grâce semblaient demander davantage. Néanmoins la dernière promesse parut la satisfaire complètement, elle me baisa la main et l'inonda de larmes brûlantes.

— Dites-moi maintenant votre condition, mon cher frère.

— La voici : Je me chargerai des soins qui vous seront nécessaires; j'aurai la faculté d'envoyer chercher tel médecin que je voudrai, d'appeler auprès de vous les amis qui me conviendront.

— Mais, lui, Miles, vous ne le ferez pas venir?

— Certainement : sa présence me chasserait de la maison. Vous acceptez avec cette seule exception?

Grâce fit un signe d'assentiment et retomba sur mon cœur. Je cessai de parler et lui recommandai le silence. Quelques instants de repos lui rendirent assez de force pour qu'elle se crût en état de retourner dans sa chambre. J'appelai sa domestique Chloé, la cousine de Nabuchodonosor, et nous conduisîmes la malade jusqu'à son lit.

Il me fallut plus d'une heure pour me remettre. Dans la solitude de ma chambre, je pleurai comme un enfant la décadence de cette femme aussi forte si belle si belle si Marbre à Marbre en la priant de confier au second lieutenant le soin de décharger l'Aurore, et de venir me joindre par le retour du sloop. Je lui donnai une liste de médecins, et je lui recommandai d'en emmener un, le premier désigné, si c'était possible, ou l'un des frères en suivant l'ordre indiqué. Je n'osai écrire à Lucie, de peur qu'elle ne devinât la cause de la maladie de Grâce. J'adressai aussi une lettre à un docteur nommé Bard, qui avait une maison de campagne sur l'autre rive de l'Hudson. Je dis à Nabuchodonosor de faire partir le sloop pour New-York, et d'aller lui-même trouver M. Bard avec la Grâce et Lucie. Mes arrangements étaient terminés quand Chloé vint me dire que ma sœur me demandait.

Je trouvai Grâce sur son lit, plus forte et reposée. Je crus un moment que je m'étais exagéré le danger qu'elle courait; mais quelques minutes d'un examen attentif me convainquirent que mes premières impressions ne m'avaient pas trompé. Ignorant les théories de la science, je ne pouvais me rendre parfaitement compte de l'état de santé de Grâce. Depuis six mois elle enfermait ses souffrances dans son sein, et c'était une épreuve à laquelle, dit-on, ne sauraient résister les constitutions les plus robustes. Cependant sa voix avait conservé presque toute sa force, de sorte qu'on ne pouvait attribuer son amaigrissement à la phthisie. Son visage annonçait la fatigue; elle devait avoir de fréquents accès de fièvre, car les couleurs de son teint étaient de temps en temps plus animées qu'à l'ordinaire. Il y avait aussi un dérangement notable dans la respiration insensible, et les pores de la peau ne remplissaient plus leurs fonctions.

Grâce, sans se lever de son oreiller, me demanda des détails sur ma dernière traversée, et je parvins un moment à la distraire de ses souffrances. Ce résultat me démontra que je pouvais me promettre un plus grand succès, si je réunissais auprès d'elle quelques amis dont l'absence peut-être avait contribué à développer le germe de sa maladie. J'éprouvai le désir de savoir jusqu'à quel point le voyage de Clawbonny serait agréable à Lucie.

— Vous m'avez dit, Grâce, que vous étiez en correspondance avec Lucie; je suppose que ses lettres ne sont pas de nature à m'être montrées, elles sont probablement remplies de tendres secrets, relatifs à André Drewett et autres adorateurs?

Grâce me regarda fixement, comme pour étudier l'état de mon âme; puis elle répondit :

— Vous vous trompez, Miles; Lucie ne m'a jamais écrit un seul mot que vous ne puissiez voir. Pour vous le prouver, je vous remettrai le paquet de ses lettres en vous autorisant à les lire toutes. Vous croirez lire la correspondance d'une seconde sœur.

Il me sembla que Grâce appuyait sur ce dernier mot, qui me causa un trouble inexprimable. J'avais remarqué que Lucie ne l'employait jamais, et cette circonstance m'avait fortifié dans la folle idée qu'elle m'avait voué une affection plus tendre que celle d'une sœur pour un frère.

Grâce appela Chloé, lui donna la clef de son secrétaire et lui dit d'apporter des lettres qu'elle me remit aussitôt.

— Parcourez-les, Miles, me dit-elle; il y en a une vingtaine; vous aurez le temps d'en lire la moitié avant l'heure du dîner. Je vous recommande de ne pas alarmer M. Hardinge; il ne me croit pas sérieusement malade; il ne faut pas l'affliger inutilement.

Je promis d'être discret, et courus à ma chambre emportant la précieuse liasse des lettres de Lucie. L'avouerai-je? Je baisai avec ardeur ces lettres de ma bien-aimée, et il me sembla que je possédais un trésor. Je me mis à les lire avidement par ordre de date. Il m'est impossible à Lucie Hardinge d'écrire à une amie intime sans dévoiler en entier son caractère; il perçait dans les moindres phrases. Mais ces lettres avaient encore un autre charme : Lucie ignorait qu'elle écrivît à une malade, mais elle savait qu'elle s'adressait à une recluse dont elle avait probablement deviné en partie les souffrances morales. Dans l'intention de distraire Grâce, elle avait rempli ses épîtres de fines observations, de satires piquantes et délicates, de commentaires amusants sur les folies du jour. Différents passages me prouvèrent que ma sœur lui avait fait des remontrances sur cet esprit critique, qui lui était révélé pour la première fois, et qui était ainsi nouveau pour elle que pour moi-même. Un fait qui me frappa, c'est qu'il n'était pas une seule fois question de Rupert, et c'en était assez pour me prouver que Lucie avait compris les motifs de la retraite de Grâce.

Lucie ne parlait de moi que deux fois. Dans un premier post-scriptum, elle reproduisait des nouvelles que les journaux avaient données sur mes voyages. Le second post-scriptum était ainsi conçu : — Notre cher Miles est allé à Livourne et doit revenir ici dans le courant de l'été. Quel bonheur pour vous, ma chère Grâce! Il est inutile d'ajouter que personne n'aura plus de plaisir à le revoir que son tuteur et moi.

Le nom d'André Drewett revenait très-fréquemment dans les lettres de Lucie, presque toujours associé à celui de sa mère, qui s'était évidemment constituée le chaperon de l'héritière. J'examinai chacun de ces passages avec la plus scrupuleuse attention pour découvrir le sentiment qui les avait dictés. Mais l'art le plus consommé n'aurait pas mieux réussi que le naturel de Lucie à cacher ses pensées secrètes. Il en est souvent ainsi. Les hommes droits et sincères sont fréquemment des énigmes indéchiffrables pour un monde perfide et corrompu. Un honnête homme est toujours un paradoxe pour tous ceux qui voient les choses autrement que lui; et c'est pour cela que les actions les plus simples et les plus loyales sont parfois attribuées à des motifs diplomatiques.

Je me déterminai à prier Lucie de venir à Clawbonny; après avoir pris l'agrément de son père, je lui écrivis de manière à ne pas éveiller ses alarmes, mais en termes assez pressants pour la décider à faire le voyage.

Nabuchodonosor se mit en route, et le Wallingford appareilla sur son lest le soir même. Grâce paraissait revivre en me voyant auprès d'elle; et quand elle entendit M. Hardinge réciter sa prière, elle approcha de la chaise sur laquelle j'étais assis, me prit les mains dans les

siennes, et s'agenouilla auprès de moi. Je fus touché jusqu'aux larmes de ces témoignages de tendresse.

Les marins prient rarement, moins qu'ils ne devraient le faire au milieu de leur existence périlleuse. Toutefois je n'avais pas complètement oublié les leçons de mon enfance, et je les mettais parfois en pratique. Ce soir-là j'implorai Dieu avec ferveur en lui demandant de me conserver ma sœur.

CHAPITRE XXIX.

Les chagrins ont toujours un remède assuré;
Si, votre cœur comprend mes amoureuses peines,
Donnez-moi votre amour, que j'ai tant désiré,
Et vous apaiserez vos douleurs et les miennes.

SHAKSPERE, *Comme il vous plaira.*

Le lendemain, dans la matinée, je rendis une courte visite à Grâce, et je remarquai une amélioration qui me fit concevoir des espérances. M. Hardinge insista pour me rendre le matin même ses comptes de tutelle, quoique je fusse disposé à lui donner quittance sans aucun examen. Quand nous eûmes établi nos calculs, nous montâmes à cheval pour parcourir ensemble le domaine, sur les beautés duquel mon tuteur ne manqua pas de s'extasier.

— Voilà l'humble séjour où je suis né, me dit-il en me montrant son petit presbytère. C'est là que j'ai vécu heureux, comme père et comme époux, au milieu de mon troupeau, dont j'espère avoir été le fidèle gardien. Que de chrétiens se sont agenouillés devant ce petit autel; j'y ai vu votre mère, Miles, et votre vénérable grand'mère; j'espère que le jour n'est pas loin où votre femme y viendra. Mariez-vous de bonne heure, mon ami, c'est le moyen d'être heureux.

— Je ne saurais contracter une alliance avant de trouver une femme que j'aime véritablement, mon cher monsieur.

— Le ciel vous préserve d'épouser une femme sans l'aimer! je préférerais vous voir rester garçon jusqu'à mon heure dernière; mais nous avons en Amérique bien des femmes dignes de votre tendresse; je pourrais vous en indiquer cinquante.

— Commencez donc, monsieur; votre recommandation sera d'un grand poids.

— Je vous citerai, par exemple, miss Catherine Harwey, jeune fille douée d'excellentes qualités, qui vous conviendrait à merveille.

— Je me la rappelle; mais je lui reprocherai de manquer de charmes. Il me semble que c'était la plus laide de toutes les connaissances de madame Bradfort.

— Qu'est-ce que la beauté, Miles, quand il s'agit d'une union éternelle!

— Cependant votre conduite n'a pas été conforme à votre théorie; car, autant qu'il m'en souvient, madame Hardinge était très-jolie.

— Oui, c'est vrai, répondit le vieillard avec simplicité; mais l'absence de beauté ne doit pas être un motif d'exclusion. Si vous n'avez aucun goût pour Catherine Harwey, que dites-vous de Jane Hardwood, n'est-ce pas une jeune personne charmante?

— Pour d'autres, mais non pas pour moi. Mais en me proposant des partis, vous oubliez votre propre fille.

Je prononçai ces mots avec la résolution du désespoir. J'avais été tenté par l'occasion et par la tournure qu'avait prise l'entretien. Mais à peine avais-je parlé, que je me repentis de ma témérité, et ce fut en tremblant que j'attendis la réponse. M. Hardinge se tourna brusquement vers moi, et je jugeai à son air que l'idée de mon mariage avec sa fille se présentait à lui pour la première fois.

— Lucie! s'écria-t-il... Au fait, pourquoi ne l'épouseriez-vous pas? Il n'y a aucun lien de parenté entre vous, quoique je vous aie longtemps considérés comme frère et sœur. Nous aurions dû y songer plus tôt, Miles; c'eût été une union assortie; mais je vous aurais prié de renoncer à la marine, Lucie a le cœur trop sensible pour supporter les inquiétudes de l'absence. Je m'étonne de n'avoir pas eu cette pensée avant qu'il fût trop tard. Comment ai-je pu ne pas la concevoir, moi qui ai l'habitude d'observer tout ce qui se passe autour de moi?

Ces mots — trop tard — retentirent à mes oreilles comme l'arrêt du destin. Si mon interlocuteur avait eu seulement la dixième partie de l'esprit d'observation dont il se vantait, il se serait aperçu de mon trouble. Comme je m'étais avancé, je résolus de pousser jusqu'au bout les explications.

— Je suppose, mon excellent tuteur, que votre expérience a été mise en défaut par cela même que Lucie et moi nous avons été élevés ensemble. Mais pourquoi serait-il trop tard, si les deux parties intéressées peuvent encore s'entendre? Miss Hardinge a-t-elle des engagements avec M. Drewett? Lui a-t-elle donné toute son affection?

— Vous pouvez être sûr d'une chose, mon ami ; c'est que, si Lucie a des engagements, elle a donné toute son affection. Elle ne se mariera jamais sans accorder son cœur en même temps que sa main. Quant à ce qui se passe entre elle et André Drewett, je ne le sais que par induction.

— Ils doivent être liés par un attachement mutuel; Lucie n'est pas coquette; elle n'encouragerait pas un amour qu'elle n'aurait pas l'intention de partager.

— Drewett continue à la voir; il est aussi assidu qu'il est possible de l'être sans blesser les convenances, et comme ses vues m'honorent, je lui laisse le champ libre, et je ne cherche pas à influencer l'inclination de Lucie ; mais il est une circonstance qui me paraît concluante. J'ai remarqué que ma fille prend soin de ne jamais se trouver seule avec Drewett; elle refuse de l'accompagner dans sa voiture même pour aller d'une porte à une autre, et dans les visites qu'il nous a rendues, elle a fait en sorte de n'être jamais tête à tête avec lui.

— Est-ce à vos yeux une preuve d'attachement?

— Sans aucun doute : elle craint de se trahir dans un tête-à-tête, et recule devant la nécessité de faire un aveu dont sa pudeur serait alarmée. En tout cas, Miles, c'est peu important pour vous, puisqu'il y a tant de jeunes personnes dans le monde.

— C'est vrai, monsieur, mais il n'y a qu'une seule Lucie Hardinge, répliquai-je avec une ardeur qui trahit mes sentiments secrets.

Mon ex-tuteur arrêta son cheval pour me regarder, et me contempla d'un air soucieux qui ne lui était pas ordinaire.

— J'étais loin de m'y attendre, s'écria-t-il; aimez-vous réellement Lucie, mon cher enfant?

— Plus que ma vie, monsieur! j'avais seize ans quand mon amour a commencé, et il se fortifie chaque jour.

La vérité m'était échappée, et j'étais prêt à donner cours à mes sentiments qui se précipitaient en foule, comme un torrent qui a brisé ses digues. Honteux de ma faiblesse, je devançai M. Hardinge pour être seul un moment. Il me rejoignit et nous marchâmes longtemps côte à côte dans un long et pénible silence.

— Je ne puis revenir de ma surprise, me dit le vieillard. Pourquoi ne m'avoir pas fait cet aveu deux ou plus tôt? Pourquoi avoir persisté à courir les mers, quand vous aviez des motifs si puissants pour rester chez vous? Mon ami, je compatis à vos peines, car je comprends ce qu'il y a de désolant à aimer Lucie sans espérance.

— A l'époque de mon départ, monsieur, j'étais trop jeune pour agir, et même pour démêler mes véritables sentiments. A mon retour, j'ai trouvé Lucie lancée dans une société supérieure à la mienne, et c'est été lui donner une triste preuve de mon amour que de vouloir la faire descendre à mon niveau.

— Je vous comprends, Miles, j'apprécie la générosité de votre conduite; mais lorsque vous êtes revenu à New-York, à bord de la Crise, déjà peut-être il était trop tard. Il y a de cela une année, et je crois que dès lors Drewett s'était proposé.

— Eh bien, repris-je d'un air d'indifférence, je tâcherai de trouver le bonheur dans la pratique de mon état. D'ailleurs, en mettant de côté M. André Drewett, il est encore trop tard sous un autre point de vue. L'homme qui n'a osé offrir sa main à sa maîtresse quand elle était pauvre aurait mauvaise grâce à demander en mariage l'héritière de madame Bradfort. Cependant, avant d'abandonner ce sujet pour ne plus y revenir, permettez-moi de vous adresser une question : Si M. Drewett et votre fille se conviennent, pourquoi ne se marient-ils pas? Leur union est peut-être uniquement retardée par le deuil de Lucie?

— Il y a une autre raison. Ma fille a l'intention de donner à son frère la moitié de la fortune dont elle vient d'hériter. Elle ne peut le faire qu'à l'époque de sa majorité; elle a encore deux ans à attendre.

Ici se termina notre entretien; mais dans le cours de la journée j'entendis mon tuteur se dire à lui-même, à plusieurs reprises : Quel dommage! il ne m'en consolerai pas. Il m'eût convenu pour gendre mieux que personne.

Vers midi, Nabuchodonosor vint m'annoncer qu'il n'avait pas trouvé le docteur Bard, mais que ma lettre lui serait remise le plus tôt possible. Je passai la soirée avec Grâce, elle ne me parut pas fâchée d'apprendre que j'avais écrit à Lucie. Quand je lui annonçai la visite d'un médecin, je lus dans ses yeux un tendre intérêt; on eût dit qu'elle me plaignait de l'illusion dans laquelle je persistais en espérant son rétablissement.

Le lendemain était un dimanche! Grâce exigea que je la conduisisse à l'église, dans un vieux carrosse qui avait appartenu à ma mère. Les fidèles, sauf une vingtaine d'exceptions, se composaient des serviteurs de mes domaines. Ma sœur ne fut point fatiguée des offices, et nous passâmes une journée agréable auprès de M. Hardinge. Le len-

demain dans la matinée, je montai à cheval, et me rendis au rivage pour y attendre l'arrivée du Wallingford. J'en aperçus bientôt les lunes, puis le pont; sur le gaillard de derrière se tenait un homme d'un âge mûr, grand, maigre, et d'un air respectable. Je le saluai pensant que ce devait être un des médecins que j'avais envoyé chercher. C'était en effet le docteur Post, que j'avais désigné le second sur ma liste. Il me rendit mon salut; mais avant que j'eusse le temps de descendre pour le recevoir, Marbre sauta à terre, et me secoua cordialement la main.

— Me voici, Miles, s'écria-t-il, plus loin de l'eau salée que je n'ai été depuis vingt-cinq ans. Voilà donc ce fameux Clawbonny? Je ne veux rien dire du port, qu'un seul bâtiment suffit pour encombrer; mais la rivière me paraît belle, en tant que rivière. Croiriez-vous, mon ami, que j'ai eu la fièvre pendant toute la traversée? Je voyais la terre à tribord et à bâbord, et j'étais dans une apprehension continuelle d'aborder d'un côté ou de l'autre. En remontant à Clawbonny, je me suis rappelé le détroit de Magellan, quoique nous ayons eu un vent plus favorable et un horizon moins chargé. Qu'est-ce que c'est que cette grande machine qui tourne là-bas?

— C'est la roue d'un moulin, mon ami; c'est là où mon père a péri.

Marbre regarda tristement la roue, et me serra la main pour me témoigner combien il avait de regret de m'avoir rappelé un aussi triste événement..

— Je n'ai pas eu de père à perdre, murmura-t-il; mais j'oubliais de vous dire, Miles, qu'il y a une très-jolie femme dans la cabine du sloop.

— Ce doit être Lucie; et, sans rendre au médecin les honneurs qui lui étaient dus, je m'élançai dans la cabine du bâtiment.

J'y trouvai Lucie, accompagnée d'une vieille négresse qui lui appartenait depuis la mort de madame Bradfort. Je lui donnai la main sans prononcer un mot, et je compris à son air d'inquiétude ce qu'elle désirait savoir.

— Je crois vraiment qu'elle est mieux, répondis-je au regard interrogateur de Lucie. Hier elle est allée à l'église, et ce matin, par extraordinaire, elle a déjeuné avec nous.

— Dieu soit loué! s'écria Lucie; puis elle s'assit et soulagea son cœur oppressé en versant des larmes. Je la priai d'attendre quelques minutes, et j'allai rejoindre le médecin, dont les manières calmes et réfléchies m'inspirèrent une confiance que je n'avais pas ressentie depuis quelques jours.

Lucie me donna le bras pour gravir le coteau au sommet duquel était la voiture, où le docteur et Marbre prirent place. La négresse monta dans la charrette qu'on avait envoyée pour prendre les bagages, et je me trouvai seul avec Lucie, qui avait voulu continuer la route à pied. En toute autre circonstance ce tête-à-tête m'eût rendu heureux; mais dans notre situation actuelle, j'éprouvais un embarras insurmontable. Il n'en était pas de même de Lucie, qui poursuivit sa marche, appuyée sur mon bras et sans donner le moindre signe d'impatience ou de contrainte.

— Je revois donc Clawbonny! s'écria-t-elle ; que ces champs sont verts, ces fleurs suaves! Oh! Miles, une journée ici vaut une année passée à New-York.

— Pourquoi donc, vous qui êtes maîtresse de vos actions, passez-vous la majeure partie du temps en ville, quand vous savez combien nous serions heureux de vous posséder au milieu de nous?

— Je n'en étais pas sûre, et ç'a été le seul motif de mon absence. Si je m'étais attendue à un bon accueil, rien n'aurait pu m'engager à laisser Grâce passer six mois dans une triste solitude.

— Avez-vous pu supposer, Lucie, que je ne vous recevrais pas avec plaisir?

— Je ne pense pas à vous, Miles; mais j'avoue que j'ai douté de Grâce.

— Puis-je vous demander pourquoi vous avez conçu si mauvaise opinion de Grâce Wallingford, qui est presque votre sœur?

— Presque ma sœur! ô Miles, je donnerais tout ce que je possède pour pouvoir m'expliquer franchement avec vous. Je voudrais voir renaître la confiance qui existait entre nous quand nous étions enfants.

— Rien ne s'y oppose, Lucie. Vous n'avez qu'à dire un mot pour combler l'abîme qui semble s'être formé entre nous depuis quelques années.

— Eh bien! répliqua Lucie avec sa simplicité habituelle, il suffit, pour m'expliquer, de prononcer le nom de Rupert.

— Qu'avez-vous à me dire de lui, Lucie? ne vous bornez pas à de vagues allusions.

Lucie me pressa la main avec un mouvement presque convulsif en ajoutant :

— Je dois croire que vous avez trop de reconnaissance pour mon père, trop d'égards pour moi, pour oublier que vous avez vécu longtemps avec Rupert sur le pied d'une affection fraternelle.

— J'ai déjà donné ma parole à Grâce; je n'agirai point avec Rupert comme je devrais le faire suivant le monde.

Lucie poussa un soupir involontaire, comme pour rendre l'air à sa poitrine oppressée, et ses doux yeux s'arrêtèrent sur mon visage avec une expression de reconnaissance sur laquelle il m'était impossible de me méprendre.

— Je suis disposé, ajoutai-je, à réitérer ma promesse vis-à-vis de vous.

— C'est tout ce que je désire, Miles, et vous soulagez mon cœur d'un lourd fardeau, d'autant plus que l'engagement que vous prenez est libre et spontané. Maintenant je suis prête à m'expliquer franchement avec vous; pourtant j'aurais désiré voir Grâce auparavant.

— Ne craignez pas, repris-je, de me dévoiler ses sentiments secrets. Je sais que c'est l'abandon de Rupert qui l'a mise aux portes du tombeau. Elle eût peut-être surmonté sa douleur si l'un de nous avait été ici; mais elle s'est trouvée privée de tout secours, et le coup qui avait frappé son cœur a réagi sur sa constitution frêle et délicate.

— Il y a longtemps que j'appréhendais un pareil malheur, répondit Lucie à voix basse. Son âme a sur son corps un empire plus qu'ordinaire, et il est probable que nous ne lui aurions pas épargné, par notre présence, les épreuves qu'elle a subies. Cependant il ne faut pas désespérer; avec des soins tendres et de bons conseils nous pouvons encore réussir à la sauver. Maintenant qu'elle a auprès d'elle un habile médecin, il faut agir franchement, et ne pas craindre de lui apprendre la vérité.

— Je comptais vous consulter à ce sujet; j'éprouvais de la répugnance à révéler les plus secrètes pensées de ma sœur.

— Certes, reprit vivement Lucie, il faut laisser conjecturer bien des choses, tout en faisant connaître au docteur Post que le moral est plus affecté que le physique. Mais ne parlons plus de cela, quant à présent. Je ne sais comment entretenir Grâce de mon frère, et vous devez me laisser le temps de réfléchir.

Quand nous arrivâmes à la maison, nous trouvâmes Chloé sur le seuil de la porte. Miss Grâce désirait avoir un entretien particulier avec miss Lucie. Je redoutais cette entrevue; mais Lucie me pria d'avoir confiance entière en elle, et je la quittai pour donner au docteur Post les renseignements nécessaires.

Ce ne fut qu'une heure après que Lucie reparut; je vis d'un coup d'œil qu'elle avait été en proie à une violente agitation, et cruellement surprise de l'état où elle avait trouvé Grâce. Ce n'est pas que la maladie eût des symptômes bien déterminés, mais ma sœur semblait déjà appartenir à un autre monde par l'éclat extraordinaire de ses yeux, par l'expression radieuse de son visage et la fragilité de son existence matérielle.

Le médecin retourna avec Lucie dans la chambre de ma sœur, et en sortit une heure après. Il lui prescrivit certains toniques, et me recommanda de distraire la malade en la faisant voyager, si j'avais les moyens de la transporter sans fatigue d'un lieu à un autre. Je songeai de suite au Wallingford, où il y avait deux cabines commodes, dont l'une avait été destinée par mon père à ma mère, qui allait de temps en temps à New-York. A cette époque de l'année le sloop ne servait qu'à transporter de la farine au marché, et l'on pouvait interrompre sans inconvénient le cours régulier de ses voyages. Le projet de l'employer à promener Lucie fut discuté le soir en famille, et tout le monde l'approuva.

— J'ai un malade à voir aux eaux, dit le docteur Post; transportez-moi à Albany, où vous me débarquerez. Après quoi vous pourrez descendre le fleuve et voyager aussi longtemps que le permettront les forces de miss Wallingford.

Ce plan nous parut excellent; Grâce elle-même l'accueillit avec un sourire, et nous résolûmes de le mettre à exécution.

CHAPITRE XXX.

Je sens une flamme brûlante
Sous les regards de ces doux yeux;
Ainsi l'étoile étincelante
Nous regarde du haut des cieux.

LONGFELLOU.

Je fis immédiatement toutes les dispositions nécessaires, et j'invitai Marbre à être de la partie et à me servir de second. Le patron ordinaire du sloop fut enchanté d'avoir quelques jours de relâche, et je ne retins à bord que le pilote, dont l'expérience pouvait nous être utile. Nabuchodonosor et trois noirs de Clawbonny devaient servir de matelots.

A midi tout était prêt pour l'embarquement; Grâce alla en voiture jusqu'au quai, et monta à bord soutenue par Lucie et moi, quoique tant de précautions ne fussent pas nécessaires. La négresse Chloé obtint la permission d'accompagner sa jeune maîtresse, et souvent, dans le cours du voyage, elle laissa échapper des cris d'admiration en voyant manœuvrer Nabuchodonosor. J'imputai d'abord au zèle de ce dernier pour ma sœur l'activité superflue qu'il déployait; mais je ne tardai pas à découvrir que Chloé en partageait la gloire avec Grâce.

Dès que tout le monde fut à bord, nous démarrâmes, nous hissâmes le foc, et sortîmes lentement de la crique avec une douce brise du sud. En doublant le cap, nous aperçûmes sur la plage tous les noirs de Clawbonny rangés en ligne pour faire leurs adieux à ma sœur. Le ciel était pur, l'air embaumé, le soleil brillait plus radieux qu'en Italie et dans les îles Ioniennes. Le sloop, peint récemment, avait un aspect riant; tout souriait à notre départ. Quand nous passâmes devant les nègres, ils agitèrent leurs chapeaux, saluèrent, et prodiguèrent à ma sœur des marques d'attachement qui la touchèrent. Le spectacle qui s'offrait de toutes parts à ses yeux contribuait à la ranimer. Près de son frère, la main dans celle de Lucie, et jouissant des beautés mobiles du paysage, il était impossible qu'elle fût complètement étrangère au bonheur.

Quand le Wallingford entra dans l'Hudson pour le remonter, il y avait environ trente voiles en vue, les unes descendant à la faveur du reflux, les autres luttant comme nous contre le courant qui les emportait en aval. Une demi-douzaine de ces bâtiments étaient auprès de nous, et les ponts de la plupart de ceux dont le cap était au nord étaient garnis de groupes où se trouvaient des dames qui se rendaient sans doute aux eaux. Comme mon unique but était de distraire ma sœur, je priai Marbre de se rapprocher de ces différents navires. Il accéda à mes vœux, et nous arrivâmes bientôt par la hanche d'un sloop dont les passagers, rassemblés sur le pont, paraissaient appartenir à la meilleure société : sur le gaillard d'avant étaient plusieurs chevaux avec un équipage.

Il y avait longtemps que je ne m'étais senti aussi heureux : Grâce avait l'air plus rassis; Lucie, les joues colorées par le plaisir et la santé, me témoignait par ses regards, sinon de l'amour, du moins la plus franche amitié. Mon tuteur semblait oublier les pénibles impressions que lui avaient causées mes aveux. Il avait mis pour condition au voyage que nous reviendrions à Clawbonny en temps utile pour célébrer l'office du dimanche suivant, et s'occupait ce moment même à relire un vieux sermon qu'il se proposait de débiter; mais à chaque minute il quittait son manuscrit pour admirer les sites du rivage.

Le Wallingford, fin voilier, accosta promptement la Mouette, le sloop que j'avais indiqué à Marbre.

— Quel est ce navire? demanda le patron.

— Le Wallingford, de Clawbonny, en charge pour une partie de plaisir.

Ce nom de Clawbonny, qui n'était celui d'aucune localité connue, fit sourire les passagers, mais il attira l'attention du capitaine et de son équipage. Depuis quatre générations, nous avions des sloops sur le fleuve, et le Wallingford, dont mon père avait dirigé la construction, jouissait d'une haute réputation parmi les marins de l'Hudson.

— En ce cas, dit le capitaine de la Mouette, vous êtes sans doute M. Wallingford? On vous revoit avec plaisir sur le fleuve. Je me rappelle un temps où votre honorable père tirait si bon parti de ce sloop, qu'il ne lui manquait que la parole. Sans cette nouvelle peinture, j'aurais assurément reconnu votre bâtiment rien qu'à ses bossoirs.

Ce discours me donna, aux yeux des passagers de la Mouette, une valeur que ne m'avait pas d'abord accordée. Ils échangèrent quelques mots ensemble; puis un vieillard d'un extérieur très-respectable s'approcha des barres d'accastillage et me salua.

— Ai-je le plaisir, dit-il, de voir le capitaine Wallingford, avec lequel mes amis les Merton sont revenus de Chine?

Je saluai en signe d'adhésion.

— Les Merton, continua-t-il, m'ont souvent parlé de la reconnaissance qu'ils vous devaient; et dans le cas où ils seraient forcés de se rembarquer, ils voudraient faire route avec vous.

Cette appréciation de mes rapports avec la famille Merton, réduite à ceux d'un capitaine avec ses passagers, était loin de m'être agréable; et pourtant le vieillard qui parlait, homme de poids et d'importance, avait sans aucun doute l'intention de me faire plaisir : preuve nouvelle du danger que l'on court en essayant de juger des sentiments et des intérêts d'autrui. Il s'établit une conversation à laquelle il me fut impossible de me dérober, et tant que le Wallingford n'eut point dépassé la Mouette, je fus condamné au supplice d'entendre répéter ceci, fois le nom de Merton. Quelle cruelle épreuve pour Grâce!

Enfin, nous nous débarrassâmes de notre importun voisin, non sans que plusieurs dames de la Mouette eussent reconnu Lucie et son père. Pendant qu'elles s'entretenaient avec eux, je jetai un coup d'œil sur ma sœur : elle était pâle comme la mort, et semblait avoir hâte de se renfermer dans sa cabine. Je l'y conduisis, et peu de temps après on vint me dire qu'elle s'était assoupie, et qu'il ne fallait pas la déranger.

Nous approchions d'un autre sloop dont la poupe portait le nom de *l'Orphée*, quand Lucie me dit à l'oreille et en rougissant jusqu'aux tempes : — Miles, rendez-moi un service : hélez ce sloop; j'ai des renseignements à lui demander, et je n'ose m'expliquer à haute voix en présence de tant d'étrangers.

Je regardai Lucie avec stupéfaction; cependant je me rendis à ses vœux. Le patron, qui fumait adossé nonchalamment au gouvernail, répondit : — Qu'y a-t-il? Je me tournai vers Lucie d'un air questionneur.

— Demandez-lui, reprit-elle avec embarras, si madame Drewett est à bord de son sloop; non pas M. André Drewett, mais sa mère.

La surprise faillit m'arracher une exclamation; cependant je me contins, et adressai froidement au patron la question voulue. Il y répondit par un signe de tête affirmatif, et bientôt après André Drewett parut sur le pont, le chapeau à la main, la figure souriante, et faisant à Lucie des signes d'intelligence. Elle me serra involontairement le bras, et il me sembla qu'elle tremblait. Les deux sloops étaient si près qu'on pouvait causer sans élever la voix.

— Bonjour, dit Lucie d'un ton qui me parut indiquer la plus grande familiarité. Madame Ogilvie m'a priée de dire à votre mère... mais voici madame Drewett, ajouta la jeune fille en s'interrompant précipitamment, je puis m'acquitter directement de ma commission.

Cette dame Ogilvie était à bord de *la Mouette*, et, en passant, elle avait chargé miss Hardinge de prier madame Drewett de vouloir bien l'attendre à Albany pour se rendre avec elle aux eaux.

— Et maintenant, reprit madame Drewett après avoir écouté Lucie, nous avons quelque chose à vous remettre. Vous avez quitté si brusquement ma maison de campagne, à la réception de cette vilaine lettre (c'était la mienne), que vous avez oublié votre nécessaire, et, comme il contient des papiers et des billets de banque, je tiens à vous le rendre le plus tôt possible.

Lucie tressaillit et manifesta quelque inquiétude, quoiqu'elle dût être sûre de la discrétion de madame Drewett. Je m'aperçus aisément qu'elle désirait rentrer en possession de son nécessaire, et jugeai convenable d'intervenir. Je saluai M. Drewett, qui me rendit froidement mon salut; c'était le premier signe de reconnaissance que nous échangions.

— Si votre sloop virait, lui dis-je, je virerais de bord moi-même, et j'enverrais un canot prendre le nécessaire.

— Virer! s'écria le patron d'un ton maussade, virer, quand nous avons un vent favorable!

J'allais insister, quand, à ma grande surprise, André Drewett prit le nécessaire des mains de sa mère, et monta sur l'extrémité de notre grande vergue, dans l'intention de la suivre jusqu'à notre port. Son mouvement fut si rapide, que je n'eus pas le temps de lui adresser des représentations, qu'il n'aurait peut-être pas écoutées, tant il semblait jaloux de donner à sa maîtresse une preuve de son dévouement. Il s'aperçut promptement qu'il avait entrepris une tâche périlleuse, et s'accrocha à la balancine de gui.

Cependant l'extrémité de notre grande vergue était déjà à vingt pieds du gaillard d'arrière de *l'Orphée*. Les femmes criaient, Lucie restait pétrifiée, madame Drewett se cachait la figure en gémissant.

— Il va laisser tomber la boîte, monsieur Miles, me dit Nabuchodonosor, et ce sera dommage, car miss Lucie tient particulièrement à cette boîte; j'en ai cent fois la preuve.

— Eh bien! répondis-je, allez la chercher; pendant ce temps je vais tâcher de me rapprocher de *l'Orphée*.

L'agile nègre s'avança hardiment le long du gui, arriva près de Drewett, qui lui remit le nécessaire sans difficulté, descendit d'un pied sûr, et plaça la boîte entre les mains de Lucie.

— Je vous remercie, M. Drewett, dit celle-ci; maintenant, il est inutile de venir à notre bord, et M. Wallingford va vous mettre à même de regagner le vôtre.

Malheureusement, deux choses s'y opposaient, l'amour-propre de Drewett et l'entêtement du patron de *l'Orphée*; l'un avait honte de battre en retraite, après avoir vu Nabuchodonosor marcher si résolument sur le gui; l'autre, mécontent de voir que notre bâtiment devançait le sien, s'imaginait que Drewett l'avait abandonné pour monter à

bord d'un plus fin voilier, et il s'était écarté de nous à la distance de cent vergues. Il n'y avait qu'un seul parti à prendre, et je l'adoptai immédiatement.

— Tenez bien la balancine, monsieur Drewett... Mollis le martinet du pic pour rider davantage la balancine du gui! sois paré à filer la corde de retenue, un homme à la grande écoute!.... Prenez garde à vous, M. Drewett, nous allons rentrer le boute-hors, et il vous sera facile d'atteindre notre couronnement.... Sois paré à lofer bellement, pour ne pas ébranler le gui!

Drewett protesta hautement contre mes ordres; il s'habituait à sa position, et demandait seulement à n'être point pressé.

— Non, non, me cria-t-il, ne touchez à rien, je vous en prie, capitaine Wallingford! puisque ce noir a marché sur le gui, j'en ferai bien tout autant.

— Mais ce noir a les pieds nus, monsieur, en outre, il est marin et accoutumé à grimper aux mâts. Vous ne l'êtes pas et vous avez des bottes.

— Il est vrai qu'elles me gênent, mais n'importe; dans une minute, et sans secours, j'aurai l'honneur de me présenter à miss Hardinge.

L'orgueil blessé, l'entêtement, l'amour, animaient tellement le jeune homme, qu'il fut sourd aux représentations simultanées de M. Hardinge et de moi. Lucie me dit d'un ton suppliant : — Empêchez-le de bouger, Miles, j'ai entendu dire qu'il ne savait pas nager. Mais il était déjà trop tard, et Drewett avait lâché la balancine; dès les premiers pas qu'il fit, je vis qu'il n'atteindrait jamais le mât, et criai à Marbre d'être paré à lofer. Au moment même, Drewett tomba à l'eau, et la manière dont il se débattit me prouva que Lucie était au fait de ses habitudes, et qu'il ne savait pas nager. J'étais en veste légère; je me précipitai dans les flots, et saisis le malheureux à l'instant où il allait passer sous la quille. Je plongeai, et lui tins la tête hors de l'eau pour lui donner le temps de respirer et de recouvrer ses sens. Je lui criai de mettre ses deux mains sur mes épaules, de se laisser enfoncer le plus possible, et de se fier à moi; j'étais convaincu qu'un noir vigoureux pouvait ainsi remorquer un homme assez longtemps, sans de trop grands efforts. Mais la bouffée d'air qu'avait aspirée Drewett avait eu pour effet de lui donner la force de se débattre en désespéré, sans lui rendre son sang-froid. Sur terre, j'en serais facilement venu à bout; dans l'eau, le plus faible enfant devient redoutable. Que Dieu me pardonne! mais j'ai quelquefois pensé depuis que Drewett m'avait reconnu, et que la jalousie contribuait à l'égarer, car, au milieu de ses luttes convulsives, il murmurait ces mots : — Lucie, Wallingford, Clawbonny, il m'est odieux! Au lieu d'obéir à mes injonctions, il m'étreignit le cou avec ses deux bras, et chercha à me monter sur la tête; ses épaules sortaient hors de l'eau, pendant que le poids de son corps me maintenait dessous. Après avoir vainement essayé de nager avec mon fardeau, je lui pris les mains, et tâchai de me dégager. Je songeai, non plus à la vie de Drewett, mais à la mienne; nous plongeâmes tous deux, nous combattîmes sous l'eau comme deux ennemis acharnés. Trois fois mes efforts nous reportèrent à la surface, mais en disparaissant pour la quatrième fois, je sentis mes forces défaillir.

J'avais sur Drewett un avantage; mes yeux restaient fermés, tandis que, dès mon enfance, mon père m'avait appris à tenir les miens ouverts dans l'eau. Au moment où je renonçais à tout espoir de salut, je vis venir à nous une masse noire qui, dans mon trouble, je pris d'abord pour un requin, quoique les requins ne remontassent pas aussi avant dans l'Hudson. Cet objet indistinct nageai sous mes pieds, et plongea plus bas, comme pour passer en dessous, et ouvrir sa gueule formidable; puis je me sentis soulever avec Drewett à la surface. A peine avais-je vu la lumière, à peine avais-je aspiré une délicieuse gorgée d'air, que la voix de Marbre retentit harmonieusement à mes oreilles. Il m'arracha des bras de Drewett, et me hissa dans le canot. Nabuchodonosor sortit des flots en soufflant comme un marsouin.

— Courage, monsieur Miles, s'écria-t-il; le nègre est près de vous!

On m'avait placé dans le fond du canot, auprès de Drewett, qui paraissait complètement inanimé. Nabuchodonosor, le corps luisant comme une bouteille humide, se plaça à mes côtés, me prit la main, et se mit à m'essuyer la face avec un mouchoir. J'ose espérer que ce n'était pas le sien.

— Ramez, mes enfants, dit Marbre, et regagnons le sloop. Ce jeune homme semble avoir fermé les écoutilles pour la dernière fois; quant à Miles, il ne se noiera jamais en eau douce.

NOTE DU TRADUCTEUR.

Les lecteurs de *Sur mer et sur terre* s'apercevront sans peine que le dénoûment de ce roman est incomplet; que le sort des principaux personnages n'est pas réglé comme il devrait l'être, et que l'auteur semble s'être arrêté au milieu de sa composition.

Fenimore Cooper, en effet, n'a donné dans *Sur mer et sur terre*, que la première partie d'une œuvre dont le complément indispensable est un second roman intitulé *Lucie Hardinge*. Quel peut être le but de cette combinaison? Nous l'ignorons. Nous avouons même qu'elle ne nous semble pas heureuse; nous aurions préféré voir réunis sous un même titre deux romans qui se suivent, et dans lesquels se développe la même action. Mais, reproducteur fidèle, nous avons dû respecter les intentions de l'écrivain original. Tous les précédents

éditeurs de ses œuvres ont, conformément au texte anglais, publié séparément *Sur mer et sur terre* et *Lucie Hardinge*.

Nous sommes obligé, comme eux, et pour ne pas nous départir de notre exactitude habituelle, de maintenir la division établie par l'auteur lui-même, bien qu'elle soit à nos yeux superflue, et qu'on eût pu la supprimer sans le moindre inconvénient.

Nous avons cru ces explications indispensables pour qu'on ne nous accusât pas d'avoir, dans un but de spéculation, tranché un seul ouvrage en deux parties. Si cette coupe insolite mécontente quelques lecteurs, ils ne s'en prendront qu'à Fenimore Cooper, auquel son talent et sa position littéraires pourraient faire pardonner de plus grands écarts.

Paris. Typ. A. PARENT, rue Monsieur-le-Prince, 31.